CHAMPIONING CHINESE ETHNICITY:
SUI SIN FAR AND HER WRITING

书写他处

亚裔北美文学鼻祖水仙花研究

李贵苍 著

中国社会科学出版社

图书在版编目（CIP）数据

书写他处：亚裔北美文学鼻祖水仙花研究／李贵苍著．—北京：中国社会科学出版社，2014.3

ISBN 978-7-5161-4105-2

Ⅰ．①书…　Ⅱ．①李…　Ⅲ．①水仙花（1865～1914）—人物研究　Ⅳ．①K837.115.6

中国版本图书馆CIP数据核字（2014）第057920号

出 版 人　赵剑英
责任编辑　史慕鸿
责任校对　周　昊
责任印制　李　建

出　　版　中国社会科学出版社
社　　址　北京鼓楼西大街甲158号（邮编100720）
网　　址　http://www.csspw.cn
　　　　　中文域名：中国社科网　010-64070619
发 行 部　010-84083685
门 市 部　010-84029450
经　　销　新华书店及其他书店

印　　刷　北京市大兴区新魏印刷厂
装　　订　廊坊市广阳区广增装订厂
版　　次　2014年3月第1版
印　　次　2014年3月第1次印刷

开　　本　710×1000　1/16
印　　张　15.75
插　　页　2
字　　数　264千字
定　　价　47.00元

凡购买中国社会科学出版社图书，如有质量问题请与本社联系调换
电话：010-64009791

目　录

第一章

“知识暴力”与种族歧视:水仙花生活的时代

回首往事，我记起自己还是一个四岁的孩子的某一天：在一个绿色的英国街巷里，我在保姆前面走着，听到她对另一个保姆说我的母亲是中国人。“哦！天哪！”另一个保姆大声嚷嚷道。她转身仔细地从头到脚打量着我。那两个女人一直在嘀咕着说个不停。虽然我并不明白“中国人”这个词的含义，但是我觉得她们是在谈论我的父母，这让我感到非常气愤。回到家后，我跑向母亲，试图告诉她我听到的事情。但是我太小了，无法清楚地表达自己，母亲也听不明白。当保姆说“水小姐真会编造故事”后，我的母亲打了我一记耳光。①

我们全家到达（加拿大蒙特利尔——引者注）不久，我们每次出去走走时，身后总是跟着几个讲法语和英语的加拿大年轻人：他们就是想知道，掐拧我们的身体，拽我们的头发，我们这些中国人是否会有感觉。年龄大的人死死地盯着看我们，那眼神与观看奇异的动物时的一样。我们有时会被挡住问：平时吃什么、喝什么、怎样睡觉，我母亲是否懂得我父亲的话，我们是坐在椅子上还是蹲在地上。②

我的雇主摇晃着他粗犷的脑袋。“有点奇怪的是，”他说道，“我实在无法迫使自己接受中国人和我们一样也是人的这种想法。他们也许有不死的灵魂，但他们的脸上毫无表情，我只能怀疑他们（是否

① Sui Sin Far. *Mrs. Spring Fragrance and Other Writings*. Ed. Amy Ling and Annette White-Parks. Urbana and Chicago: University of Illinois Press, 1995, p. 218.

② Ibid., p. 220.

是人）。”

“别说灵魂了，”市政文员随声附和道，“连他们的长相我都忍受不了。中国佬在我眼里比黑鬼还让人感到恶心。”

“看到他们我就全身起鸡皮疙瘩，”一个小姑娘笑着说。

“我才不会租房子给他们呢！”我的女房东大声宣称。[①]

以上是从亚裔北美文学之母水仙花（Sui Sin Far，原名 Edith Maude Eaton，1865 年 3 月 15 日—1914 年 4 月 7 日）作品中摘录的三段发生在她身上的真实事件的叙述：第一段是有关水仙花一家在英国生活期间，发生在她身上的一个小插曲，也是她第一次开始体会到，“中国”和“中国人”这两个词有着深刻而迥异的社会学和人种学含义，不仅其“能指”和“所指”完全断裂，而且还受到了极度的扭曲，倏然间在她幼小的心灵上打下了种族不平等的烙印，同时也使她意识到，“中国”和“中国人”这两个词成了社会空间和家庭空间里的禁忌，自己稍有不慎，就会受到祸从口出的惩罚。在社会空间里，“中国人”是另类，是白人们谈论、嘲笑、神秘化、他者化和妖魔化的对象；在家庭里，“中国人”和“中国”似乎成了大家刻意回避的词汇，似乎也是个禁忌，也是谁也不愿意触碰的伤疤。后两段引文叙述的是水仙花一家迫于生计，移居美国后再辗转到加拿大谋生初期，她观察到的和她对种族歧视话语的“创伤性”体验，其中涵盖的人物类型有讲法语和讲英语的加拿大人、公司经理、市政文员、房东、小姑娘和普通市民，基本代表着 19 世纪加拿大社会的几个主要阶层。

选择这么三段令人感到愤慨和辛酸的故事片段作为本章的引语，无非是想说明不论是欧洲的白人还是北美的白人，对华人的歧视在水仙花生活的时代都像初冬的大雾一样，弥漫到了社会的各个角落，充分反映了建立在“白人优越”论基础上的“白色”种族恐怖，已经深入到了整个社会各个阶层的文化心理深处。尽管这种建立在“白人优越”论基础上的“白色”种族恐怖，处处显露出其自身的无知和偏见，但不幸的是，西方对东方——尤其是中国人——的偏见自古希腊时代已经开始，且绵绵瓜瓞

① Sui Sin Far. *Mrs. Spring Fragrance and Other Writings*. Ed. Amy Ling and Annette White-Parks. Urbana and Chicago: University of Illinois Press, 1995, p. 224.

两千多年，日益固化成了白人对华人如此的极端仇视。在对待种族关系上，仇视华人已经成了西方文化心理结构的一部分。

如果说文化心理学研究的是文化与心理、文化与性格、文化与行为等等关系的本质和内涵，那么，歧视华人的言行无疑是白人社会一种文化心理的自然反应。换句话说，歧视华人逐步固化成了一种白人大众的文化心理机制了，或者说是变成了一种十分坚固的文化心理结构和模式。于是，不论何时何地，也无需更多的理由，只要提到华人或者中国，不同阶层的白人个体大都会不假思索，本能地受制于歧视话语的控制和特殊的文化心理机制的制约，对自己的言行似乎突然间处于完全失控的心理状态，无所顾忌地在言行中表示对华人的蔑视。尽管这样做，在我们理性的分析中，显得既愚昧又无知，但是，种族歧视者们却对自己的无知始终处于不自知的心理状态。

面对这样的“无知”和“不自知”，大概唯有当场反抗才能起到提醒的作用，才能使无知者反思，才能使他们少许回归到理性，以便重新检视自己的言行。正如水仙花对当面污蔑华人的言论感到忍无可忍之后，为了自己的尊严和“母亲的同胞”的尊严，[①] 经过一番心理挣扎后，她当着第三段引言中所有在场的白人的面，毅然决然地站起来，承认自己就是中国人。当时的场面令各方十分尴尬，整桌子的人都不知如何是好。沉默了几分钟后，她的雇主 K 先生终于打破沉默，他“推开面前的盘子，站到水仙花身旁，尴尬地承认说：‘我不该说出那样的话。我对中国人一无所知。我那样说是出于纯粹的偏见。原谅我。’”[②] 从文化认同的角度衡量水仙花的义举，这无疑是她生命中最重要的一个时刻：她以一句“我是中国人”的公开“声明”，宣告了自己民族意识的觉醒，并选择站在了“母亲的同胞”——华人——的一边，也自此开始真正认同华人是自己的种族，始终坚守自己的种族忠诚，并终生刚健不挠，抱诚守真，以笔为器，书写华人的族性和美德，为此坚持并战斗终生。

之所以说这是水仙花生命中民族意识得到确立的一个重要时刻，那是因为她奠定自己民族意识的基础完全不同于学者们的一般推断。著名的国

① Sui Sin Far. *Mrs. Spring Fragrance and Other Writings*. Ed. Amy Ling and Annette White-Parks. Chicago: University of Chicago Press, 1995, p. 224.

② Ibid., p. 225.

际问题和民族问题研究家本尼迪克特·安德森（Benedict Anderson），在他影响深远的著作《想象的共同体：民族主义的起源与传播的思考》一书中，认为“印刷资本主义或者印刷语言是奠定民族意识的基础”，[①] 但是，对于水仙花这样的欧亚混血人而言，民族意识的觉醒不仅要简单得多，牢固得多，甚至还有着迥然不同的原因：安德森所说的资本和语言与她的族性意识觉醒毫无联系——她甚至还可能因为当场“抗议”她的雇主而失去工作：年轻的她只会讲英语，仅仅是一个饱受生存煎熬的年轻人，没有任何抗暴的个人资本和社会资源。

实际上，水仙花族性意识和族性认同的觉醒是种族（族群）间不平等关系的产物，也是文化、政治、经济和社会现实的产物，而奠定水仙花华人意识的基础无非是捍卫她做一个华人的尊严。在她看来，即使为了维护这个尊严可能使她面临失去工作机会的危险，她也是义形于色，义无反顾的。正如赵文书在其专著《和声与变奏》中所指出的那样：“正是白人对欧亚裔以及华人的强烈偏见，使水仙花选择处于弱势的一方，为华人辩护，为欧亚裔申言。”[②] 试想水仙花如果面对那样的侮辱，任由他们信口雌黄，无所顾忌地用言语继续伤害华人（包括她自己），她仍然苟且偷安，不置一词，继续她表面上的白人种族认同——水仙花在长相上看不出是个中国人，或者索性加入到种族歧视的谈话当中，顺非而泽，甚至吮痈舐痔，那无异于成为白人种族主义的帮凶。果真那样，我们不仅会失去北美第一位用英语创作的亚裔作家的历史地位，而且还会失去一位在北美族裔文学中惟日孜孜、涤瑕荡秽、昌言无忌的族裔文学文化先锋，更有可能让中华民族失去应该为之感到骄傲的一位行踪落落、傲骨嶙嶙的混血女儿。

之所以说自19世纪中后叶起，北美社会对华人的歧视已经变成了他们文化大众心理的一部分，这是因为诸如此类的赤裸裸的歧视同时还是以白人对华人——甚至所有黄种人——的“集体想象”的形式，不断借助大众文化的各种载体——报刊、漫画、广告、游记等——无时无刻地以知

---

① Anderson, Benedict. *Imagined Communities: Reflections on the Origin and Spread of Nationalism*. London, Verso, 1991, p. 43.

② 赵文书：《和声与变奏——华美文学文化取向的历史嬗变》，南开大学出版社2009年版，第95页。

识的形态上演着、炮制着、翻新着、传播着,[①] 致使在西方社会里一提到华人,不论是才高八斗的奇才异士还是菲才寡学的无知少年,个个都会感到愤不欲生,对华人非愚则诬了。普通大众以无知和偏见为基础的愤慨当然是出自仇视华人的文化心理。这种深厚的大众文化心理不但是黄祸文学诞生的条件,并且为其在长达一个世纪的肆意泛滥奠定了坚实的文化基础,使得整个西方对华人的歧视日益加深。正如周宁在《龙的幻象》中指出的那样:“一个人的想像只能写成一本书,大众共同的想像才能使一本书变成畅销书。”[②] 我们还可以补充一句:一本畅销书的社会基础反映的一定是阅读大众的心理预期。二者的契合度越高,书籍就会越畅销,呈现的是一种正相关关系。比如说,在20世纪前半叶,黄祸文学鼻祖英国作家萨克斯·罗默(Sax Rohmer)精心炮制的以“傅满洲医生”(Dr. Fu-Manchu)为主人公的系列畅销小说中,白人社会对华人的仇视就达到了令人发指、无以复加的程度。

水仙花生活的时代,不仅是白人种族优越论甚嚣尘上的时代,而且是黄祸文学泛滥的时代。如果说种族歧视是她生活的那个时代种族关系的核心和结构,黄祸文学,用斯皮瓦克(Gayatri Spivak)的术语,则是其以“知识暴力”(epistemic violence)为特征的“他者化”华人的种种文化操作在文学和大众文化载体上的主要表现形式。所谓的“知识暴力”是指西方“不仅借助意识形态和科学,而且借助法律机构的名义……不断(以知识的名义)生产欧洲自我的影子——他者”。[③] 换句话说,就是西方不断“集体想象”东方,炮制关于东方的“知识”,直至经营出一个西方认可的东方形象——西方“自我的影子——他者”。假如要为西方的“知识暴力”下个定义,我以为它就是一个强大的认知系统和书写系统,立足于西方自我的可完善性和白人种族的优越性,对其他民族和文明建构的“知识”产物。如果说欧美的种族歧视在最近的一个半世纪里,主要的是针对以华人为主的黄色人种,那么,黄祸文学就是西方对黄种人“集体

① See Lee, Rachel. “Journalistic Representations of Asian Americans and Literary Responses.” *An Interethnic Companion to Asian American Literature*. Ed. King-Kok Cheung. London: Cambridge University Press, 1977.

② 周宁:《龙的幻象》,艺苑出版社2004年版,第14页。

③ Spivak, Gayatri. “Can the Subaltern Speak?” *Marxism and the Interpretation of Culture*. Ed. Cary Nelson and Lawrence Crossberg. London: Macmillan, 1988, p. 24.

想象”的“知识”产物，这种不断生产的“知识”不仅强化了种族歧视的大众文化心理，而且对华人形象产生了毁灭性的影响。直至今日，华人在世界上的形象不仅没有得到根本上的改善，而且还有可能随着我国经济的不断发展和参与世界经济和地缘政治的能力的提高而不断被恶化和丑化。

由于水仙花几乎终生要凭借一已之力，挑战当时北美种族歧视强大的认知系统和以“知识暴力”为核心的书写系统以及知识产物，挑战北美赋予华人的扭曲“形象”，在这里需要简单回顾黄祸文学泛滥的程度，以期反衬水仙花生活的时代的种族关系的本质，以及欧美对华人“种族他者化”的“知识暴力”形态，揭示其在世界种族的版图上使白人种族永远处于“优越”位置的策略，以达到长期统治其他种族的目的，也使我们对水仙花生活的时代有一个更清晰的了解和认识，并依此从另一个侧面见出水仙花于华人和北美华裔文学的历史意义和深刻的现实意义。

第一节　黄祸文学：西方“知识暴力”的一种形态

白人社会仇视华人在水仙花生活的时代达到了匪夷所思的程度，这种仇视在“知识暴力”的演变之下逐步形成了一个强大的认知系统、书写系统和知识传播系统。之所以说是三个系统，这是因为当时的许多重要作家都加入了这些无形却无处不在的系统之中，他们坚持以“二元对立方式看待种族之间的关系：白人是文明、教化、高尚的化身，而黑种人和黄种人是野蛮、愚昧、低下的象征”。[①] 不仅如此，这两个“低下”的种族还被建构为崇尚暴力且无时无刻地践踏世界文明秩序的种族。在这批作家中，我们十分熟悉的有布雷特·哈特（1836—1902）、约瑟夫·康拉德（1857—1924）、马克·吐温（1835—1910）、杰克·伦敦（1876—1916），以及臭名昭著的黄祸文学大师萨克斯·罗默（1883—1959）。这里仅以我们耳熟能详的杰克·伦敦和罗默为例，以期说明黄祸文学这种“知识暴力”认知方式的危害性以及它是如何对华人“陌生化、绝对化、他者化和妖魔化”的。[②] 不仅如此，还有必要对黄祸文学产生的哲学根源做一番

① 陆薇：《走向文化研究的华裔美国文学》，中华书局2007年版，第67页。

② 同上。

分析和梳理。

与水仙花生活在同一时代的美国作家杰克·伦敦，在20世纪初期写下了英语文学中最仇视中国人的一个所谓的短篇（科幻）小说，名为《前所未有的侵略》（The Unparalleled Invasion）。这是一篇浓缩了西方种族歧视和殖民话语特征的一个非驴非马的“文本”：它既没有情节，又没有人物塑造；既没有故事，又没有推理；既不是科幻，又不是真正意义上的寓言，也缺少一般短篇小说的各种要素；既不是文论，也不是历史研究。从后结构主义视角判断，它确实是一个不符合任何文体规范的另类“文本”，充其量是一个吠形吠声，令人刿心钵目的一堆龌龊文字。

在这个“文本”中，杰克·伦敦煞有介事地书写着中国人的“累累罪行”，以及中国遭到西方列强入侵的报应而亡国亡种的永恒主题。然而，这么个“文本”于1910年2月却发表在当时美国十分畅销的*McClure's*杂志上。该短篇后来又收录于Walt Merwin的《历史文论》（*Certain Essays in History*）一书。在杰克·伦敦看来，中国人的存在就是对人类尤其是对西方世界的巨大威胁，而且这种威胁是不可能用理性、交流或者情感的方式消弭或者化解的。于是，在他的理解和想象中，西方加上几个东方国家，在与中国形成不共戴天之势之时，在中国这个恶魔的事实存在和潜在威胁面前，对中国的不断扩张感到日益不安。

但是，在杰克·伦敦看来，世界秩序绝不可能任由中国破坏和践踏，当西方感到严峻的事态到了情有所不通，智有所不逮，理有所不明，神有所不解的地步之时，他认为唯有灭绝中国人，才能解恨，中国对人类的“威胁”才能被消除，世界才能恢复和平与安宁，更何况灭绝中国和中国人还是对现代世界秩序的维护，是对正义的伸张，是道义的行为，因为对于任何“恶”，每个人都有诉诸惩罚的公正合理的诉求。同理，对于任何心怀鬼胎、崇尚暴力的奸邪民族或者国家，杰克·伦敦似乎要向他的读者表明：唯有彻底铲除，才能永绝后患。

在这个文本中，杰克·伦敦幻想到，1904年日俄战争结束后，中国经过几十年的休养生息，由于中国人凭借自己那“狮子一样的繁殖力”，[①] 到1976年时，其人口已经达到七亿之多。伦敦认为中国绝对的人口数量

① London, Jack. "Unparalleled Invasion." In *Reading Narrative Fiction*. Ed. Seymour Chatman. New York: Macmillan Publishing Company, 1993, p. 251.

才是“真正的威胁”。[①] 凭借这样庞大的人口数量，基于其好战和崇尚暴力的民族本性，文本中建构了中国对周边国家持续的大规模侵略战争：中国首先与法属印度支那发生战争，后来又“征服了尼泊尔、不丹、整个印度的北部地区……还吞并了阿富汗、波斯、塔吉克斯坦，最终导致整个中亚地区都受到了中国人的巨大威胁”。[②] 于是，为了应对中国对世界的征服和入侵，并恢复世界的文明秩序，“所有的西方国家和几个亚洲国家”聚集费城，商讨对策，会议最后决定“从航空飞船上（airship）……向（北京）抛撒导弹——一种表面上看起来无害却显得怪异的玻璃瓶……六个星期之后……北京的一千一百万人消失了……房屋、街道和收尸车旁堆满腐烂的尸体”。[③] 不久，七亿中国人几乎灭绝，因为那些玻璃瓶中装的是兰宁戴尔博士（Laningdale）发明的化学武器。里面装的是天花、猩红热、黄热病、霍乱和黑死病病毒等。“在西方实验室培养的细菌、病毒、微生物武器雨点般落下”，[④] 最后，“中国成了地狱……由于生化武器可以到达任何隐秘的藏身之地……几亿尸体裸露在外，细菌迅速繁殖……中国灭绝了”。[⑤] 几个月后，即在“第二年的 2 月份”，由西方的科学家和部队组成的考察团从各个方向进入中国，他们发现整个中国只剩下野狗和绝望的流氓渣滓在游荡，而对于他们，“一经发现，当即处死……5 年之后，数以亿计的宝藏被消费一空。世界终于进入到了中国，但不是以瓜分的方式，而是以美国式民主的方式，（世界）各民族终于融合到了一起……于 1982 年完全占领了整个中国”。[⑥]

我们发现，在文本中的“中国”和“中国人”始终是寂静无语的。用萨义德的话说，但却“就像凶猛的狮子一样，是在某种程度上将要被遭遇、被对付的某种东西……（是）可被欧洲用来实现自己的计划”的场所。[⑦] 更重要的是，这样的文本常常是被理解为作家灵机一动而创造的

---

① London, Jack. "Unparalleled Invasion." In *Reading Narrative Fiction*. Ed. Seymour Chatman. New York: Macmillan Publishing Company, 1993, p. 251.

② Ibid., p. 252.

③ Ibid., p. 255.

④ Ibid., p. 256.

⑤ Ibid.

⑥ Ibid., p. 257.

⑦ ［美］萨义德：《东方学》，王宇根译，生活·读书·新知三联书店 1999 年版，第 123 页。

“知识”，而且借助这样的“知识”，还能创造出类似文本，诸如此类的文本就是作者“似乎想要描写的现实。久而久之，这一知识和现实就会形成一种传统，或者如米歇尔·福柯所言，一种话语”。[①] 如此这般，以虚构的形式炮制中国人的“种种恶行”，变本加厉地建构中国人的“邪恶”和“兽性”，按照萨义德的说法，就可能形成一个传统，一种认知模式，一种虚构的“现实”。这恰恰是“知识暴力”所要达到的目的，因为它不正是要以中国人的“恶”反衬西方殖民主义时期惨绝人寰、种族灭绝暴行的“合理性”和“公正性”吗？打着知识建构和文学虚构的名义大肆书写其他民族的“恶”，这正是“知识暴力”对其他民族形象和文化品格的巨大伤害之处。

杰克·伦敦的《前所未有的侵略》发表两年之后，即在1912年，罗默在《讲故事》（*The Story-Teller*）杂志上发表了《扎亚特之吻》（The Zayat Kiss），这不仅是他第一次以华人魔头傅满洲为主人公写的短篇小说，而且开启了英美黄祸文学肆意泛滥的闸门。[②] 近一百年来，“傅满洲”的形象在欧美经过小说和电影浊浪排空式的不断强化，在欧美大众文化集体无意识的想象中，固化成了“地狱中国”中魔鬼形象的代表，几乎达到人人皆知的程度。以傅满洲医生为主人公的小说和电影主要流行于欧美和亚洲，被翻译成了数十种文字，在将近一个世纪里以天文数字发行于美国、英国、阿根廷、巴西、缅甸、加拿大、澳大利亚、新西兰、捷克斯洛伐克、丹麦、俄国、芬兰、德国、希腊、荷兰、匈牙利、冰岛、印度尼西亚、意大利、日本、立陶宛、马来西亚、墨西哥、挪威、波兰、葡萄牙、罗马尼亚、新加坡、斯洛文尼亚、西班牙、瑞典、泰国、乌克兰等三十多个国家。根据小说改编的许多电影在世界各地也已流传了半个多世纪。

---

① ［美］萨义德:《东方学》，第122页。

② 英国作家萨克斯·罗默原名亚瑟·萨斯菲尔德·沃德（Arthur Sarsfield Ward，1883—1959），一生共创作了十三部以“傅满洲医生”为主人公的小说、三个短篇和一个中篇。其中有六部小说被拍成电影。尽管罗默创作的是“通俗”小说，但由于其成功地塑造了傅满洲这个“魔鬼”形象，他的《阴险的傅满洲医生》，自1913年发表后，直至2001年，英美还以各种形式不断刊印，一举奠定了他“黄祸”文学大师的地位。罗默也成为“几十年间世界上炙手可热、稿酬最高的流行小说家之一”。他1947年移居美国，1959年将小说版权以400万美元卖给电影公司，此举开启了“傅满洲”电影的时代。截至1959年去世为止，罗默和其他受其影响的一批作家围绕傅满洲这个魔鬼形象，共写了几十部小说，形成了英美文学界一个蔚为壮观、接力般竞争的“知识暴力”书写奇观。

罗默1959年去世后，其他作家仍然围绕傅满洲这个恶魔原型进行创作，建构起了傅满洲的家族谱系，否则就不可能延续其仍然以“奸邪”的恐怖手法肆虐西方世界的“企图”。20世纪60年代的主要作品有迪拉德（R. H. W. Dillard）的《易经》（*The Book of Changes*）、大卫·麦克丹尼尔（David McDaniel）的《彩虹事件》和约翰·斯迪尔和艾玛·皮尔（John Steel and Emma Peel）的《复仇者》（*The Avengers*）。20世纪80年代主要有林·卡特（Lin Carter）的《恐怖戴着蓝色》（*Horror Wears Blue*）、詹姆斯·理森耐（James Reasoner）的《黑莲花》（*The Black Lotus*）、《死从天降》（*Death From the Sky*）和《末日岛》（*Doomsday Island*）。我阅读的罗默小说均出版于2000年之后，可见其影响力和破坏力了。

经过近一个世纪的东方主义式的文化操作和集体想象，一个地狱般黑暗而又威胁世界的中国形象逐步清晰起来——中国被建构成了残暴、堕落、邪恶、无理、神秘、好战和恐怖的代名词。此后，全世界的华人都生活在傅满洲的阴影之下，而且不论我们以怎样的“反抗话语”——据理力争还是耐心解释，抑或奋起反驳，似乎都难以奏效，这大概是因为黄祸文学作家们扣盘扪烛，绵绵瓜瓞的东方主义式集体想象构成了一个坚如磐石的书写系统，将傅满洲这个中国人的原型固化在了一个结构之中，成了一个亘古不变的文学意象和文化符号。不论是从表层结构还是深层结构而言，傅满洲都成了欧美关于中国和黄种人“奸邪”的“原型”形象。于是，傅满洲在伦敦的一次暗杀行动就不仅仅是一次个人的犯案事件，而是代表着中国人对整个西方的社会秩序、价值观念和文化强权的挑战和亵渎，是一次东方——尤其是中国人“奸邪”的又一证据了，是野蛮对文明的挑衅，是以恐怖手法对文明世界秩序的粗暴践踏。犹若撒旦诱惑夏娃是原罪的源头一样，傅满洲这个东方撒旦在伦敦的一次个人“暗杀”行动便集中了中国人和所有黄皮肤东方人的全部罪恶。

于是，傅满洲就不再是一个简单的人物形象，而是恶积祸盈的中国式“魔鬼”的原型。在罗默的小说《阴险的傅满洲医生》中，英国政府为了破获傅满洲及其党羽在伦敦杀害克里契顿·戴卫爵士（Sir Crichton Davey）一案，从缅甸匆忙调回超级侦探奈兰德·史密斯（Nayland Smith）。史密斯随即邀请他的老朋友皮特医生（Dr. Petrie）当他的助手，信誓旦旦地要彻底粉碎傅满洲的阴谋，并剿灭以傅满洲为首的活跃在伦敦的暗杀集团。为了使皮特能尽快了解其死敌傅满洲的相貌特征，史密斯为皮特活灵活现地勾画了一幅傅满洲的面貌和他最基本的形象特征，这也是罗默第一次通过其“知识暴力”手法，将邪恶、黄色和整个东方画上了等号：

> 请展开你的想象力吧。这是一个个头高挑、刀削般消瘦、肩膀平直高挺、奸猾无比的人。他有着莎士比亚一样的眉毛和魔鬼撒旦一样的脸庞。他的头发剃得光光的，长着一双细长、摄人心魄的绿眼睛——绿得像猫眼宝石一样。随你所愿，在这张脸上刻下所有东方的残忍和奸诈吧！他深邃邪恶的智慧集中了古今一切的科学成就。如果你愿意，也可以说，他集中了一个富裕政府的全部资源——尽管那个政府对他的存在守口如瓶。尽情地想象这个恶魔的形象吧，您脑子里浮现的形象就是傅满洲医生的真实写照：傅满洲就是黄祸的化身。[①]

傅满洲这个在世界各地流传甚广的“魔鬼”原型，不仅是地狱的化身——他长着一双令人恐怖的绿色眼睛，而且上面附着一层膜，会散发出一丝阴森的绿色冷光，令人不寒而栗。他还是魔鬼的化身——长着撒旦一样的面孔。他在小说中以伦敦的莱姆豪斯唐人街为基地，搅动了整个西方世界，是一个十足的奸雄，一个超级间谍，一个意志坚定、包藏祸心、冷酷无情的超级杀手，同时还是一个能够长生不老、死而复生的东方“撒旦”。在《傅满洲之手》中，为了获取格里格瑞爵士从西藏带回的有关旨在毁灭西方文明而成立的秘密组织“西番会”（Si-Fan）的信息，经过无数次与代表西方正义的史密斯斗智斗勇，傅满洲终于被枪击中头部。其后，史密斯的助手皮特医生验明正身，从其专业的角度，断定傅满洲已经死亡。但是，傅满洲中枪是实，却伪装成假死。他后来竟然绑架了伦敦最有名的外科大夫弗雷泽，胁迫他取出子弹，死而复生。傅满洲在小说中已经一百六十八岁，仍然有着中年人的相貌和体态。罗默何以要虚构傅满洲这么一个身怀绝技、智周万物的黄色恶魔呢？其实，答案十分简单：西方需要罗默为其虚构一个永远的对立面，傅满洲也因此才可能永久地成为

---

① Rohmer, Sax. *The Insidious Dr. Fu-Manchu*. New York: New Millennium Library, 2001, p. 13.

“弥漫在伦敦、英国，甚至整个文明世界的黄色威胁”。[①] 也只有这样固化中国人的永久威胁，罗默之流才能借文学虚构的名义持续不断地炮制这类知识，如此的“知识暴力”闹剧才得以永无停歇地在20世纪的世界舞台上天天上演着。自罗默虚构傅满洲至今的一个世纪里，英美围绕傅满洲的知识暴力文学创作从未停歇：最新的小说是2012年出版的《傅满洲的命运》，作者是威廉姆·帕特里克·梅纳德（William Patrick Maynard）。

罗默之流谙熟“知识暴力”的真谛和种种操作手法，其典型的伎俩就是将人类的所有罪恶都集中于一人身上，进而将这个人塑造为“恶魔”，以反映其所代表的“邪恶民族”的“本质”。从认识论的角度看待，其背后的逻辑和基督教将人类的一切罪过都归结于一人一事如出一辙。一人当然是亚当，一事就是亚当经不起诱惑偷食禁果。正如保罗·里克尔所指出的那样，创世纪神话“有一个双重的结构……它倾向于将所有历史的罪恶都集中在一个人及一个行动上……‘一个人’与‘一个行动’就是这个神话的第一模式，被称为‘事件’模式。‘一个人’是指亚当”。[②] 不幸的是，这个恶魔在罗默笔下被锁定为是一个中国人。其移花接木的手法借用文学的形式，不仅突出了其审美效果，也强化了白、黄两个种族之间的差异。而种族的差异恰恰成了罗默书写中国这个“他者”的突破口。正如萨义德在《东方学》中告诉我们的那样，妖魔化“他者”是西方建构差异话语的另一个逻辑必然和典型手法。他在《东方学》一书中精辟地指出，西方建构“东方”的话语实践背后隐藏着西方文化帝国主义在各个领域内不自觉的共谋关系。出于其殖民主义意识形态的需要，罗默也许无意识地置身于这种共谋关系。但是他通过不断经营傅满洲的“恶”形，固化了傅满洲和所有黄种人的邪恶形象，使之变成了一种貌似客观的“知识”，并以知识的形态不断地更新和传播。于是，傅满洲在世界范围内，长期被接受为神秘的中国文化和神秘的中国人的化身：阴险、奸诈、狡猾，案发累累，十恶不赦。

仔细分析立足于二元对立哲学的“知识暴力”认知方式，其危害性远远大于赤裸裸的行为暴力，因为暴行是可见的，甚至是可以预判的，其

① Rohmer, Sax. *The Hand of Fu-Manchu*. New York: New Millennium Library, 2001, p. 85.

② 公车：《前言》，见［法］保罗·里克尔著《恶的象征》，公车译，上海人民出版社2005年版，第7页。

造成的伤害是明确无误的，不具备蒙骗性。相反，以这种认知方式生产的“知识”却具有极大的欺骗性、蒙蔽性、诱导性和蛊惑性。又由于，这类“知识”大多都是借着科学研究的名义出现在读者面前，使其蒙上了“客观、真实、严肃”的外衣，又或者是以小说或电影的形式出现，因为其感人的形象和超强的可读性的缘故，具有产生更大的审美效果的条件和传播方式，能够直接作用于读者的文化心理层面，使得讹诈或者纯粹的虚构都可以变成言之凿凿的真言或者事实。如此炮制的“知识”因其具有声情并茂的特点而影响普通读者，尚有情可原，但如果说，这样虚构的“知识”甚至会影响到美国的政治和外交事务，则可见其无与伦比的欺骗性和蒙蔽性到了何种程度。比如说，罗默在他的系列“黄祸文学”作品中为傅满洲医生虚构了一个被称作“西番会”（Si-Fan）的恐怖组织，该组织在小说中是“神秘的东方的最大的谜团”，是“黄色阴谋”执行机构的一个秘密黑帮，其大本营设立在“西藏”，由“一个神秘的古代公主掌控”，她的最高目标是“成为全世界的女王”。① “西番会”统领活跃在整个中国本土和世界华人地区所有的黑社会和帮会，因此，傅满洲作为“西蕃会”最重要的头领之一，事实上就是全世界华人黑帮的总头目，长期从事暗杀任何对中国不利和掌握“西番会”消息的西方各界人士，其中包括贵族、科学家、警察、返回英国的游客等，其终极目标就是协助“西番会”实现中国的“黄色阴谋”，而这个阴谋的核心就是“毁灭整个白人种族”。②

著名韩裔美国学者 Elaine Kim 在她的《亚裔美国文学》一书中提到，20 世纪 30 年代，美国国务院获得“西番会”可能威胁美国安全的情报，便责令联邦调查局尽快咨询罗默，以查明“西番会”的行踪和动机。③ 罗默异乎寻常的“知识暴力”虚构，通过他的如椽之笔，根据小说情节需要而杜撰出的一个恐怖组织，既然能被美国政府的专业情报机构认定为事实存在，足可见在世界各国大肆流传的“傅满洲医生”和黄种人的形象，是怎样被传播、理解、接受并不断“神话”和深化的。其结果是对黄种

---

① Rohmer, Sax. *The Hand of Fu-Manchu*: New York. New Millennium Library, 2001, p. 15.

② Ibid., p. 146.

③ Elaine Kim. *Asian American Literature*: *An Introduction to the Writings and Their Social Context.* Philadelphia: Temple UP, 1982, p. 4.

人的——尤其是中国人的——文化品格和形象不断地造成伤害。在文化全球化的今天，更是让我们感到“千古皆然，于今尤烈”了，需要我们借助后殖民主义理论不懈地“去殖民话语”，一层层剥去西方文学作品中关于中国人和黄种人的知识建构的文化逻辑的虚伪性，因为这样的“知识”在罗默和他之后的几十年间，英美文学界大有糜沸蚁动之势，效仿者如蚁慕膻，最终使得罗默们咳唾成珠，不仅成了关于“中国人”的“知识”的有力建构者，而且成了中国问题的头号“专家”了。需要指出的是，大量传播这样的“知识”，在客观上也反衬了西方理性、热爱和平、注重逻辑、有明确的价值标准的文明形象。

不幸的是，水仙花正是生活于那个时代，对于以建立在白人优越论基础上的种族歧视有着深刻的体验和深邃的反思，因而可以毫不夸张地说，她对北美种族现实的观察和思考是她所有创作的根本动因。具体而言，就是还华人以人的本源，还华人以人性和族性的本源。她通过不懈的文学创作为华裔文学——甚至北美的族裔文学——不经意间确定了未来的发展方向，并以文学的手段和方法书写了现当代华裔北美文学所关注的几乎所有问题，而最根本的问题，正如保尔·斯皮卡德和洛丽·蒙格尔精辟地指出的那样:“一言以蔽之，水仙花/伊迪丝·伊顿，并不是因为她是一位女作家才显得重要，也不是因为她是一位华裔作家才显得重要。她的重要性在于她书写了多元族性（Multiethnicity）和经历……在书写族性和多重认同方面，她关注的主题仍然是生活在当代的我们所关心的主题。正因为如此，水仙花才是一位重要的作家。”[①] 概而言之，这些问题，用赵文书的话说，就是“华美作家希望通过文学手段重建被主流社会销音灭迹的华美历史，破除美国社会对华人和华裔根深蒂固的偏见，摆脱白种人对黄种人的异己化想象，创造出独特的华美（华裔）感性，建构出华美的新身份”。[②]

不论是重建华裔历史，还是破除白人的偏见，抑或是——借用赵文书的话说——建构华裔的新身份，其前提都是要对北美（西方）仇华的种族主义现实和历史有一个清晰的认识和理解，否则，就可能流于形式，给

---

① Spickard, Paul, Laurie Mengel. *Mrs. Spring Fragrance and Other Writings*. Urbana and Chicago: University of Illinois Press, 1995, Back Cover.

② 赵文书:《和声与变奏——华美文学文化取向的历史嬗变》，第199页。

人以隔靴搔痒之感。目前所看到的北美华裔文学作品中，具有历史厚重感和对种族主义有切肤之痛的作品，除了水仙花的创作外，大概当推赵健秀、汤亭亭、陈美玲、李立扬、黄忠雄等作家和诗人的作品。

历史地看，西方对中国的臆想、异己化想象或者是以知识的名义的东方主义建构，并不是始于中西方实际的文化交流和贸易往来之后。也就是说，西方对中国形象的文字和文学建构并不是始于近代，而是自公元前就开始了。事实上，西方对于中国的“知识暴力”建构，肇始于公元前几百年的古希腊和以后的古罗马时期。在古希腊语中，中国被称作“丝国”(Seres)，中国人是长着红头发，但不会使用语言交流的野蛮人，[①] 其中比较有名的当推西方尊为医学之父的古希腊的希波克拉底。这位西方的医学之父大概是西方最早做过关于白人和黄种人概述的“哲人”。由于他的地位和影响，他立足于观察基础上的“科学”论述，对西方人的人种观念的形成具有极其深远的影响。希波克拉底大约在公元前5世纪的时候就断言，亚洲人和欧洲人在“所有方面都迥然不同”。如果仅仅是限于体型、肤色、头发等等外显的方面来对比亚洲人和欧洲人，这也许无可厚非，因为那些差异是事实存在。但是他的经验主义似的科学观察，尽管不乏貌似合理的概括，但由于其包含着非常笼统的推断和想象，如“所有方面”这样武断的语言，用今天的科学观念衡量，他实在是差以毫厘，谬以千里。用今天的民族平等和多元文化主义等普世观念分析，那更是谬种流传，误人不浅了。尽管我们不必对古人非意相干，但这样的论断对18世纪后期建立在“差异”基础上的西方人种学学科，无疑产生过十分恶劣的影响。

但由于希波克拉底几乎是第一位认真对待人种差异的哲人，又由于他在科学和医学方面的巨大影响，他的概论影响深远，对后来欧洲中心论的形成和人种区分方面的偏见不可能没有影响。他认为构成亚欧人形体和性格差异的根本原因是自然条件和气候因素。具体而言，他认为亚洲总体温和的气候不仅使得亚洲绿草茵茵，物产丰富，而且正是由于这种大致相同、缺少节奏和变化的气候，使得亚洲人“看起来雷同单调”，也导致亚洲人缺乏“勇气、韧劲、勤奋和高昂的精神”，因为勤奋、坚韧和饱满的精神等优秀的民族品格无从滋养。他同时认为有了良好的气候和得天独厚

① 见［法］戈岱司编《希腊拉丁作家远东古文献辑录》，耿昇译，中华书局1987年版。

的自然条件，亚洲人才不需要辛勤劳作，也能解决基本的温饱问题，于是，“亚洲人贪图享乐”就是理所当然的生活目标和逻辑必然了。更有甚者，亚洲的皇帝们多为暴君，由于他们推行的是暴政，长此以往，暴政之下的臣民，理所当然是性情懦弱的，导致整个社会看起来波澜不惊，像“一潭死水”。希波克拉底还把亚洲人主要分为两大类：“长头人”的人和“Phasians”人。第二种人面呈黄色，“像得了黄疸病一样”。这是他第一次将自己的观察与自己的医学知识联系起来讨论，但却是最没有说服力的比喻。根据他的逻辑和推断，造成欧洲人和亚洲人差异的当然也是自然和环境因素。他认为欧洲气候的差异造成欧洲人形体的差异，但由于欧洲气候季节分明，变化明显，因此，欧洲人敢作敢为，奋勇当先，而且精力充沛，因为“同一导致懒散，而差异滋养身体的耐力和精神的坚韧。休闲和懒散是饲养胆小鬼的草料，而坚忍不拔的精神和勃勃朝气是滋养勇气的根本”。[①] 直至今日，在欧美文学中关于亚欧人的总体描述中，希波克拉底的影响仍然是阴魂不散的。

稍后的亚里士多德深受希波克拉底的影响，在他著名的《政治学》中也对亚洲人和欧洲人做了一番对比评论。所不同的是，亚里士多德将他的同胞希腊人独立于欧洲人之外。他认为北欧人“精神饱满，但缺乏智慧和技巧”，[②] 即北欧寒冷的气候下，北欧人显得有勇无谋。与此相对应的是亚洲人，他们尽管“聪明，且会动脑子”，但“精神萎靡”，因此亚洲人“总是处于被奴役的状态，因为其自身奴性十足”。[③] 这无异于说，亚洲人的聪明就是表现在只会耍小聪明，但缺乏真正的智慧和高尚的精神追求，因而有依附性，在权势面前缺乏骨气，处处小心翼翼，一派奴性。而他的同胞希腊人恰好生活于欧亚大陆之间，地理上兼得二者的各种优点，是人中龙凤，因为他们“精神高贵，聪慧有佳”。亚里士多德还认为，部分亚洲人有吃同胞的习俗，是地道的野蛮人，而野蛮人“在本质上讲，奴性十足”。[④] 公元前4世纪的希腊－波斯冲突，在亚里士多德看来，绝对是文明与野蛮、优秀与卑劣、善与恶的必然冲突，因为这样的冲

① *Hippocrates*. Trans. W. H. S. Jones. Cambridge: Harvard UP, 1923, pp. 105 - 133.

② *The Politics of Aristotle*. Trans. Benjamin Jowett. Oxford: Clarendon Press, 1885, p. 96.

③ Ibid., p. 218.

④ Ibid., p. 248.

突是人类“存在链条”中的必然。毫无疑问，亚里士多德认为欧洲人代表的是文明，有优秀的品德，而亚洲人是野蛮、卑劣和伪善的民族。从“存在链条”的必然冲突中，我们似乎看到了自他以后的2000年间的各类战争逻辑和社会达尔文主义的先兆：打着“惩恶扬善”、匡扶正义的旗号，实施弱肉强食的掠夺和占领。

罗马史学家阿里安（Arrain）在他的《亚历山大大帝远征史和波斯征服》一书中，沿袭希波克拉底和亚里士多德等人的观点，强调罗马人精神的强健和行动的果敢，认为马其顿亚历山大大帝绝对不会在他认为世界上还存在敌人的时候就停止战争，尤其是不可能停止与“懦夫”（波斯人）的战争。[①] 他盛赞罗马人是永远的征服者，希腊人是永远的自由人，强悍而且勇敢，而亚洲人“被长期的闲适和女性化的柔弱之气耗尽了血性”,[②] 因此只能是“只配做奴隶的民族”。[③] 2000多年之后，英国著名作家斯图亚特·密尔（Stuart Mill）在《不受欢迎的移民》一书中写道：“1840年之前去中国的大多数美国人认为，中国人衣着荒诞，深陷迷信的泥潭，不诚实，残忍，是人类的边缘民族。他们因为缺乏勇气、智慧、技能和坚强的意志，所以在专制暴政面前逆来顺受，无所事事。”[④] 19世纪中后期，随着大量的中国劳工进入美国的劳动市场，被认为威胁到了白人的就业机会，导致全美都在研究“中国人的问题”。[⑤] 当时怀有歧视心理的美国作家们也不甘寂寞，积极地参与到建构华人负面形象的行列之中。布雷特·哈特在其短篇小说《谢雨》（See Yup）中认为，谢雨作为中国人的典型，是个玩猫腻的高手，因为用另一个短篇中主人公的话说：“中国人与生俱来就有快捷和秘密的交流方式。”[⑥] “秘密的交流方式”本来也不是什么新鲜的事情，因为任何他种文化中都有其独特的交流方式，这在不熟悉他种文化的人看来，一定有其神秘性。问题是，中国人的特殊交流

---

① Arrain. *History of Alexander the Great, and Conquest of Persia*. Trans. John Rooke. London: W. McDowall, 1813, p. 117.

② Ibid., p. 123.

③ Ibid., p. 146.

④ Stuart Creighton Miller. *The Unwelcomed Immigrant: American Image of the Chinese*. Berkeley: University of California Press, 1969, p. 36.

⑤ Takaki, Ronald. *Strangers from a Different Shore: A History of Asian Americans*. Boston: Little, Brown and Company, 1998, p. 108.

⑥ Harte, Bret. "Wan Lee, the Pagan." *Complete Works*, vol 3. Boston, 1929, pp. 262 – 279.

方式是被怀疑和被审视的，结果就使得人类共有的交流特性——特殊性，也成了中国人心怀叵测的证据了。

如果说哈特作为小说家，其用意可能有哗众取宠之嫌，那么，学者的研究则需要认真对待了。一如任何披着理性外衣的书写都具有其特有的蒙骗性，学者的研究可能因其理性成分而显得更有客观性，更容易被阅读大众接受为客观知识。美国19世纪因倡导"土地价值税"而声名鹊起的经济哲学家亨利·乔治（Henry George），在对待华人移民和华工的问题上，就起到了如此效果。他在1869年5月1日发表于*New York Tribune*上题为《大西洋沿岸的中国人》一文中，批评企业老板看不清中国人恶劣的本性而盲目雇佣华人的愚蠢做法。他写道："棉织厂和毛纺厂的老板们更愿意雇佣中国人，而不是其他人种。同理，铁路系统也愿意雇佣中国人，因为他们认为中国人更强韧、耐力超强，不仅无需时时看守也不偷懒，而且不会随时罢工或者酗酒滋事。"但是在知识暴力的审视之下，中国劳工身上的优秀品质后面却有着邪恶的一面。亨利·乔治继续写道："黑人不过是头脑简单的野蛮人而已，没有文化包袱……温顺……容易同化。而那些中国人就不同了：他们经过世代传承，形成了固定的思维模式……时刻想着返回中国。即使生活在这里，也是集体居住在唐人街，对我们的国家没有丝毫眷恋，是彻头彻尾的异教徒。他们阴险奸诈，个个是好色之徒，既胆小如鼠，却又本性凶残。"如此浅薄的忿恨之语若出自黄口孺子，我们大可认为是无知狂语，因为尺泽之鲵，岂可知江海之大哉。但是，这是发表在流行报纸上著名学者的种族仇视忿恨之词，仇视华人疯狂到了如此地步，我们就必须做一点分析了，以期挖掘其背后的根源。

简单地回顾西方自亚里士多德到19世纪末期对中国的知识建构，我们可以得出这样的结论：西方针对其他民族的"知识暴力"是有历史的，有传承的，几乎是一以贯之，从不停歇的。这种认知方式是始终围绕它的认识主体的自足性和完整性，建构有别于西方的文化"他者"和种族"他者"。久而久之，西方的"知识暴力"呈现出体系化、机构化和大众化的明显特征。其惯常的操作手法如福柯在《有序世界》（*The Order of Things*）中精辟地指出的那样，着眼于可见的"差异"，并围绕"差异"不断建构，使其变为貌似客观真实的言说了，因为"可见的"差异"已经通过语言的描述赋予了一种特定的意义，其重要性并不在于他们（建构者）使得人们可能看见什么，而在于他们隐藏了什么，更在于通过这个消除的过程，又允许什么浮现出来”。[①] 无疑，“隐藏”的是支撑中华文明的中国人的文化品格、精神内涵和普遍的人性，而“允许浮现出来”的是杜撰的傅满洲之流的残暴性、侵略性和非人性。萨义德的《东方学》告诉我们，西方对东方的知识建构即便是出于了解、认识东方的初衷，其在方法论上却是试图建构东方与西方相比，不是什么，其本质不是什么。当然，那个“本质”是在与西方完美、正义、理性的“本质”的对应中建构的，在实际操作上就出现无限夸大和扭曲东西方之间差异的嫌疑，同时也由于建构的目的是发现和制造差异，于是“妖魔化”其他种族的种种言说都获得了某种逻辑和心理支持，因此，创造差异的企图使得西方的“知识暴力”认知方式具有了历史的必然性和现实的延续性。其结果如萨义德指出的那样：“这么说吧，就好比有一个叫做‘东方人’的垃圾箱，一方面东方对西方所有权威的、不知名的、传统的态度都被不假思索地一股脑儿地倒进这一垃圾箱中；然而另一方面，人们又可以像讲故事时的插科打诨那样谈论与此公共垃圾箱毫无关系的在东方或与东方有关的经验。”[②]

萨义德在这里用一个形象的比喻，指出的是白人在谈论他们“在东方或与东方有关的经验”时的普遍和典型做法，那实际上与人们的观点和偏见有关。但是，一旦我们联想到本章开头引言中那些与华人或者中国的实际经验毫不相干的奇谈怪论时，事情就会显现出其复杂的一面，这种复杂性是不能仅仅用偏见就能解释清楚的。我们发现，在西方赋予东方或者中国具有普遍性价值的负面形象时，中国是静默的、被动的、无语的，或者说是一个永远失语的认识客体，既是残缺的，更是虚弱的，也是幼稚的，同时还是一个欧洲可以在其身上实现其计划和企图的羸弱对象。一句话，中国是西方“知识暴力”的对象，同时又是其结果，与真实的中国相差甚远，甚至风马牛不相及。这在杰克·伦敦的文本中体现得最为明显：中国在西方列强大张挞伐、民族面临釜鱼幕燕、亡在旦夕的危难之时，7 亿人的泱泱大国也是静默无语的：她没有反抗的声音，也没有出现一个反抗者，完全到了任人宰割的地步，甚至要肉袒牵羊，面缚舆榇于西

① Foucault, Michel. *The Order of Things: An Archaeology of Human Sciences.* New York: Vintage, 1973, p. 137.

② ［美］萨义德：《东方学》，王宇根译，第 133 页。

方的强盗了。在如此扭曲的关系中，西方则是行动者、东方事务的观察者和审判者，甚至是东方或者中国事务的道德规范者。其终极目标，借用萨义德的话说，就是使“白皮肤的中产阶级的西方人相信，管理并且占领其他肤色的世界是自己的特权，原因只是‘他们’本质上不像‘我们’那样具有人性”。①

萨义德的“垃圾箱”比喻固然很形象，也很能说明问题，但并没有指出西方建构其主体的“影子”——东方——的哲学基础是什么。长期以来，西方坚持建构东方人——尤其是中国人的——“邪恶”形象的根本原因，普遍认为是西方对殖民地人民的反抗和报复心理的自然反应。即便到了21世纪，2001年版的《阴险的傅满洲医生》一书的导言作者约翰·迈克尔仍然坚信，罗默通过塑造傅满洲和黄种人的恶魔形象，“固化了西方耿耿于怀的种族担忧和对真实世界殖民地抵抗趋势加剧的恐惧”。②换句话说，西方通过知识暴力手段不断建构东方和中国“他者”的恶魔形象，是担心东方和中国的报复才不断炮制这类“知识”。这就是典型的“恐惧说”，因为其具有深远的影响，需要我们在这里再做一番分析和反驳。

不可否认，鸦片战争以及后来义和团对西方列强的殊死抵抗运动所表现出的“中国精神”和民族气节，确实让英帝国主义和整个西方感到了前所未有的恐惧，但其恐惧的根源用“史密斯的朋友和叙述者皮特的话说，是来自担心东方对西方残暴行为的报复”。③ 这无疑是本末倒置的无稽之谈，而且颇有恶人先告状之嫌。一般而言，恐惧是一种心理状态和情绪反应，而不是殖民主义意识形态的真实反映。约翰·迈克尔的“恐惧说”貌似合理，实则是西方此类作品的托词。反而言之，罗默果真是出于对殖民地人民“抵抗趋势加剧的恐惧”心理而不断经营傅满洲的恶魔原型，我们难道能据此认为罗默开始反思和反省西方对它的殖民主义扩张行径造成的罪恶了吗？这符合“知识暴力”的内在逻辑吗？恰恰相反，因为反思主要是指对自己行为的危害性和严重后果进行理性思考，找出违

① ［美］萨义德：《东方学》，王宇根译，第133页。

② Michael, John. “Introduction.” *The Insidious Dr. Fu-Manchu.* Sax Rohmer. New York: New Millennium Library, 2001, p. v.

③ Ibid.

背常识和理性之处，以期改进。实际上，罗默等作家反其道而行之，连篇累牍地以虚构的形式炮制傅满洲们的种种恶行，变本加厉地建构以傅满洲为原型的黄种人的“邪恶”和“兽性”，目的恰恰是以黄种人的“恶”反衬“西方暴行”的合理性和公正性。这根本不是什么源于“恐惧”，而是出于赤裸裸的文化和种族仇视心理。

也许正是出于这样的认识而不是对殖民地反抗运动报复西方的恐惧，罗默才不断地建构黄种人的“恶”，因为只有这样，才能反衬西方暴行的“正义性”。如果“恐惧说”的逻辑基础是对报复的担心，那么，建构并固化黄种人的“恶”，反倒成了西方对黄种人的“恶”通过书写而进行的正义报复了。可见“恐惧说”不仅仅是将西方的行为暴力和“知识暴力”正义化，而且通过塑造黄种人“恶”的原型，暗示殖民地人民遭受的一切都是咎由自取。退一步讲，如果罗默“担心东方对西方残暴行为的报复”，他应该开始反思西方在地理大发现以后的整个殖民时期作恶的现实性和残酷性，并追溯其作恶的可能性和根源，而不是继续建构另一种族的“恶”，进一步从根本上破坏不同民（种）族文化交流的基础。一言以蔽之，轻描淡写的“恐惧说”不仅缺乏说服力，而且根本就不符合基本逻辑，更不符合西方“知识暴力”认知模式的内在逻辑和发展历史。

实际上，罗默笔下的傅满洲形象和黄种人的形象反映了他的殖民主义话语建构“他者”形象的内在逻辑。这种逻辑有着西方二元论思维的渊源和深厚的大众文化心理基础。一如上帝需要魔鬼撒旦反衬他的纯洁、高尚、正义和无所不在的权威，在西方的思维和想象中，西方需要建构一个完全异己的世界和形象，这不仅是为了维护几百年来形成的东西方不平等的权利关系，而且是为了在其话语和政治操作中建构种族和文化的等级制，进而以西方为中心规划世界的地缘政治版图，永久维持其对其他种族的统治地位。

其次，建构异己形象的逻辑和使命必然要求殖民主义话语建构白种人和其他种族之间的生理和文化差异。在萨义德、巴巴、斯皮瓦克和福柯等学者的研究中，我们发现西方的殖民统治始终围绕其认识主体的完整性，建构有别于西方文化“他者”的残缺性，并将西方的文化建构从书写、出版、消费到再生产的整个过程体系化、机构化，逐步形成了一个进退自如、攻守兼备的机制。如果说在西方的“知识暴力”者眼里，白色是完整的，非白色即是残缺的，那么，肤色的差异无疑成了“知识暴力”的最佳着力点和有效的突破点，因为肤色的差异是最为明显的，也是永远不变的，而且是世代相传的。一旦确定某种肤色是邪恶的，一旦这种认识经过一番文学和其他各种话语的表意书写，渐渐被接受为客观“知识”之后，消除其影响将是十分困难的。

也可以说，建构种族差异成了殖民话语的内在必然，成了一种创造知识的有效手段。在大众的文化心理和情感世界里，人种的差异首先显现于肤色的差异。这样“黄色”——也包括“黑色”和其他肤色——就不再是一个简单的语言学所指，而变成一个文化和种族符号，一个具有丰富的文化、话语和意识形态内涵的能指，一种旨在强化东西方从属和统治关系的态度和观念。所有这些超出颜色本身以外的超能指内涵和外延，在连篇累牍的“知识暴力”建构下，成了大众文化诡谲怪诞的“常识”。正如霍米·巴巴分析的那样，肤色“作为塑造卑劣形象的文化和种族差异的重要能指……在一系列的文化、政治和历史话语中，（最终）被接受为‘常识’，并在殖民社会的种族戏剧中天天上演”。[①] 肤色“他者化”成了文化“他者化”的前奏和核心。于是，充斥着所有“黄祸文学”作品中的“黄色”就不再是一种事实性的客观描述和人种区分的表征，而是和其他肤色一样，具有了成为“白色”的反面的唯一性。通过建构和对比，“白”与“非白”之间倏然具有了典型的解构主义的哲学内涵，即“能指”与“所指”断裂，“表象”代替了“本质”，“符号”取代了“内涵”。

于是，我们才会发现罗默几乎穷尽了英语中的诅咒词汇，以发泄他对黄皮肤的傅满洲和所有黄种人的憎恨和厌恶。他经常使用的词汇包括：“中世纪遗留的吸血鬼”、野猫、毒蛇、章鱼、兔子、蟒蛇、羚羊、猩猩、魔鬼、老鼠、猴子、鬣狗、黄猪、巫师、杀手、罪犯、野兽、恶棍、垃圾、“地狱里冲出来的恶魔”、“永远不死的邪恶的化身”、“死亡的化身”、“邪恶”，等等，不一而足。在罗默笔下，傅满洲原本就不是“人”，而是“悬浮在（西方）上空无处不在的‘黄色威胁’，其存在的“目的和意义就是在世界上建立‘黄色’统治”。一言以蔽之，最令罗默之流寝食难安的还是那个无处不在又永远不变的“黄色”。[②]

---

① Bhabha, Homi. *The Location of Culture*. New York: Routledge, 1994, p. 78.

② Rohmer, Sax. *The Hand of Fu-Manchu*. New York: New Millennium Library, 2001, p. 126.

福柯在《有序世界》一书中精辟地指出，西方自18世纪末期开始对世界民族进行分类，其目的“不是要还原明显不同的民族的本质，而是允许用其中一个因素表述其整体。在这个分类过程中，将分析建立在单一的轴心上，在‘彰显的’和‘隐匿的’之间建立一种关系，并在‘表面的’和‘深层的’之间建立起联系之后，再从那隐匿的架构中不断拔升，直至在形体表面上不断凸显形体符号”。[①] 黄祸文学中林林总总的“知识暴力”伎俩，成了福柯这句话的最好注脚，那个“在形体表面上不断凸显形体符号”不就是亚洲人——尤其是中国人与生俱来的“黄色”吗？至此，我们就不难理解“在（罗默的）13部小说和6部完整的电影中，‘黄祸’就以傅满洲的形象被持续不断地言说着”，[②] 也使得“黄祸”“至今仍然像闹鬼的屋子一样，折磨着欧洲和北美的文化想象”。[③]

再次，在“知识暴力”下建构差异话语的内在逻辑，必然要求建构者“透视”肤色后面更本质的、有别于“白色”的文化内涵和文化品格。在罗默看来，以傅满洲为原型的中国人的文化品格只有一个词可以概括，那就是“邪恶”。黄祸文学似乎遵循着这样一个逻辑：“黄色”等于“邪恶”，“邪恶”等于“华人的族性”。果真如此，我们就不需要其他的书写策略和方式了。可见，书写华人的“族性”并不是东方主义者的特权和专利。需要指出的是，水仙花正是因为书写华人的族性才具有了无可替代的当代意义。美国学者保尔·斯皮卡德和洛丽·蒙格尔并没有从历史的高度认识和研究水仙花，因为他们并没有从美国文学——尤其是美国族裔文学发展史的角度判断水仙花和历史价值并确立她的历史地位。他们另辟蹊径，从种族关系的高度判断水仙花写作的意义，认为水仙花的“重要性在于她书写了多元族性（Multiethnicity）和经历……在书写族性和多重认同方面，她关注的主题仍然是生活在当代的我们所关心的主题”。[④] 显而易见，“知识暴力”下书写的华人“族性”和水仙花书写的真实的华人族

---

① Foucault, Michel. *The Order of Things: An Archaeology of Human Sciences.* New York: Vintage, 1973, p. 229.

② Michael, John. “Introduction.” *The Insidious Dr. Fu-Manchu.* Sax Rohmer. New York: New Millennium Library, 2001, p. v.

③ Ibid., p. 229.

④ Sui Sin Far. *Mrs. Spring Fragrance and Other Writings.* Ed. Amy Ling and Annette White-Parks. Chicago: University of Chicago Press, 1995, Back Cover.

生南辕北辙，风马牛不相及。那么，“族性”是什么呢？

第二节　族性再思考

美国著名学者沃纳尔·索罗斯（Werner Sollors）在《族性》一文中明确地指出：“试图定义‘族性是什么’没有多少现实意义，因为它不是一个‘自在的事物’，而是一种关系。族性的典型意义只能从对比中见出。如果人类只有一个族群并同属一个族群，我们就不需要有‘族性’这个术语了。当然，即便如此，我们还是会以年龄、性别、阶级、出生地或者星座等等来表述区别。”[①] 索罗斯以简朴的语言，断定“族性”不是一个具有明确概念内涵的事物，而是受人们观念影响的一个实在。他同时精辟地指出了西方区分种族的认识论和方法论的关键所在，即族群是以自我为中心，强调甚至强化与其他族群的“差异”，尤其是于自己有利的方面，因为族性“是一种关系”，“只能从对比中见出”。他实际认为，即便消除了种族的差异，人类还是会找到区分人群的差异符号，这也许道出了人类认识自身和他人的困境。索罗斯这样理解种族现实也许是符合事实的，但是却忽略了一个北美社会的种族构成现实，即，北美社会虽然在种族多元和种族平等方面可能为其他地区和国家树立了典范，但仍然有壁垒森严的族群隔离现实，种族仇视和冲突同样时而发生；其次，在所有族群中，白人种族是长期的强势族群。种族多样化的现实“带来了一系列重要的和潜在的并有可能导致分化的问题。少数族群和主要民族在语言使用权利、区域自治、选举、学校的课程设置、土地所有权、移民和归化政策，甚至国家的象征符号，比如国歌或者假日设定等等问题上都有日益加剧的冲突”。[②] Kymlicka 虽然观察得准确，其概述也有一定的道理，但他仍然回避了问题的实质。他甚至还可能暗示，导致“日益加剧的冲突”的根本原因是北美社会各界在推动民族平等方面的种种努力。其实，导致这些可能的冲突的根本原因应该是白人种族如何认可并接受少数族群的文化、种族和社会理想，而不是归咎于少数族群在以上问题上的合理诉求

---

① “Ethnicity.” *Critical Terms for Literary Study*. Ed. Frank Lentricchia and Thomas McLaughlin. Chicago: The University of Chicago Press, 1995, p. 288.

② Kymlicka, Will. *Multicultural Citizenship*. London: Oxford UP, 1996, p. 1.

上。仅以中学和大学的课程设置为例，难道增加土著印第安人的历史和华人的辛酸史是个过分的诉求吗？如果承认北美的原住民是印第安人，难道开设印第安历史和文学课程的呼吁是毫无理性的非分要求吗？问题的症结还是如何消除白人优越意识，而不是影射各民族平等的合理诉求。

从理念上讲，北美的种族现实要求强势的白人种族按照其立国之本，实现多元文化和种族多样性之间的自由和平等，正如它刻写在其自由女神像底座的那首题诗标榜的那样，但是事实却不尽然。在我们分析那首题诗之前，需要简述美国的立国理念和移民历史。需要特别指出的是，17 世纪初期到达美洲大陆的教徒笃信基督教，根据他们对《圣经》的理解，提出了一套价值观念，一套人生哲学，其要义就是：人生的一切都是为了上帝的荣耀，伊壁鸠鲁式的享乐主义与基督教义完全背离，所有不切实际的说教都是空谈，一切奢华都是违背教义的。不论是天主教还是英国国教都是崇尚奢华，因而会使普通信徒心生他念，逐渐离开宗教，也会因此远离人生的意义。正是在这样的观念和认识支配下，他们认为，新大陆上的原始森林、河流山川、旷野甚至天空，只有用清教思想填充才能进入人们的意识，才具有真正的意义，在那样的环境下，按照上帝的意愿生活，才能找到人生的真谛：在简朴和勤劳中实现自己人生的最高理想，而不是贪图享受和聚敛财富。

不可否认，初期抵达美洲大陆的英国清教徒和后来的移居者中，大都有追求自由的强烈信念。他们除了改善生活状态的基本需求外（如 19 世纪大量的爱尔兰人因年馑和饥荒赴美），还有信仰自由，因为追求自由是人的基本权利之一，也是人作为文化化了的生存个体的存在方式之一。如果借用存在主义的观点，追求自由是人存在的唯一方式。在这样的信念下，“孝悌”、“忠君”、皇室、皇权等等观念日渐淡薄，在人们的心目中远远没有追求自由和理想的个人信念重要。自美国独立后，美国已经在意识形态和文化价值观上与欧洲逐步决裂——美国追求平等，而欧洲保持等级制，于是，欧洲乃至全世界的其他地方都被建构成了一个埋葬自由、冷漠无情、无视基本人权的蛮荒之地。相反，美国却尽力把自己营造成自由的乐土和自由的卫士，沉浸于——借用利奥塔德的术语——人权、自由、平等、博爱等等宏伟叙事之中。美国将自己的价值观与欧洲、亚洲和非洲的价值观对立起来，呼唤渴望自由的人投奔她的怀抱。铭刻于纽约自由女神像底座上的献辞就是这种价值观对立的最好证明（节选）：

把你们疲惫潦倒的穷人
渴望自由而蜷曲着的芸芸众生
和挡在你们海岸外的不幸者
还有数不清的无家可归的人们
都随暴风雨送来吧！
我在金门外为他们举起火炬。①

这里没有咬文嚼字，没有无病呻吟，也没有媚俗和矫揉造作，更没有空洞的说辞，令人感受至深的是对人们追求自由和美好生活愿望的深信不疑，和美国愿意接纳渴望自由、来自其他各洲的远行者的真诚和热忱。张开双臂接纳疲惫潦倒的穷人和被其他国家清除的失意者、叛逆者、异教徒等等，无疑透露出一个胜利者的自信、从容和大度，也同时透露出一个民族精神的强健。更重要的是，它还反衬出其他民族和国家的小气、羸弱、伪善、对贫穷的漠视和对自由观念的不尊重，甚至践踏。这首献辞还体现了美国社会平等观念的初步形成。

然而，在大量的欧洲和此后的亚洲移民蜂拥而至之时，宣扬平等观念和目睹现实中无处不在、无时不有的歧视现象，似乎又将人们拉回到种族等级制和种族歧视的死胡同里：理念与现实完全脱节。即便美国选出了第一位黑人总统，在理念和政治上实现了种族平等，但在现实生活中，面对种族间的深仇大恨和打着维护社会秩序旗号的警察暴行，即便是美国总统也是无能为力的。2012 年 2 月 26 日晚，27 岁的白人片警乔治·泽默尔曼（George Zimmerman）无辜射杀 17 岁的黑人学生特雷冯·马丁（Trayvon Martin）。当时遭到射杀的马丁，手里拿着从商店买来的一听冰茶和糖果，

① 注释：刻在纽约自由女神像底座的英文原文，为美国 19 世纪著名女诗人艾玛·拉扎勒斯（Emma Lazarus）所写：Give me your tired, your poor, /Your huddled masses yearning to breathe free, /The wretched refuse of your teeming shore, /Send these, the homeless, tempest-tost to me: /I lift my lamp beside the golden door. 原诗的前半部分是：Not like the brazen giant of Greek fame, /With conquering limbs astride from land to land; /Here at our sea-washed, sunset gates shall stand/A mighty woman with a torch, whose flame/Is the imprisoned lightning, and her name/Mother of Exiles. From her beacon-hand/Glows world-wide welcome; her mild eyes command/The air-bridged harbor that twin cities frame. / "Keep ancient lands, your storied pomp!" cries she /With silent lips.

行走在大街上，并无任何违法或者暴力行为。面对如此严峻、令人发指的种族和警察暴行，奥巴马总统3月23日讲话时承认那是一起悲剧，并试图以一个普通父亲的身份谈自己的感受，以获得全社会对种族歧视现实的重视和对他的支持。行政不得干预司法，是美国的体制。代表美国行政的奥巴马总统出言十分谨慎，身为总统却不能以总统的身份谈论此事。为了避免干预司法的嫌疑，奥巴马巧妙地以一个父亲的身份坦承：“如果我有一个儿子，他也会长得像特雷冯。”[①] 其言下之意十分明确：是黑人就可能成为种族暴行的牺牲品，即便是总统的孩子，也可能惨遭不幸，成为白人警察种族暴行的牺牲品。

华裔美国学者 Rachel Lee 对这种理想与现实的“脱节”现象做了非常准确的概述。她在“Journalistic Representations of Asian Americans and Literary Responses from 1910 - 1920”一文中指出：“美国喜欢把自己包裹在种族平等的宏大象征符号之中，如自由女神像、种族熔炉戏剧、‘在自由和公正面前人人平等’等等——这些符号对移民们有着巨大的吸引力。然而，象征美国世俗观念的载体——报纸和杂志，并不认为美国属于所有人，而是仅仅属于部分人。”[②] 毫无疑问，这一“部分人”就是处于主流文化的白人族群。身处主流，必然强势，必然有其自感优越的种族心态和思维定势。

种族多元是美国的种族历史和现实。本来，了解、认识并定义少数族裔既是理念和意识形态的必然，也是切实的现实需求。问题是，白人种族作为认识的主体并不能将其他种族当作另一个文化主体看待：在白人种族优越意识之下，其他任何种族都是被“观看”和“审视”的对象和认识客体，即，其他种族的一切言行均被放在白人种族优越意识之下来衡量、判断、认识和审视，使得白人种族成了标尺，而其他种族都是需要完善并接近白人这个典范的“后进生”和劣等生。比如，当今呈现勃勃生机的族裔文学和族性研究的现象就清楚地说明了这种微妙的族裔关系：北美的族裔文学研究并不包含大部分白人作家的作品——白人犹太作家倒是个例

---

① http://thecaucus.blogs.nytimes.com/2012/03/23/.

② Lee, Rachel. “Journalistic Representations of Asian Americans and Literary Responses from 1910 - 1920.” *An Interethnic Companion to Asian American Literature*. Ed. King-Kok Cheung. New York: Cambridge University Press, 1997, p. 249.

外。所谓的 WASP（white Anglo-Saxon protestant），即盎格鲁－撒克逊白人新教徒作家绝对不在族裔作家的行列，其他欧洲白人后裔作家也不在研究之列。在这种令人窒息的文化氛围中，美国的族裔作家运用他们的如椽之笔，书写他们理解和经验过的族性，将一切从心而生发的关于族性的感觉和理解诉诸笔端，就显得日益重要且珍贵。

不幸的是，生活在种族主义甚嚣尘上的19世纪中后期的水仙花，短暂的一生都是处于这种无情的“观照”和极端的“审视”之下的。其父母的婚姻首先挑战了英国的社会观念和婚姻观念，因此，从来不被家里和周边的人接受。他们在英国生活几年后，为了保护自己的婚姻和孩子们不继续受到伤害，被迫移居号称是种族相对平等、等级观念相对淡薄的美国。然而，事与愿违，美国的种族歧视不仅不比英国少，反而更加直截了当，更加猖獗。比如说，他们移居美国后不久，水仙花和哥哥上街，被一群同街区的白人孩子跟踪，骂他们“中国鬼”、“中国佬”、“黄脸鬼”、“猪头”、“吃老鼠的野蛮人”，等等。[①] 面对无端辱骂，水仙花兄妹二人没有退却或者逃跑，而是选择了反抗——这在纯粹的华人血统的孩子或者成人身上几乎是看不到的，也算是开了华人以“武力”反抗北美种族歧视的风气之先。“‘是又怎么样？那也胜过你们！’哥哥朝那群孩子喊道……他比那帮孩子都小，而我更是微不足道，但我当时感到热血沸腾了。‘即使把全世界都给我，我还是要做中国人！’我也尖声叫道。尽管他们拽我的头发，撕我的衣服，抓我的脸，打倒了我哥哥……但是，我们打赢了那次战争。”[②] 水仙花的父母毕竟与他们兄妹的想法不同，不可能让他们几个孩子天天都抵抗种族歧视的社会现实。也许正是要逃避如此恶劣的生存环境，也许知道大批黑人循着北斗星的指引走到了加拿大，最终逃离了惨绝人寰的奴隶制，拥有了属于自己的一点自由，水仙花一家后来迁移到了加拿大蒙特利尔市。不知是出于怎样的考虑，他们没有选择居住在主要讲英语的安大略省，却住在了法语区，也许在英国和美国不堪回首的生活经历使得他们远离讲英语的人群。他们也许希望能以此远离种族歧视的魔爪，但后来发生的一切再次证明水仙花父母的判断失误，因为即便

---

① Sui Sin Far. *Mrs. Spring Fragrance and Other Writings*. Ed. Amy Ling and Annette White-Parks. Urbana and Chicago: University of Illinois Press, 1995, p. 219.

② Ibid.

到了法语区，他们也无法逃离种族主义目光的“审视”和“盘问”：

> 我们全家到达（加拿大蒙特利尔）不久，我们每次出去走走时，身后总是跟着几个讲法语和英语的加拿大年轻人：他们就是想知道，掐拧我们的身体，拽我们的头发，我们这些中国人是否会有感觉。年龄大的人死死地盯着看我们，那眼神与观看奇异的动物时的一样。我们有时会被挡住问：平时吃什么、喝什么、怎样睡觉，我母亲是否懂得我父亲的话，我们是坐在椅子上还是蹲在地上。①

可见，种族之间的观察和出于好奇的询问，并不会是表面所呈现的那样简单，而其背后有着鲜明的文化和政治学内涵，因为在种族歧视的意识形态结构中，表面的物理“观察”和“好奇心”，早已穿透了皮肤的厚度，变成了一种文化的“审问”和“评判”，既反映了种族歧视者的心理结构，也延续了种族歧视的社会传统，同时也固化了种族歧视严酷的社会现实。所有这类观察和询问都是歧视华人心理的自然反映，带有之前业已形成的、根深蒂固的偏见。

如果做进一步的分析，我们发现，事实上的具体观察行为和盘问只是用来确认自己的偏见而已，而不是要获得什么新的东西。换句话说，白人们对水仙花一家人的“盘问”，并不是真的希望了解他们的生活，并不是关心和询问，并不是出于友好的态度，而是本来就有不可告人的目的。在怀疑一切真实的后现代思维中，我们看见的，其实就是我们想要看见的，因为没有进入我们意识的东西是很难被我们“发现”和“看见”的。比如说，我们每天在大学校园都会碰见很多人，但除非是我们想要见的人，或者好久未见的熟人，大多数人是不会给我们留下什么印象的。

“他们就是想知道，掐拧我们的身体，拽我们的头发，我们这些中国人是否会有感觉”，这无异于说白人审问者实际上想知道——或者想确认——中国人是否和他们一样，是否也是人，也有人的感官和感觉。Rachel Lee 对此有一个十分精辟的解释：“与其说这种‘了解’中国人的做

① Sui Sin Far. *Mrs. Spring Fragrance and Other Writings*. Ed. Amy Ling and Annette White-Parks. Urbana and Chicago: University of Illinois Press, 1995, p. 220.

法是出于一种欣赏的愿望，毋宁说是一种怵目惊心的暴力形式。”[①] 表面上看，种族优越论之下的“观察”和“询问”无疑是“知识暴力”的结果。分析之后，我们认为其原因和结果相同，是“知识暴力”互为因果的奇妙现象之一。对于中国人是否是“人”的认识均是知识暴力恶性循环中的一环，需要我们不断破解并逐步消除。

其“暴力”成分源于那种无处不在的“观照”和“审视”的目光，以及表面上显得“好奇”的永无休止的问题。通过“审视”和提问，白人种族就有可能定义其他族群，至少是能够对其他种族做出一个判断。其普遍的认识，按照 Rachel Lee 的概括，就是“东方和西方没有任何相同之处”。[②] 19 世纪 50 年代担任加州州长的约翰·毕格勒（John Bigler）极端仇视华人，认为华人抢占了白人的工作，需要立法限制华人移民，而其中的另一个理由则是基于其赤裸裸的仇华心理，因为他提议加重华人税负并限制华人移民，其具体的理由是华人“在习俗、语言和教育方面”与白人完全不同。[③] 严格地讲，在毕格勒在报纸上《州长寄语》栏目写下的以上文字，说出的都是表面的事实，因为他所说的不同都是外显的。也可以说，种族间在以上方面的差异本来就是一个常识和事实，无须过多的讨论。汉语与英语不同，是事实，原本无需讨论。但问题是，在他看来，与西方不同，或者更具体地说，与白人种族不同，则意味着东方最多也是差一个等级的种族，因为衡量的标尺是西方。不同则意味着“怪”，而“怪”则意味着“丑陋”和“低劣”。毋庸置疑，毕格勒看来，低劣的民族当然要排除在美国的民族多样性之外了。如此的逻辑也为后来美国制定大范围且持续不断的排华法案定下了基调。其基调的调音棒就是如何认识和界定其他民族的族性。

我们发现其实际的操作手法一般遵循这样的逻辑，A 是 B 因为它不是 C，于是定义 B 时就显得非常容易——只要强加给 B 一些所谓的特征即可。通常的排除法便成了最直接、最便捷，甚至最有效的方法之一。根据

---

① Sui Sin Far. *Mrs. Spring Fragrance and Other Writings*. Ed. Amy Ling and Annette White-Parks. Urbana and Chicago: University of Illinois Press, 1995, p. 266.

② Lee, Rachel. “Journalistic Representations of Asian Americans and Literary Responses from 1910 – 1920.” *An Interethnic Companion to Asian American Literature*. Ed. King-Kok Cheung. New York: Cambridge University Press, 1997, p. 249.

③ “Governor's Special Message.” *Daily Altar California*, April 25, 1852.

同样的逻辑，定义“B 不是 C”时在实际的文化操作中，意味着不是试图确定并接受 B 到底是什么，是由什么构成的，其本质是什么，其规定性的特质又是什么。相反，就方法论而言，通常的做法却是在白人优越的观念和意识指导之下，再来建构 B 不是什么，其本质不是什么，其差异是什么，进而推论出其缺陷是什么，等等。显而易见，这个“本质”就是白人种族的本质，是衡量其他族裔特征的标杆，因而在客观上就会出现无限夸大和扭曲 B 和 C 之间差异的嫌疑。不可否认，在不断的差异建构过程中，种族之间的差异便被赋予了深刻的文化和政治含义。种族的关系之间被建构出了等级制和特权制：白人种族是优等的，其他种族最多也是次等的；优等的种族享有特权是理所应当的，甚至是无可厚非的，而其他种族适应并接受优等种族的管理、调教和统治既是逻辑的必然，也是现实的要求。

按照同样的逻辑，如果 B 认为自己是人类的典范，极端地讲，C 因为不是 B，只能是人类的渣滓；如果 B 是人，C 就只能是非人。这样的非此即彼的逻辑推论似乎很严酷，然而，这种思维的痕迹在文学作品中却可以大量发现，甚至是不胜枚举的。我们以英美文学界甚至世界文坛泰斗莎士比亚为例，看看这种非此即彼逻辑的危害性。莎士比亚在《哈姆莱特》中赞美人是造化的杰作，因为人有“高贵的理性……优美的仪表……文雅的举动……在行为上多么像天使”。[①] 然而，同一个剧作家却没有把《暴风雨》中的凯列班和他的母亲西考拉克斯当作完整的、真正的“人”对待。可见，《暴风雨》中长期居住在孤岛上的原住民至少算不上“人”的一部分。剧中，米兰公爵普洛斯彼罗一行遭遇暴风雨，随船漂流到一个岛屿后，他们与岛上的原住民西考拉克斯互比巫术后，臣服了她和她的儿子凯列班。普洛斯彼罗一行以胜利者的身份安营扎寨，试图将该岛长期据为己有，因为，“那时这岛上除了她（西考拉克斯）所生下来的那个儿子，一个浑身斑痣的妖妇贱种以外，就没有一个人类”。[②]

白人作为征服者，按照殖民主义的逻辑，就是胜利者，就是英雄，占

① ［英］莎士比亚：《哈姆莱特》，朱生豪译，《莎士比亚全集》第九卷，人民文学出版社 1984 年版，第 49 页。

② ［英］莎士比亚：《暴风雨》，朱生豪译，《莎士比亚全集》第一卷，人民文学出版社 1984 年版，第 17—18 页。

领那个岛屿理所当然。白人的占领不仅不是侵略，反而是正义之举。如果以普洛斯彼罗为代表的欧洲殖民主义者是人，是人的代表，他们一路的烧杀抢掠是文明之举，他所带领的殖民船队是正义之师，那么，非白人的凯列班们自然就是非人了——凯列班母子是连“语言”都没有的野蛮人，需要向征服者学习征服者的语言。他们固守着自己的故土，所代表的反而只能是与正义相对举的邪恶和不义。可见，莎士比亚在这两部戏剧中浓墨重彩书写的“人”是特定的人，并不包含所有人，这也符合殖民主义初期欧洲关于“人”的观念。顺便说，也正是由于历史主义批评的不懈努力，我们才发现莎士比亚戏剧中的许多观念并没有什么普遍性，因而也失去了其普世性。同样的二元论思维还表现在莎士比亚的其他作品中，如《奥赛罗》和《安东尼与克莉奥佩特拉》中，奥赛罗和克莉奥佩特拉因为是非白人种族，因而是“异族”，即使身居高位，也不能免除遭到“非人”的诋毁和被毁灭的自然结局。现实中这样的例子也是俯拾皆是：托马斯·佩恩在18世纪就出版了《常识》一书，宣扬自由、博爱的普世理念。该书甫一出版，人们争相传诵，一时间美国各地洛阳纸贵，出版商加印不及了。相信以信奉加尔文教派为主的美国南方对此书并不陌生，但是南方的奴隶主却并不接受自由、博爱、人人平等的理念，而是继续维持奴隶制的经济和社会模式，直至在将近一个世纪后的南北战争失败后才陆续废除了奴隶制。个中原因不一而足，但是如何界定黑人的问题，即黑人能否享有“人”的待遇，不能不说是一个种族认识上和废奴制努力共识上的巨大障碍。换句话说，如果能在观念上和认识上接受黑人是与白人平等的“人”，奴隶制是不可能成为现实的。退一步讲，只要美国在关于人的认识上早日达成共识，奴隶制也不会拖到林肯执政之时才结束，且不说林肯总统还付出了生命的代价。

19世纪的英国，就思想、文学艺术和文化表述而言，始终坚信大英帝国是世界的中心和人类思想的源头，其种族的等级制根深蒂固。在这种观念之下，正如萨义德总结的那样：“黑鬼的丑陋、懒散、反叛注定他们永远不配做人。”[1] 19世纪英国的文化“名流”卡莱尔就曾经不遗余力地宣扬过类似的观点。他在《黑人问题》一文中公然宣称：“黑鬼如果不愿

① ［美］爱德华·萨义德：《文化与帝国主义》，李琨译，生活·读书·新知三联书店2007年版，第141页。

意，不种那些香料，那他就会使自己再沦为奴隶（比现在还不如）。如果没有其他办法使他驯服，只有用万能的鞭子了。”① 之所以在这里提到西方认识黑人的问题，那是因为在文化帝国主义者和种族歧视者眼里，中国人还不如黑人，因而更不像“人”。水仙花痛苦地回忆道：

> 我的雇主摇晃着他粗犷的脑袋。“有点奇怪的是，”他说道，“我实在无法迫使自己接受中国人和我们一样也是人的这种想法。他们也许有不死的灵魂，但他们的脸上毫无表情，我只能怀疑他们（是否是人）。”
>
> “别说灵魂了，”市政文员随声附和道，“连他们的长相我都忍受不了。中国佬在我眼里比黑鬼还让人感到恶心。”②

假如说黑人的族性特征被概括为丑陋、懒散和桀骜不驯，那么华人的族性与黑人的相比，也是自愧弗如的，因为华人连灵魂也在日新月异的“知识暴力”之下被彻底消除了。华人的族性只能是：丑陋且没有灵魂。

从词源学考察，英语中 ethnic 和由此派生的 ethnicity（族性、族群）词汇均来源自希腊词 ethnos。有趣的是，希腊词 ethnos 既指“人们”（people）又指“其他人”（other people）。而“其他人”又特指非“犹太人”、非基督徒、异教徒和其他迷信者。在今天美国英语的用法中，ethnos 的外延得到无限扩展，成了与白人相对应的其他所有族群的代名词。各个大学的“族裔研究所”的机构名称中和“族裔文学”的课程名称中，“族裔”一词指的都是非白人的少数民族，所选作品的作家均非白人。实际上，占据统治地位的西方民族学、人类学和族性研究，一直是立足于研究白人和其他种族间的区别，始终围绕“我们”和“他们”的二元论范畴和思维模式建构种族、族群和族性，间接地维护以西方为中心的世界种族和民族的等级秩序。实际上，欧美也只有在种族间区分出优劣，才能更好地维持它以命令和服从为主要模式的种族间垂直统治的架构，理由很简单：以平等为前提的平面协作的互惠方式并不符合西方的

---

① ［美］爱德华·萨义德：《文化与帝国主义》，李琨泽，第 141 页。

② Sui Sin Far. *Mrs. Spring Fragrance and Other Writings.* Ed. Amy Ling and Annette White-Parks. Urbana and Chicago: University of Illinois Press, 1995, p. 224.

根本利益。

种族（race）和族性（ethnicity）是当代“文化研究”和“后殖民主义理论”关注的焦点问题之一，但研究的根本问题是如何看待种族间的差异，并揭示欧美主流文化是如何通过“知识暴力”进一步“制造”差异并将强加的所谓“差异”定型化、符号化、标签化，而不是沿用人类学的方法，以实地考察为本，以西方的眼光和立场对其他族群做文化价值认定和判断——当今在世界影响深远的美国文化人类学家克利福德·格尔茨对印度尼西亚的爪哇、巴厘岛等地的社会文化的“深层阐释”就是人类学中的经典例子。在新近的几十年间，民族和族性研究成了当代文化研究、文学、移民、地缘政治、国际关系等领域内的重要课题。多学科、多角度对族性问题的研究相得益彰。源于文学研究的后殖民主义理论入木三分地揭示了西方在民族、族性、其他民族文化的话语建构方面的认识论和方法论特征，将文学研究和族性研究融为一体，不仅开辟了文学研究的一个全新领域，也使得单纯的文学研究具有了更明确、更深刻的现实主义维度。

可以说，今天民族和族性研究已经溢出了人类学和民族学领域，因为对于一个移民社会种族关系的现实和问题而言，研究族性除了揭示种族间的关系和表现这种关系的特殊方式及其深层含义以外，还应该从族裔文化入手，研究族裔的民族意识。如果要为族性勉强下一个定义，我以为族性是指一个种族群体基于共同的历史、语言、宗教和文化传承的社会认同意识。因此，族性研究又是一个文化、文学和政治、宗教观念等相互交织的问题。从文学的角度研究这个问题，其一个主要侧面就是研究一个族群的“族性”在文学作品和社会政治生活中既“彰显”又“消隐”这一奇怪现象，即族性“能见度”（visibility）政治学在少数族裔文学中是如何书写的问题。如何书写实际上表述的是族性在一个特定社会政治生活中被如何利用的问题，比如族性与族裔形象塑造的问题。毋庸置疑，任何问题被蓄意利用就可能变成一个政治问题，这也揭示出了“族性”和政治的关系。由于西方的族性“他者化”建构主要是以民族的差异为根本的，于是，这种建构在社会政治和民族关系层面，具有了明显的政治学色彩，即少数族裔的族性特征被大众文化和政治所操作。

比如说，在政治层面，“明显的少数民族”（visible minorities）一词为加拿大政府在特鲁多执政期间所创造，[①] 它泛指所有生活在加拿大的非白人和加拿大土著人以外的世界其他民族，其政治目的昭然若揭：就是要以人种和肤色制造族群区别，进而更好地实施分类和管理（或者统治）。尽管这个命名比原来完全按照种族划分公民的庸俗做法有所进步，但是它却暗含着白人文化高于其他民族文化的傲慢，仍然是坚信“白人优越”论的产物。通俗地讲，还是换汤不换药，因为命名的标准基本上不是以少数民族的文化和社会角色为前提的，而是以是否与白人相同为依据的。很快，这个术语在移民、就业领域、政府机构、新闻媒体、法律等领域肆意蔓延。显然，族性的意义被强行剥离到只剩下肤色这个符号了，因为世界上所有其他族裔不分种族、地域、历史、宗教、信仰和文化，统统被定性为“明显的少数民族”。这种以肤色为单一因素区分主流族群和少数族群的方法无疑建构了一种关系——一种利用和统治的社会政治学关系。就其本质而言，族群关系或者民族关系变成了赤裸裸的主从关系。自然，肤色就成了解读和认识族群文化的便捷符号，而不是认识和理解族群文化的开始。这是因为，西方对少数族群的认识不是立足于他们是“什么”，而是与“白人”相比，他们不是什么，其深层的目的是怎样才能对他们实施更有效的统治。少数民族的共同特点——非白的肤色，自然成了他们与主流种族的规定性和区别性本质，族群的文化特征和内涵统统被肤色笼罩，或者索性在白色的对比之下，视而不见。从而，族群肤色的能见度成了他们政治上是否可靠、文化认同上是否忠诚、是否有相应的工作能力、文化上是否先进、法律上是否应该受到排挤、他们在居住国的历史是否应该受到尊重等等方面的衡量标尺。种族的自然肤色只剩下“白”与“非白”的带有明显政治学含义的分类标识了，为“白”与“非白”的词序增加了扬前抑后的文化含义。结果，族性、族群、民族文化和特点的支撑点莫名其妙地固定在了肤色这单一外显的因素之上。

将族性与肤色直接等同的做法是东方主义文化操作的巅峰之作。何以如此呢？从技术层面讲，肤色是很难定义的，因为肤色很难说是由什么构成的。比如说，我们如何向一位盲人解释绿色，难道我们要讲一通绿色在光谱仪上的位置吗？那样做有用吗？肤色的另一个特点就是终生不变。肤

① Ty, Eleanor. *The Politics of the Visible in Asian North American Narrative*. Toronto: University of Toronto Press, 2004, p. 4.

色只有在西方的种族学、社会学和政治学领域才好定义，因为人们可以将其与白色对比，并在对比中见出其他意义。在思维、观念、言语行为方面比较接受北美主流文化的黄种人，不是常常被戏称为“香蕉人”吗？“外黄里白”的亚裔在关键时刻仍然是被怀疑、打压，甚至迫害的对象。李文和一案就是无数此类现象之一。这充分说明，不论是在文化生活中还是在大众心理层面，族群认识都仅仅停留在了肤色之上，对族性认识的深度也始终穿越不了皮肤的厚度。

肤色成为认识和界定种族本质的做法在西方已经有几个世纪的历史。自18世纪起，几乎所有重要的植物学家和哲学家都对此进行过研究，也得出了各自关于种族区别的结论。伏尔泰、康德、黑格尔、叔本华都在其著作中对种族肤色的差异有过奇妙的论述，相信我们对此并不陌生。令我们感兴趣的是还有一些声名远低于前者的哲学家的研究。比如说，克里斯托弗·梅纳斯（Christoph Meiners，1747—1810）。梅纳斯根据肤色将人类分为两个种族：“漂亮的白人”和“丑陋的黑人”，[①] 其中“丑陋的黑人”包括所有的非白人，并认为白人（除了斯拉夫民族以外）长相漂亮，而其他丑陋的种族具有更多的动物性，同时道德水平低下，因为他们“缺少美德”，而且讲起话来“声音刺耳难听”。[②] 将这两种人的体型、精神和道德特点糅合在一起讨论，是“肤色”本质主义的一贯信念和做法，因此才会认为白人智慧、高贵、有着敏锐的感受力，皮肤柔软，对冷热敏感，故适应性更强，因为更有能力统治世界。相反，其他种族的人智力低下，不敏感，感觉迟钝，对疼痛和痛苦有着极强的忍耐力。即使因为胡乱吃东西，或者因为外伤，致病后也能很快恢复，这都是因为精神和肉体的麻木所致。[③] 其他民族由于感受力弱和天生麻木，因此适应性很差，而适应性差的民族是缺乏统领其他民族的能力的，反而更能适应异族的统治。

根据梅纳斯的研究，白人的统治力是与生俱来的，因为他们生来最敏感，因此，适应性最强。换句话说，几乎只有白人才能在世界上的任何地

---

① Isaac, Benjamin H. *The Invention of Racism in Classical Antiquity*. New Jersey: Princeton University Press, 2006, p. 150.

② Ibid.

③ Meiners, Christoph. *Grundri β der Theorie und Geschichte der schönen Wissenschafften. Germany: Nabu Press*, 1787, pp. 211 -212.

方生存，因为他们生来具有的敏感性是其他种族所欠缺的。这种研究和说辞不正是服务于西方殖民扩张时期的国家意识形态吗？在这里，梅纳斯巧妙地将肤色、能力和殖民统治结合在了一起。这不就是福柯所说的“在这个分类过程中，将分析建立在单一的轴心上……直至在形体表面上不断凸显形体符号”那种“科学”现象吗？[①] 当今，在北美的社会、文化和政治领域中，白人的肤色和族裔的肤色不正是那个“不断凸显（的）形体符号吗”？目的不正是要建构和维持一种统治和被统治的族群关系吗？换句话说，族性能见度的政治学在主流文化的话语建构中，表现为族性被同时当作既能被“显”又能被“隐”的文化符号，可以被任意解读、使用，既可以被无限缩小，又可以被无限放大的任意符号。这样做的目的，用赵健秀（Frank Chin）的话说，无非是要确保在美国社会中，“使白人永远处于权力的顶端并为所欲为”。[②] 族裔从肤色到体型，从头发的颜色到眼睛的形态，从性格到食品统统被符号化，也被“他者化”，同时还被定型于偏见之中。Eleanor Ty 认为，种族政治学总是“从视觉开始的”。[③] 实际上，族裔政治学一旦找到了“视觉”这个切入点，就会辅之以方向和行之有效的手段，也会不断向文化艺术领域渗透。“视觉”差异主要表现在关于中国人的电影、宣传画、绘画、书籍封面和插画等方面。从本质上讲，族性政治学有它自己逻辑发展的必然，是绝对不会仅仅停留在“视觉”方面的。它会不断向文化、社会、法律、政治、历史等方面延伸，目的是不断“彰显”种族间的差异，并利用这种差异。经过其不断的操作，什么是可见的已经是一种言说了，因为“可见的”“已经通过语言的描述赋予了一种特定的意义，其重要性并不在于他们（建构者）使得人们可能看见什么，而在于他们隐藏了什么，更在于通过这个消除的过程，又允许什么浮现出来”。[④]

在法律、历史、社会、政治、文化等范围内，族性政治学无疑更多的

① Foucault, Michel. *The Order of Things: An Archaeology of Human Sciences.* New York: Vintage, 1973, p. 229.

② 赵健秀：《种族主义的爱》，李贵苍、徐纪阳译，《华文文学》2005 年第 3 期，第 30 页。

③ Ty, Eleanor. *The Politics of the Visible in Asian North American Narrative.* Toronto: University of Toronto Press, 2004, p. 4.

④ Foucault, Michel. *The Order of Things: An Archaeology of Human Sciences.* New York: Vintage, 1973, p. 137.

表现在“消除”方面，其主要表现为美国政府在立法上排挤华裔、在文化操作上丑化华裔、在历史叙事中抹煞华裔的作用和贡献。因此，主流文化长期“消除”的结果就是“导致华裔作为一个群体，在社会学意义上已经死亡”。[①] 另一方面，族性能见度政治学在“允许什么浮现出来”的操作手法上更为娴熟，更加政治化，因而对华裔的整体形象和认同的伤害更大。正如赵健秀在《种族主义的爱》一文中指出的那样，族性能见度在文化政治学上呈现出一种独特的奇怪现象：华人同时遭受到了美国主流文化的“恨”和“爱”。他在该文中开宗明义地指出：“白人的种族偏见强化了白人优越论。白人优越是一套规则体系，也是认识现实的一种方式，其目的在于使白人永远处于权力的顶端并为所欲为。有色的少数人种在白人世界中都无一例外地被定型于偏见之中。”[②] 赵健秀虽然没有明确使用“能见度”这个术语，但他触及了美国种族政治学的本质，即将各个少数族裔根据业已形成的偏见划分为“可接受的”和“不可接受的”两类。“不能被白人接受是因为它不能被白人所操纵。假如它易于驾驭，则同样可以是被接受的。于是，就有了种族主义的爱与种族主义的恨之分。”[③] 在赵健秀看来，不畏强暴、富有反抗精神的黑人民族是白人社会和文化中的“不可接受者”，而经过长期的打压和法律排挤，大部分华人都变成了逆来顺受、息事宁人、温良恭俭让、孜孜矻矻的和事佬了，由于他们循规蹈矩，因而大多数华人是“可接受的”。因为华人整体上对美国的主流社会和文化不构成威胁，华人因此获还得了“模范少数民族”的称号。在主流文化对黑人的“恨”的过程中，肤色能见度的政治学促成了民权英雄马丁·路德·金的诞生，并将他的遇难日定为公众假日；在对华人的“爱”中，主流文化诞生了 Charlie Chan 这样的华人文学形象——温顺、满嘴之乎者也、摇头晃脑、聪明过人、卑躬屈节、心甘情愿地服务于美国社会意识形态的华人形象。同时，在对华人的“恨”中，主流社会炮制了以傅满洲医生为代表的不计其数的“恶魔”形象。两种典型均发轫于对华人的种族偏见，经过小说和电影的传播，获得了家喻户晓的效

---

① Li, David Leiwei. “The Formation of Frank Chin and the Formations of Chinese American Literature.” *Asian Americans: Comparative and Global Perspective*. Ed. Shirley Hume. Pullman: Washington State UP, 1991, p. 212.

② 赵健秀：《种族主义的爱》，李贵苍、徐纪阳译，《华文文学》2005 年第 3 期，第 30 页。

③ 同上。

果，对华人形象的伤害达到了无以复加的程度。主流文化在整个过程中褒贬有度，拿捏得当，华人的肤色既可以用来粉饰美国政治和主流文化的宽容和大气，又能被用来被政治和主流文化利用，瞬间可以成为替罪羊。实际上，华人的种族形象不论是“可接受的”还是“不可接受的”，均与华人的文化和情感无涉，与华人的族性本身无关，更与华人的文化品格无关，主流社会对华人的“爱”还是“恨”，抑或表现出的是爱恨交加的一面，无一不是族性能见度政治学产物在文化和种族关系层面上的真实反映，顺应的始终是美国的国际和国内政治气候。[①]

第三节 华人北美移民与文化位移

自19世纪中期起，大批的华人——主要是中国东南沿海地区的广东人——开始大规模地离开家园，或下南洋，或奔赴欧美谋生，从此走上了一条文化位移和文化错位的生存之路。早期华人下南洋、赴北美的原因和目的会是怎样的呢？由于缺少可信的历史记载，我们只能推断当年华人下南洋、赴美国淘金的原因和离家时的情景。目前美国的大批研究亚裔文学和华裔文学移民史的学者，只能使用比较空泛的词语归纳我国东南沿海一带早期华人离家出走的原因。不过，大多数学者认为，他们决定离开自己生养生息的地方不是基于理想主义者的浪漫情怀或者一时的冲动，也不是像19世纪的英国浪漫主义诗人柯勒律治、骚塞等人那样雄心勃勃，一心要去南美建立一个全新的理想社会，实现他们的乌托邦社会理想。大批华人毅然决然地出走，主要是迫于生计，其中既有政治、社会及经济方面的原因，也有战争、饥荒等天灾的因素。可以比较准确地推断：早期华人离开故土是为了躲避战乱、灾荒、年馑或出于其他原因。[②] 动荡的社会、艰辛的生存、残留在胸中要活下去的本能必然会使人铤而走险，寻求活路。从历史上考察，在剧烈的社会动荡时期，靠山者可以占山为王，而靠海者呢？只要是不愿意干杀人越货的海盗勾当的人，他们大概也只能乘坐并不

---

① See Cornell, *Stephen. Structure*, *Content and Logic in Ethnic Group Formation.* Center for Research on Social Politics and Organizations. Department of Sociology. Harvard University.

② See Elaine Kim, 1982; *Articulating Silences*, King-Kok Cheung; *Asian American Literature*: *From Necessity to Extravagance*, Cynthia Sau-ling Wong, 1993; *Immigration Acts*: *On Asian American Cultural Politics*, Lisa Lowe, 1996.

结实的船只下南洋，寻找生活的出路。结果，有些人一心要奔赴美国却无意间漂到了巴西或者墨西哥，受尽折磨，捡拾胸中的美梦变成了捡拾同伴尸骨的噩梦;[①] 有些人决心去美国的旧金山淘金发财，却被困在夏威夷的甘蔗园里终了余生——汤亭亭的《中国佬》描述的正是甘蔗园里华人的生存状况。有幸抵达美国本土的早期华人大部分因为生活所迫，沦为苦力，却被迫与内华达州山区的花岗岩终生做伴——参与修建美国至今使用的横贯美国东西大陆的铁路——而没有摸过一次金矿石，最终未能实现他们的淘金梦。当然，早期华人冒死出走的根本原因可能是他们无法继续承受风雨飘摇的日常生活对自己造成的心理压力，也许是他们内心对世代积累的对贫穷的恐惧基因的复活，甚或是他们改变生活状态的强烈愿望、把握未来生活的决心和希望，等等。

赵文书在其专著《和声与变奏——华美文学文化取向的历史嬗变》中，分析了各家的研究后总结道："在移民研究中，学者一般以'推'、'拉'两重因素解释移民的动机，所谓'推'是指移民来源国的国内政治经济形势迫使国民外出谋生……在华人移民海外的动因中，'拉'的力量也许起到了更大的作用。18 世纪西方列强在世界各地的殖民统治迫切需要大量的廉价劳动力。"[②] 从内外两方面解释大量的华人移民现象是很有见地的，因为推动两种动因的都是改善生存条件的强烈愿望。作为不同于历史研究的文学文化研究，我们关心的是他们离开家园时是怎样的情形呢？以及离开家园在他乡又是怎样的情形？

大多数华人青年男子可能正如汤亭亭在《女勇士》中描述的那样，在家里"匆忙举行一个结婚仪式……然后就上路……去了美国"。[③] 匆忙结婚，目的是为漂泊的心再系上一个"牵挂"，也为保存自己的血脉和日后回家时留下一份企盼和一个理由。怀揣家人或新婚妻子的照片，几个人背井离乡、结伴到美国寻求发展。早期赴美的华人主要来自广东沿海地区。他们远涉重洋的个人目的和愿望可能不尽相同，但企图改变自身经济状况、追求富裕生活的愿望——甚至另一种生活方式的愿望——应该是大

① Chan, Suchen. *Asian Americans: An Interpretive History*. Boston: Twayne Publishers, 1991.

② 赵文书:《和声与变奏——华美文学文化取向的历史嬗变》, 第 17—18 页。

③ Kingston, Maxine Hong. *The Woman Warrior: Memoirs of a Girlhood among Ghosts*. New York: Knopf, 1980, p. 3.

部分人闯荡美国的初衷。然而事与愿违，加州遍地黄金仅仅是人们的愿望和说词。随着他们淘金梦的一个个破碎，他们荣归故里的愿望如苍鹰临死前的扶摇升空，振动了最后一次翅膀后，从高空坠落，回到冰冷的文化错位的现实之中。他们痛苦地发现，除了体力和最基本的农耕和捕鱼技术以外，他们并没有其他的生存技能。淘金不成，而又囊中空空，无奈，大部分华人因为没有足够的钱回家，被囚困在了美国。活着的残念迫使他们加入到自19世纪60年代开始修建的连接美国东西海岸的“大陆铁路”工程的劳动大军中。由于美国当时需要世界各地的劳工参与修建，美国与中国签订了佣工条约，于是更多的华人劳工再次涌入美国这个陌生的国度，与困在美国的早期劳工一同加入外国铁路工的行列，开始了中美文化真正的碰撞和交流。

如果我们可以将文化分为形而下和形而上两大部分，华人苦力在日常生活层面上与美国文化的交流是属于形而下的部分，是具体的，有形的和随时随地的。这部分的交流历史最真实，最痛苦，也最不幸，对个人和家族而言，也更痛心疾首。由于在形而下层面的文化交流琐碎而具体，其所带来的矛盾无疑最多，又最能被主流社会出于其政治和经济目的而无限放大或者无限缩小，一切均出自主流社会当时的意识形态、经济形势以及政治同盟的需要而定。种族“能见度”的高低可以——借用赵健秀的术语，披上种族主义者对华人的“爱”或者“恨”的外衣，在“爱”“恨”之间掌控有方，运用自如。这恰恰说明华人在美国奋斗了一百五十多年，华人的整体社会地位尚未达到令人满意的程度的原因，华人的形象也不断地在“可接受”和“不可接受”之间徘徊摇摆。这种尴尬的现实促使在美国从事华裔历史、艺术、文化、民俗、哲学、文学、政治等研究的学者进行深刻思索。如小说家赵健秀等认为，华裔被排除在美国主流社会之外，归根结底是白人种族主义的幽灵在作怪。[①] 在赵健秀给笔者2012年6月20日的邮件中，他仍然认为美国华人的主要任务还是要与白人种族主义抗争，认为克林顿执政期间给汤亭亭授奖就是出于其白人种族主义拉拢和利用华人群体的心理。

---

① 见赵健秀“Come All Ye Asian American Writers of the Real and the Fake.” *The Big Aiiieeeee! An Anthology of Chinese American and Japanese Literature*. Ed. Frank Chin, et al. New York: Meridian, 1991。另见他的《种族主义的爱》。

纯粹从种族歧视的角度入手分析，政治意义可能大于文学和社会意义。撇开分析角度的不同，华人难以见容于美国社会，是否有自身的原因呢？严格地讲，美国的第一批移民是英国的清教徒，此后才有世界其他民族的人陆续移民美国。这里需要特别指出的是，华人赴美的动机甫一开始就不同于最早赴美的英国清教徒——第一批到美国的欧洲宗教人士，且这种不同具有形而上的和本质上的区别，并由此造成了华人至今不能完全被美国主流社会认同的尴尬困境。如果说早期华人赴美主要是为了改变自身的家庭经济状况，大多数人是抱着发财的梦想出去，希望有一天能荣归故里，那么，他们虽然围太平洋绕了一个大圈，但出发点和目的地最终是统一的，即离开家乡或中国后又回到原来的出发点。即便他们中的许多人不能有事实上的荣归故里，但回归的愿望始终萦绕胸间。更重要的是，许多人在离开之前，想到的就是回归的日子和情形。亲朋好友恐怕也希望他们早点回来，否则就不必为他们匆匆举行一个结婚仪式，企图用人类最根本的一种人际关系——婚姻——拴住一颗颗漂泊的心。但是早于华人二百多年前的英国清教徒又是抱着怎样的目的离开英国的呢？我们可以肯定地说，1620 年乘“五月花”号漂洋渡海的英国清教徒经过长时间的海上漂泊，最后在马萨诸塞州的普利茅斯登陆时的目的是完全不同的。当时的简单登陆不仅开始了实现他们宗教理想的第一步，同时也迈出了改变自近代以降世界历史的第一步。

英国清教徒毅然赴美国寻求建造人间伊甸园的悲壮之举，与英国的资产阶级革命爆发前的社会动荡有着千丝万缕的联系。实际上，英国的资产阶级革命肇始于先前风起云涌的宗教改革。早在伊丽莎白一世统治期间，英国的宗教改革运动就已经颇具规模。1603 年詹姆斯一世登基时就发誓要铲除所有坚持宗教改革的教徒。宗教作为意识形态的一部分，其改革总是具有浓厚的理想主义特点，因而大多具有激进色彩，也总会受到政治和宗教保守势力的抵制和刁难。这在英国如此，在德国也是如此。时刻遭受迫害正是英国清教徒在当时的英国的命运。他们净化教会的主张无法见容于本国，但他们矢志不移，坚持宗教改革，为此他们在英国国内受到了长期的打压和迫害。坚持改革的英国清教徒最终忍无可忍，逃离英国，奔赴瑞士。为了推行他们完全按照耶稣在第一世纪创建教堂的模式净化基督教的主张，他们甚至组织翻译了供他们使用的新的《圣经》版本。不久，他们又与瑞士当地民众发生冲突，导致自己难于立足。万般无奈之下，那批英国清教徒于1608年投奔荷兰。不料，在荷兰等待他们的不是鲜花，而是更大规模的嘲讽和一桩又一桩的教会冲突和迫害事件。需要强调的是，他们尽管到处碰壁，流落异乡的这批英国清教徒改革宗教的主张从未有过丝毫动摇。他们坚信自己是上帝的使民，创建上帝在尘世的乐园是他们义不容辞的责任和义务，其目的就是恢复基督教和《圣经》的尊严。

正如理想常常在残酷的现实面前显得过于单纯和乏力，清教改革在当时的欧洲大陆呼应者有之，但是像他们那样愿意为改革献身者却寥寥无几。英国的清教徒找遍欧洲大陆，也没有发现他们理想的立足之地，万般无奈，他们才冒死横渡大西洋，奔赴新大陆，希望能在那里创建他们心中的伊甸乐园。英国的清教徒最终能在北美立足，一方面是因为受到印第安人的慷慨帮助才顺利度过当年的严冬，另一方面也与当时的英国政府的态度有关。当时的英国政府听任他们远离欧洲和英国，似乎采取了“穷寇莫追”的策略。还有，英国当时视还处于蛮荒状态的美洲大陆为垃圾场，希望通过驱赶激进的宗教改革者出境，以获得国内社会的稳定和安宁。这种态度和做法后来在英国得到更大范围的复制——大批囚犯被流放到了当时还处于蛮荒时期的澳洲大陆。然而，这些宗教理想主义者却不这样认为，相反，在他们眼里，美洲大陆一望无际的荒野、未经开垦的田野、原始森林、未受文化浸润的山川河流、热情友善的土著居民、自由栖息的动物等等，举目四望，无一不使他们坚信，美洲大陆就是建造上帝在尘世的乐园（City of God on earth）的理想场所。他们能有幸发现这样的理想之地，能有机会参与如此神圣的“工程”，按照他们的逻辑，恰恰证明他们要求宗教改革的主张是完全正确的，也证明他们的确是上帝的选民。[①] 这种互为证据的思考方式，当然不可靠，甚至是荒谬的，那是另外一个问题。但抱着这样的信念，在新大陆上开创新生活的艰辛和大自然的无情，丝毫也不会松懈他们的意志，却是事实。清教徒度过当年的严冬，自然就是春天了。新大陆生活条件的逐步改善更是坚定了他们扎根于北美的信念。

可以肯定地说，19世纪中期世界各地赴美移民潮的出现虽然有各种各样的原因，但除了追求更好的生存和发展以外，追求自由、民主、平等

① See William Bradford, *Of Plymouth Plantation*; John Winthrop, “Model of Christian Charity”等。

等理想，同样是人们的根本权利。尽管在实际操作中会出现各种偏差，甚至扭曲，但这些理念或理想仍然具有极强的感召力。因为个人的理想一旦与社会的核心价值观相统一，其力量是巨大的。自由、民主、平等这些观念首先在欧洲提出，但欧洲的现实却被认为是埋葬这些观念的坟墓。那么，为何不能在新大陆试一试呢？于是，移民从世界各地至美国。尽管华人赴美的高潮恰巧也是发生在这同一时期，但可悲的是，华人在美国并未在现实政治和社会生活中享受到多少真正的"自由"和"民主"。在美国以自由民主为基本的价值体系中，广大的华裔——尤其是早期的华人"逗留者"——常常处于一种尴尬的境地。个中原因自然有社会学家和历史学家的解释，但若从自身寻找原因，我以为早期华人的"逗留者"（sojourner）心态可能是最根本的原因之一。

一般而言，描述早期到达美洲大陆的华人和更早期到达美洲大陆的英国清教徒的通行术语是"逗留者"和"定居者"（settler）。定居者后来也包括其他陆续移居北美的欧洲人。从能指层面上讲，逗留者指在一个地方劳动、访问或者从事其他活动的短期停留者，是匆匆过客，而从所指层面上讲，逗留者鲜有既来之，则安之的长久打算。对于逗留者而言，客居异乡是人生岁月中的一个过程，一种暂时的生存状态或者生存手段的外在方式，是实现短期目标的必然，而远非最终的目的，于是，从主观愿望上讲，只要时机成熟，他们随时可以返回原住地，因为当初离开故乡的目的，也许就是为了以不同的身份——或者更发达，或者更潦倒——再次回到故里。最初离开家园时的种种梦想随着时间的推移，逐步让位于落叶归根的决心和盘算。而定居者从能指意义上讲，仅仅指移居他国或殖民地的人，既可以打着兴办教育的旗号从事宗教活动，如欧美派往世界各地的传教士，也可以成为帝国主义的帮凶，如欧洲各国在世界各地的殖民主义者。定居者可以堕落为殖民主义的走卒，也可以是世代扎根于新的"家园"的人。但这个词的所指意义的内涵却是，最早来自英国的定居者就是义无反顾的开辟新生活的人，带有浓厚的理想主义色彩或者浓厚的宗教狂热意味。在北美的英国定居者，严格地讲，与冒险家有着根本的区别，因为冒险者的终结是要么返回家园，要么死于在异乡的冒险活动中。定居者离开故乡的理由可能因人而异，但离开就意味着与原本熟悉的生活和社会环境的毅然决裂。

相反，逗留者视美国仅仅为淘金发财的地方之一。如果说他们真有所谓的“美国梦”或者“发财梦”，那么，实现那个梦想的地方也不一定必须是在美国。如果“美国梦”的核心是以物质财富构成的，从逻辑上讲，任何一个能够发挥自己才能、能够聚敛财富的地方都是他们实现梦想之地。然而，对于抱着定居目的的理想主义者（包括狂热的英国清教徒）而言，哪里能实现自己的宗教理想，哪里才是求之不得的人间乐土。为了追求理想，居住地的生活条件、自然条件、对自己生存能力的要求等等几乎均不在考虑之列，因为，从本来的意义上追索，改变生活条件，聚敛财富，原本就不是理想主义者移居他乡的初衷和生活目的。可以说，如果不是传来消息说美国加州遍地撒满黄金，华人赴美的高峰大概不会在 1848 年淘金热开始兴起后迅速到来。相反，英国清教徒不惜牺牲生命，远渡重洋，最后抵达美洲大陆却有逻辑上的必然，因为在当时的历史条件下，世界上适宜于人类居住且未受浓重的文化、宗教、习俗等或侵袭或浸润或教化的土地并不多。当时的美洲大陆虽然居住着几百万土著印第安人，分散于几百个大小不同的部落，讲着几百种语言，有各自比较初级的社会组织和管理体制，但文化和经济的发展几乎处于原始状态——印第安人至今也没有任何意义上的农业文明，甚至刀耕火种的农业生产方式也未曾得到普及。如果充满“理想”的英国清教徒要在人间寻找几乎没有受到任何世俗文化侵扰的大陆，用以创建上帝的乐园，美洲大陆的确具有其得天独厚——甚至不可替代——的优势。这不能不说是英国清教徒赴美并扎根于北美的原因和目的之一。换句话说，英国的清教徒历尽劫波，定居北美是他们宗教理想主义的必然，而华人和其他逗留者奔赴北美则具有明显的偶然性，是在一定的历史条件下促成的一个带有必然成分的偶然决定。无疑，这个决定因素就是美国西海岸淘金热的兴起。

1848 年 1 月 24 日是美国——甚至是近代中美交流史上——非常重要的一天，因为在这一天，美国加州的约翰·萨特（John Sutter）在他的锯木厂幸运地捡到了一块黄金。天上掉馅饼的美好愿望大概也抵不上地上捡黄金的事实更有新闻价值和轰动效应了。该消息经美国各类报刊的大肆渲染，不胫而走，迅速传遍世界各地，相信对我国东南沿海的穷苦百姓也有着极强的吸引力。一年后，就有华人怀抱淘金梦，抵达美国西海岸了。在此后几年间，从广东沿海七个地区赴美淘金的人数迅猛增长。美国当代著名族裔历史学家、伯克利大学历史系教授 Ronald Takaki 研究对比了多种华裔美国历史版本后认为，淘金热兴起后的第一年，即 1849 年，到达美国的华人是 325 人，第二年成功登上美国土地的华人是 450 人，1851 年共有 2716 人来到加州，1852 年，人数达到了惊人的 2 万余人，是前一年的 7 倍之多。① 30 年之后，先后赴美淘金和做其他工作的华人"达到了 322000 人"，② 几乎是 1849 年第一批赴美人数的一百倍。

这些急剧增长的数字背后传递着什么样的意义呢？对华人的生活有什么样的影响呢？美国于 1848 年赢得了与墨西哥的战争，将加州正式纳入它的版图。淘金热在加州出现之后，加州和整个西部亟待开发，但美国当时的问题是劳动力极度短缺。美国东部的大部分人像马克·吐温在《卡拉韦拉斯县驰名的跳蛙》中那位来自东部的匿名叙述者一样，自视清高，对西部怀有严重的偏见，认为东部是秩序和规范之地，而西部是无序的代名词。他像其他许多人一样，无法接受西部腐败的道德风气、人情世故、行为准则和社会运行机制，不愿意西行，更不用说在西部建家立业了。许多人即使匆忙去西部考察一番，最终也像那位叙述者一样，带着满腹狐疑和不屑，匆匆离去，如羚羊挂角，无迹可寻。

为了缓解西部劳动力匮乏的燃眉之急，国会议员阿伦·帕尔默（Aaron Palmer）呼吁大量引进中国劳工。在他的设想中，美国应该建造大型蒸汽船，从中国转运劳工，并将旧金山建设成与中国的通商口岸。他还提议"引进（中国劳工），修建大陆铁路，将加州的荒野开垦成肥沃的良田——他的提议和设想后来得以完全实现，因为'在所有东方人之中，中国人最擅长开垦荒野，并掌握种植各种农作物的技能'"。③ 帕尔默并不是随心所欲地圈定了华人为招募对象：因为当时已经在美国的华人被证明肯吃苦，而且干活从不偷懒。更重要的是，他们几乎从不抱怨待遇问题，即使没有获得应有的报酬，他们也很少与资方因为待遇问题发生纠纷。能干又顺从，这样的劳工当然是求之不得的。早在十多年前，从波士顿到夏威夷经营甘蔗农场的威廉·胡博（William Hooper）就发现了中国劳工身上的这些"优秀品质"。他写道："……他们从不停歇地干活——即使偶

---

① Takaki, Ronald. *Strangers from a Different Shore: A History of Asian Americans*. Boston: Little, Brown and Company, 1998, p. 79.

② Yin, Xiaohuang. *Chinese American Literature since 1850s*. Urbana: University of Illinois Press, 2000, p. 15.

③ Takaki, Ronald. *Strangers from a Different Shore: A History of Asian Americans*. Boston: Little, Brown and Company, 1998, p. 22.

然抱怨伙食太差，也仅仅是说说而已……使用他们比使用奴隶还要好上百倍。”[①] 其实，早在加州淘金热兴起之前，胡博就多次催促他的“兰德公司”（Ladd and Company）积极引进中国劳工，因为“引进一批中国人……会使农场更快地正常运作……与任何一类农工相比，他们都不制造麻烦，因而使用起来十分省心”。[②] 相信急需劳工的加州农场主和矿主们，是不会忽视对华人这样的评价的。华人的劳动态度、吃苦精神以及对待劳资关系的认识，正是大小资方求之不得的。短短几年时间，加州人力短缺的窘况由于华人——还有一小部分其他东方人——的不断补充而得到了极大的缓解。需要强调的是，华人赴美人数急剧增长的事实是劳动力供需矛盾逐步解决的结果，而并不意味着美国主流社会真正愿意接受华人为美国人口马赛克上的一个组成部分。直至今日，认为美国是一个白人国家的人仍然不在少数。其他肤色的人即使出生于美国，也很难被认为是“真正的”美国人。

在19世纪中后叶，几十万华人移居北美，在时空错位和文化位移的夹缝中生活、工作、创建家园、开垦荒野、开山炸石、修筑铁路、兴办企业，极大地推动了美国西部各地区与中国和其他地区的贸易活动。如果这种与经济活动密切相关的生存方式，在他们身上打上了美国“烙印”——他们至少部分适应了美国的生活和工作方式，也同时使他们感受到中美文化在他们身上的冲突和美国种族主义意识形态幽灵的无所不在：美国仅仅需要他们的体力和基本的劳动技能，美国的民族构成中不需要添加“黄色”的成分。也许长期的生活经验告诉广大的华人，他们很难被主流社会接受为“美国人”，于是，他们唯一关注的就是与生存密切相关的经济活动。这本来也无可厚非，因为绝大多数华人蜂拥至美国的目的，从本来的意义上讲，就是积累财富，等到赚钱后再满足衣锦还乡的愿望。

悖论恰恰根植于这样的心态和毅然决然地生活在文化错位环境下的目的。华人省吃俭用，试图抓住一切赚钱的机会，甚至不惜牺牲自己的尊严和权利，导致华人几乎将他们全部的离散生活捆绑在了一个字上，那就是

① Takaki, Ronald. *Strangers from a Different Shore: A History of Asian Americans.* Boston: Little, Brown and Company, 1998, p. 21.

② Ibid., p. 23.

"钱"。诚然，生存离不开金钱，在异乡谋生存更离不开金钱，但一个有抱负、有出息的族群绝对不可以将自己的命运等同于财富的多寡。打工赚钱是北美华人生存中的一个重要部分，而不应该是全部。

遗憾的是，从19世纪40年代到90年代长达半个世纪的时间，与经济有关的活动几乎成了北美华人生活和寄居他乡的全部，鲜有族裔文化建构方面的记载。从文化的角度解读这种重经济轻文化的现象，我们发现不论是华人个人还是华人社区渐渐地沦为一个人数众多的"失语"群体，或者说是由"失语"的个体组成的一个不断扩大的"哑巴"群体，在北美的政治和文化领域里，几乎彻底丧失了话语权，从而失去了维护和争取族裔权利最重要的利器，使得华人在北美民族不平等关系的光谱中处于更加边缘和脆弱的位置。需要分辨的是，陷入"失语"状态的华人不同于因文化错位而逐渐变成的"边缘人"，因为"边缘人"并不意味着完全失去了话语权，尽管他们的声音很难引起主流社会的重视。其次，"边缘人"应该是主流社会忽视的一个群体或者一类人，就像现在我国城市中艰难生存的农民工一样：他们有自己的故事要讲，有他们关心的问题，有他们的困惑和怨言，但我们的城市关心的是他们还能够为我们的城市贡献多少体力，而不是他们的生存和工作环境。相比较，从自身而言，"失语"的华人根本就发不出"声音"，从华人的外部生存环境而言，他们因为肤色和文化的原因，从来没有离开过主流社会的视野，甚至是主流社会关注的焦点之一。从肤色政治学的角度看待这种"关注"，那首先是认为受关注的对象可能是社会问题的根源，或者其本身的存在就是个"问题"，因此，发生在华人身上或者社区的事情，才会因为肤色的原因被无限放大或者缩小，并无一定之规，一切都随主流社会的文化心理和政治需要而波动。

尽管华人为自己的生存权利也抗争过，甚至在一定程度上讲，这种抗争一直持续到了今天。但总体而言，华人由于没有深厚的族裔文化的沉淀和支撑，缺乏话语权意识，还是不以自己的意志和良好愿望为转移，从来就没有把自己当作认识美国这个"客体"的"主体"，相反，自己不自觉地由主体变成了客体，成了主流文化认识的不平等对象，任凭主流社会涂抹的一个边缘民族。

一般而言，处于离散和自我流放状态下的人们更关注自己群体的文化建设。17世纪逃离欧洲到达北美的清教徒、现当代的以色列人等等都是现成的例证。然而，19 世纪移民（居）欧美的华人是个例外，他们在人数上逐年攀升，最后在 19 世纪末期达到了几十万人之众。尽管有这么多人，但他们除了后来在旧金山"天使岛"移民处理中心的墙上留下一些表达愤懑的汉语诗作以外，完全忽视了文化建设在一个民族发展过程中的作用，没有（也可能没有能力）参与美国民族文化独立诉求的建设。当然，忽视文化建设并不意味着华人群体中没有文化。他们的文化仅仅是日常生活中的文化体现，是在"自在"生存层面上的文化实践，是经验层面上的"文化"生活，凭借的是几千年来中华文化积淀的智慧和生存技能逐渐"顺应"美国文化，处处弥漫着强烈的惶恐和无奈情绪。从文化学的角度考察，他们所依赖的是文化的自然属性的一面，其主要表现在对传统、习俗、常识、经验等等因素构成的生存方式的过度依赖，而对精神、艺术、哲学、文学等"自为"层面的存在方式几乎完全忽视，因此在华人"自为"的生存活动图式方面，我们看不到他们在族裔文化建设方面的自觉活动的历史痕迹——华人在美国生存了近半个世纪以后，仍然没有发表过一篇英文文学作品就是最好的说明。

与此相对应的是早期乘船赴北美的英国清教徒，他们一路写作和思考，从未停歇。1620 年 12 月 26 日乘坐"五月花"号船抵达马萨诸塞州的第一批区区几十名清教徒，在自己还尚未完全立足的情况下，随着后来英国移民人数的不断扩大，就于 1636 年创办了哈佛大学，中间仅仅相隔了 16 年时间。而华人自第一批赴美到人数发展到几十万人的几十年间，没有发表过一篇英语作品，在事关族裔形象自觉的文化建设事业中，这无疑成为一个令人遗憾的空白。在华人以及中国人的形象这张白纸上，任由欧美黄祸文学以及歧视华人的整个知识系统涂抹、臆想、建构、捏造，甚至蓄意侮辱。众所周知，小到个人，大到一个民族，经营、建构、维护自身形象是事关个人或者民族发展的首要事情，在民族交往中更是如此。我们作为普通读者，对于其他民族和文化的了解，主要是通过文学作品的审美作用，而不是教科书上刻板的说教。因为文学可以通过情感、感受、道德、伦理、自己认同的价值观念等等影响读者，而以上的情感和观念都是通过人物形象的塑造实现的。另外，如果我们认为人类文化都是人类符号活动的方式和结果，不同的民族文化或者不同文化间的交流与冲突林林总总的现象，都是人类通过符号形式表现出来的人类或者民族经验，而所有这些人类活动符号中最根本的就是对语言符号的使用和发展。

文学不仅是语言的艺术，而且是塑造民族品格的艺术手段中最重要的一个。如果说，民族品格包含着一个民族的理想，脱离了文学，所谓的民族理想是否还是理想都大可置疑，遑论实现了。古希腊的《伊里亚特》和《奥德赛》、英格兰的《贝奥武夫》、法兰西民族的《罗曼传奇》、俄罗斯的《伊戈尔远征记》、印度的《摩诃婆罗多》和《罗摩衍那》、波斯民族的《列王纪》、阿拉伯世界人们耳熟能详的《安塔拉传奇》等史诗，无一不是本民族最重要的文学成就，也无一不承载着该民族的理想和追求，抒发并规约了该民族的情感结构和审美情操。笔者无意要求19世纪移民美国的华人创造史诗，但在一个几乎完全迥异的语言、习惯、政治运作、社会、民俗、历史和文化氛围中生活并居住了近一个世纪，没有留下任何文学作品的痕迹，这确实是一个令人难以理解的现象。写到这里想起了著名的东汉女诗人蔡琰和她留给后人的千古名篇《悲愤诗》。如果说蔡琰的一生是由悲愤铸成，充满了血与泪，其人生的艰辛、悲哀、孤独之感之情，自己“追怀乱离”的沉痛遭遇中所弥漫的忧惧之情，是她将个人的悲愤之情与烽燧弥漫时代民众的命运结合的基础，那么，19世纪逗留美国的华人显然没有留下如下感叹时乖命蹇的忧愤之诗：

> 岂敢惜性命？不堪其詈骂。或便加棰杖，毒痛参并下。旦则号泣行，夜则悲吟坐。欲死不能得，欲生无一可。彼苍者何辜？乃遭此厄祸！边荒与华异，人俗少义理。处所多霜雪，胡风春夏起。

从这个角度看待中美交流史，华人假如没有水仙花立志通过文学的形式为华人立言、立行（型），那我们还真是要等到华人在美国生活几乎一百年之后，才能第一次看到华人用英文写文学作品了。何以如此说呢？现今能收集到的寥寥数篇英语“写作”几乎清一色是为抗议不公正待遇而发表的申诉文章。最著名的华人抗议文章是一个叫Norman Asing的华人写给加州州长毕格勒（Bigler）的公开信。该信发表于1852年5月2日当时加州最有影响的*Daily Alta California*报纸上。抗议信的原委是，同年春季加州议会特别委员会颁布报告，谴责华人和其他有色人种矿工的存在对加州的金矿业“构成了巨大的威胁”,[①] 呼吁本州和国会采取切实可行的措施以便永久解除有色人种的威胁。时任加州州长的毕格勒给州议会写信，呼吁议会立即采取具体的法律措施，遏制亚洲移民潮涌进加州，其理由是亚洲人——当时主要是华人——由于文化、种族和其他原因永远也不可能被同化，因为他认为，时至当时，还没有一个华人申请要成为美国公民。[②] 毕格勒罔顾事实的说法给 Norman Asing 提供了反驳的机会。于是，Norman Asing 便以一个公民的身份，抓住毕格勒的信息漏洞，有力地驳斥毕格勒华人不愿同化的偏颇说辞。

坦率地讲，以文论文，Norman Asing 以及后来的同类文章行文流畅，词句典雅，逻辑清楚，论证充分，章法有度，显然是出自受过良好的英文教育者之手。但是，在种族主义甚嚣尘上的时候，包括 Norman Asing 抗议信在内的几篇简单的抗议文章并不能起到拨云见日的作用，反倒像是泥牛入海，很快被人忘记。一句话，华人的零星抗议文章由于没有持续性，缺少有效的社区行动的配合，起到的作用十分有限。根本的原因是华人在一开始就忽视了自己的“形象”建构，而建构的最佳模式和途径莫过于塑造真实的华人形象。遗憾的是，华人在当时以及后来的几十年间都没有认识到通过文学作品在反抗种族和文化歧视方面的巨大作用。在当今的理解中，文化并不是一块可以永远提取营养用之不竭的宝库，而是一个没有硝烟的战场，需要去和其他文化抗争，否则，难逃节节败退之命运。而对于身处非主流文化的移民而言，文化品格和形象几乎和谋生赚钱一样重要。

19 世纪移民欧美的数以万计的华人，包括那些获得过美国大学学位的华人（裔），从未意识到表达他们个人和华人群体诉求的重要性，似乎是主动地放弃了表达自己声音的渠道、方式和权利。他们并未意识到，仅仅凭遵纪守法的操行和出卖苦力赚钱谋生的愿望，在当时种族和文化歧视甚嚣尘上的美国，是不可能树立起自己的良好形象的，因为纯粹的经济活动会导致直接的利益冲突，而没有经过据理以争而达到妥协的冲突，必然会导致更大的歧视。华人到达美国后，旋即成了任凭主流文化涂抹的对

① Yung, Judy, et al. *Chinese American Voices: From the Gold Rush to the Present*. Los Angeles: The University of California Press, 2006, p. 9.

② Ibid.

象，而且长期也缺乏自省和据理力争的传统。与此形成鲜明对照的是，主流文化希望“认识”华人的热情从未衰竭过。直至今日，欧美仍然保持着认识、建构中国的巨大热情。

华人在塑造自身形象方面的不作为——或者难以作为，客观上为欧美建构中国和华人的形象提供了最直接、最充分、最有效的机会。表面上看，不同文化间的交流的本质就是对另一文化的了解和认识，但事实上的了解和认识的背后是如何判断另一个民族的形象，甚至可以说，在多数情况下，了解的愿望本身就反映着一个民族对另一民族的形象判断。从文化交流的角度看待，19 世纪积贫羸弱的中国对于欧美而言，其作用就是提供一个文化他者的蓝本，任凭欧美在白人种族优越论基础上，以“东方主义”为模式和策略，打着认识中国和中国文化的旗号，肆意污蔑。

萨义德在《东方学》一书中对西方建构东方文化的策略和方法作了深刻的研究。他发现，东方主义式建构的基本策略就是以西方作为“主体”来认识、评价、判断、审视东方这个“他者”，而“几乎从来不允许东方人、阿拉伯人或伊斯兰（原文如此——引者注）享有同样的特权。东方被当作一个整体或者个体，被主流学术思想限定于客体的地位，在西方的审视下被永久地冻结了”。[①] 被“永久地冻结”之后的所有东方人不可能成为“欧洲的对话者”（Europe's interlocutor），恰恰相反，他们永久地成为了“失语的他者”（silent other）。[②] 其实，萨义德在这里仅仅强调了一个方面，即西方没有赋予东方与其对话的“资格”。从文化霸权和权利关系的地缘政治学方面考察，西方为了其利益，做了它认为合理的事情，采取了它认为有效的策略，基本上达到了统治东方的目的。问题是，东方做出了应有的反应了吗？东方争取过与西方对话的资格了吗？争取的努力有效吗？切实争取过与西方对话的权利了吗？

萨义德在这里可能主要指的是中东和伊斯兰世界与西方的文化关系，但是，他的结论同样适合大批生活在北美的早期华人。大批华人——包括早期移民北美的其他亚裔族群——在北美迅速成为“失语的他者”，在华人的北美移民史上仅仅是一瞬间的事情。如果我们接受一般的观点，认为

---

① Said, Edward. *Reflections on Exile and Other Essays.* Cambridge, Mass: Harvard University Press, 2002, p. 201.

② Ibid., p. 202.

华人移民北美是从1848年美国加州发现黄金以后真正开始的，如果我们也接受 Xiao huang Yin 的研究结论，即从1849年到1852年，在美国的华人共有2万多人，那么，在华人移民史上，这最初的3年中的2万多人，度过的应该是中华文化和美国文化在时空错位的条件下的“蜜月期”：当时一无所有的华人有的仅仅是自己的体力和简单的生存技能，需要牢牢攫取使用自身基本技能的机会和场所，而美国当时又急需大量普通劳动者开采矿山以及发展加州的农业。换句话说，美国当时需要的就是最根本意义上的人力资源和能够使用简单工具的基本技能，因此，双方各取所需，一拍即合。中西文化的潜在冲突被双方赤裸裸的经济和社会发展需求暂时掩盖了。

在这短暂的平缓期，普通华人几千年来对贫穷积累而成的恐惧感和不安全感，大概是沉淀到了华人的灵魂和心理深处，使他们养成了吃苦耐劳的精神和勤俭节约的美德。我有时甚至怀疑，这种从历史上沉淀下来的“恐惧”意识是否成了华人的“文化基因”的一部分呢？否则，我们这个有着吃苦耐劳美德的民族为什么既贫穷而又会受到歧视呢？一个勤勤恳恳的民族如果不能创造一个富裕的社会，至少应该是一个殷实的社会吧？一个勤劳、坚韧、息事宁人的民族又何以会受到歧视呢？我想，华人几千年来对权威的恐惧使我们将唯命是从当成了道德底线和指导我们行为的最高准则，而丧失了争取自身权利的努力和愿望。甚至当自身权利受到侵害时，也因为对权威的“恐惧”基因的作用，采取大事化小、息事宁人的态度，使得自身的权利一次次受到伤害，而且受到的伤害一次甚于一次。

早期在北美谋生存的华人将以上两点大概发挥到了极致，确实为自己博得了一时的好名声：任劳任怨、严于律己、崇拜权威等（在美国演化成了遵纪守法和对老板的绝对顺从）。实际上，早期华人身上的这些特点是北美社会所看重的，也得到了美国社会的肯定。比如说，1852年1月，准备离任的加州州长 McDougal 称华人是“我们新的公民中最重要的一个群体。这里的气候和文化特征完全适合他们”。[①] 当时的主流媒体也遥相呼应：旧金山最重要的报纸 *Daily Alta California* 几乎在同一时间称赞华人是美国各民族中“最勤劳的‘民族’之一。他们不多事，有耐心……他

① Yin, Xiaohuang. *Chinese American Literature since 1850s*. Urbana: University of Illinois Press, 2000, p. 16.

们遵守我们的法律，似乎像是出生并成长在这种法律体系之下的人群”。[①] 然而，时隔两年，华人的形象就发生了根本性的转变。同样的这份报纸发表社论谴责“中国人是我们当中道德最低下的一群，他们连黑人都不如”。[②] 华人形象的急剧变化，个中原因见仁见智。而其中最典型的就是，华人为了生存，不惜降低身份，愿意以远远低于“市价”的工资出卖自己的劳动力。其后果是，在主流社会的眼里，进而在主流社会的意识深处，华人不仅抢占了白人工薪阶层的饭碗，而且扰乱了劳动力市场，渐渐地也扰乱了整个的社会秩序。[③] 至此，华人在北美的形象急转直下，直到150多年后的今天，华人的形象仍然没有得到根本的改变。中国佬（Chinks）、Washie-washie（洗衣店）和coolie（苦力）等侮辱性标签仍然像是被人强制烙在身上的文身图案，洗刷不掉，同时也像基因一样，代代相传于主流社会。

Daily Alta California 没有列举中国人“道德低下”的表现和原因，仅仅是对华人形象的一次涂抹。另外，抢占白人的饭碗之说也仅仅是一个表面现象，还不是真正的原因，因为华人“抢占”的工作基本上都是白人不愿意做的“低贱工作”。换句话说，华人劳工事实上起到了“拾遗补阙”的作用，很难说是抢占了谁的工作机会。实际上，淘金热兴起之时，白人矿主们需要大量的劳工在露天金矿“拣拾”黄金。劳力，不分人种，只要愿意吃苦干活，总是多多益善。从1848年到1852年的短短4年间，加州对露天金矿的掠夺式开采一方面导致资源浪费，另一方面间接导致了种族矛盾的产生。华裔历史学家Peter Kwong认为：“到1852—1853年，丰富的露天金矿已经基本无金可采，利润急剧下降。各金矿被迫向深层挖掘，以图有所回报，而深层开采需要更多的资金，这只有资金富有的大公司才能负担沉重的人力支出。廉价的华人劳工正好满足了这种需求。”[④] 实力不济的白人小公司纷纷破产，原本大鱼和小鱼的资金关系改变了其本质，扭曲成了失业的白人员工与华人劳工之间的种族矛盾。小矿主们联合加州各界的反华势力掀起了第一次反华浪潮。早在1852年，“他们向州议

① *Daily Alta California*. May 12, 1951, 1951.

② Yin, Xiaohuang. *Chinese American Literature since 1850s*. Urbana: University of Illinois Press, 2000, p. 17.

③ Chan, Suchen. *Asian Americans: An Interpretive History*. Boston: Twayne Publishers, 1991.

④ Kwong, Peter. *New York's Chinatown before 1930*. New York: The New Press, 2001, p. 22.

会施压要求每月向外国矿工征收3美元的税金，针对独立矿主和华人矿工的暴力事件也时有发生”。[①]

金矿公司之间的利益竞争使得华人的生存状况雪上加霜。小公司几乎是无所不用其极。他们通过向议会施压，煽动仇华情绪，雇佣人员骚扰、谩骂华人，甚至残害华人等做法，司马昭之心，路人皆知，其目的无非是要将华人从美国土地上驱离赶尽。与此相反，实力雄厚的大公司从自身利益出发，充分利用华人廉价的劳动力市场的优势，继续大量雇佣华人。在当时的加州，对华人的“爱”和“恨”在维护各自利益的舞台上一幕一幕地上演着。表面上看，似乎是华人抢占了白人的工作，实际上是企业为了扩大利润，降低成本，不断竞争而自然淘汰的结果。淘金热兴起的十数年间，华人的被爱或者被恨都是因为华人身上的明显的特点所致。华人吃苦耐劳的精神、与世无争的人生态度和为了生存，几千年来磨砺出的韧性，尤其是其“价廉物美”的使用价值，既是美国社会——尤其是那些大公司——发展所看重的优点，同时也是美国失业者仇恨华人的根源所在。在美国19世纪50年代经济萧条期间，华人青年失业的并不多。尽管许多矿山倒闭，但在此期间，华人赴美的人数反而呈上升趋势。身强力壮、朴实肯干的华人青年莫名其妙地成了美国大小资方唯利是图、蝇营狗苟的利益驱动下的牺牲品：大公司关心的是榨取，而不是维护华人的权益，而小公司由于资金问题，失去竞争优势，反而将怨恨撒在了华人身上。

然而，经过19世纪50年代的经济萧条之后，美国政府决定修建连接美国东西部的铁路。1861年6月28日，具有历史意义的“中央太平洋大陆铁路公司”在加州的萨克拉蒙托市（Sacramento）成立。发起人是4名被称为“四巨头”（Big Four）的商人。他们随后向联邦政府提出财政支持的要求。林肯总统于1862年签署了“太平洋铁路法案”（Pacific Railroad Act）。联邦政府主要是通过出售债券的形式向该公司提供财政支持。该铁路自1863年开始由萨克拉蒙托向东修建，至1869年10月10日与“联合太平洋铁路公司”自东向西修建的部分汇合。这条全长2860公里长的铁路经过7年修建，圆满竣工。

修建铁路被认为是振兴美国经济的有效措施，因为修建一条横贯美国

① Kwong, Peter. *New York's Chinatown before 1930*. New York: The New Press, 2001, p. 22.

的铁路不仅能够连接美国的东部和西部，而且有利于扩大内需市场，并最终能够扩大庞大的亚洲市场。铁路的贯通不仅将美国西部的自然资源通过铁路运往东部，也意味着能将全美国的产品通过太平洋快速地海运到亚洲市场。修建如此庞大的工程不仅需要资金，而且需要大量廉价的劳工。资金问题在当时的美国很快得到解决，但劳工招聘工作却困难重重。工程初期，迫于主流社会巨大的压力，太平洋铁路公司仅仅雇佣少量的华人劳工，主要的工人是非华人。问题是，虽然工人不少，但工期进度一再滞后。更重要的是，其他族群的劳工不仅吃苦精神差，而且喜好寻衅闹事，总是抱怨条件差、待遇低，还动辄威胁罢工。华人在美国十几年生活和工作的经历证明了自己是最符合铁路公司各种要求的族群和种族：吃苦耐劳，坚忍不拔，勇于牺牲，不计较报酬的低下，不怕恶劣的自然条件和人文环境，适应能力超强，绝不惹是生非，不仅很少参与罢工，而且从心底里讨厌罢工。

当白人工人要求公司停止雇佣华工时，该公司的总工查尔斯·科洛克（Charles Crocker）回复说：“我们雇佣不到足够的白人修建这条铁路。而我们却必须修建这条铁路，因此，我们不得不雇佣他们。如果你们不能和他们和平共处，那么，出路只有一条，那就是你们离开，我们将全部雇佣他们以填补空缺。”① 在管理方面，这家公司善于利用种族关系获取最大的利益：雇佣白人和华人做同样的工作，但却使用两种工资体制。公司付给白人的工资明显高于华人的工资，并最大限度地压低华人的工资。这样做的结果实际上也是变相地压低白人的工资，不仅直接降低了人力成本，而且巧妙地将白人对资方的不满转嫁到了华人的身上，同时也以隐晦的方式明确地告诉华人：他们是低人一等的，只配得到较低的工资待遇。当然，华人知道，同工不同酬的根本原因是知道他们是生活在文化位移社会环境中的“外来人”，他们能做的就是忍受并接受工资歧视。在不同种族间实行不同的工资体制的做法时至今日也还有普遍性，这种做法被日裔历史学家 Ronald Takaki 称作是利用“族群仇恨”以达到资方利润最大化的

① Takaki，Ronald. *Strangers from a Different Shore：A History of Asian Americans*. Boston：Little，Brown and Company，1998，p. 85.

目的。[①]

对资方而言，尤为可贵的是，华人不仅不会组织罢工，而且还是资方可以充分利用的工具。在美国近代历史上罢工浪潮兴起的时候，华人常常是打破劳资双方僵局的重要棋子。在19世纪后期的美国，劳资矛盾十分尖锐，罢工接连不断，而资方坚持绝不妥协的原则。劳资关系剑拔弩张，双方互不相让，谈判破裂的困局司空见惯。资方总是对罢工者摆出一副强硬态度，不怕停工威胁，因为空缺的位置自有华人顶替。实际上，资方还期望因谈判破裂而导致白人纷纷辞职的局面出现，因为有华人丰富而廉价的人力资源的保证：华人常常会接受资方的条件和低工资标准，不顾罢工者纠察队的阻拦，接替罢工者完成生产任务。一旦出现这种情况，即，一旦资方打出华人王牌，罢工便很快结束。于是华人获得了另一个称号：“打破罢工僵局的人”（strikebreaker）。生活在西部的华人甚至被雇佣到东部充当这样的“人”。日积月累，美国的工人阶层和社会大众对华人的怨恨日益加深，双方的矛盾也越来越深。[②]

资方是否真正地喜欢雇佣华人，不得而知，但他们更多的时候是不得不雇佣华人。尽管遇到白人工人工会强大的压力，太平洋铁路公司在美国和中国广东还是雇佣了数以千计的华工。他们参与修建了世界上最长的花岗岩隧道，也完成修建了一条当时世界上最长的铁路。我们可以说，没有大量华工的参与和惨重的牺牲，这条当时最重要的横跨美国东西部的铁路不可能在1869年顺利完成。著名华裔社会学家 Judy Yung 等在《华裔美国人的声音：从淘金热到当代》（*Chinese American Voices: From the Gold Rush to the Present*）一书中写道：

> 中央太平洋大陆铁路公司由于缺少可以信赖的劳力，加上加州西埃拉内华达的特殊地形地貌，该铁路在西线进展十分缓慢。直到他们雇佣了华人劳工，局面才开始得到改善。华人劳工不仅能力超群，而且工作效率高，故，该公司五分之四的劳工是华人。华工的数量大约

---

① Zhou, Min, and James V. Gatewood. Eds. *Contemporary Asian America: A Multidisciplinary Reader.* New York: New York University Press, 2000, p. 124.

② See Ronald Takaki, *A History of Asian Americans: Strangers from a Different Shore.* Boston: Little, Brow and Company, 1998.

是 12000 人到 14000 人。很快，这些华工被分配到所有工作环节——铺路基、凿隧道、开山炸石、铺设铁轨等。[①]

如果说直到一个多世纪之后，经过几代学者的努力，华工修建大陆铁路的历史贡献开始进入美国的教科书，然而，历史的欠账不是一下子可以偿还清楚的。由于华人“几乎自到达（美国）的那一刻起就受到种族主义的法律歧视”，[②] 华人的权利得不到保护，成了美国社会内部矛盾的替罪羊和边缘群体，美国当时的主流媒体和历史记载中几乎没有华人的名字。正统的历史教科书一笔勾销了华工与爱尔兰劳工在大陆铁路东西两线汇合时刻竞赛胜利的历史事件中华人的胜利。爱尔兰劳工的历史功绩得到了大肆宣扬，而没有提及一个华工的名字，尽管“修建中央太平洋铁路是华工的巨大成就”。[③] 即使该公司的总裁勒兰德·斯坦福（Leland Stanford）也不得不承认华工“安静、平和、勤恳、节俭——虚心好学又能尽快掌握各种工作技能”，[④] 即使该公司的总工查尔斯·科洛克也承认“他们（华工）证明自己可以承担几乎和白人一样的工作量，而且比（白人）更可靠。（雇佣）他们还不用担心发生罢工事件”。[⑤] 然而，随着铁路的开通，华人的使用价值锐减，自此更加命途多舛，在文化位移和种族矛盾的夹缝中，开始承受浊浪排空式的极端仇视和排挤。

华工的历史贡献被主流社会以特殊的书写方式抹煞了。其实，华人的死亡，也是无关痛痒的。甚至没有人关心，到底有多少华人死在了“大陆铁路”的工地上，没有人知道具体数字，“有一份报纸根据 1869 年铁路完工之前，运回中国的华人遗骨的重量，推算出至少有 1200 名华工死亡。运回中国的骨头共重 2 万磅”。[⑥] 如果这个推算基本符合事实，那就意味着在大约 7 年的时间里，至少有十分之一的华工因各种原因丧失了他

① Yung, Judy, et al. *Chinese American Voices: From the Gold Rush to the Present.* Los Angeles: The University of California Press, 2006, p. 3.

② Ibid., p. 2.

③ Takaki, Ronald. *Strangers from a Different Shore: A History of Asian Americans.* Boston: Little, Brown and Company, 1998, p. 84.

④ Ibid.

⑤ Ibid.

⑥ Yung, Judy, et al. *Chinese American Voices: From the Gold Rush to the Present.* Los Angeles: The University of California Press, 2006, p. 3.

们年轻的生命。

具有讽刺意味的是，“大陆铁路”的竣工意味着华工使用价值的枯竭。在那些用无数华工的血肉之躯铺垫起的铁轨上，日日飞驰着装满货物的列车，扩大了美国与亚洲各国的贸易，为美国的经济发展竖起了一个坚实的脊梁。而恰恰是在那个时候，数以万计的华人劳工失业了。不幸的是，铁路竣工的时候，美国适逢又一次经济危机爆发，加上内战的因素，上万名铁路工人很快就加入到加州失业者的大潮之中，大批中国人拥挤在洛杉矶和旧金山的唐人街谋生。严酷的经济形势和美国社会固有的对华人的种族仇视终于找到了替罪羊和无辜的受害者。这里仅举两例以说明华人在水仙花生活时代的度日如年的生存状态和美国歧视华人到了何种地步。经过几十年的艰难发展，到 19 世纪末期，旧金山和洛杉矶的唐人街已经初具规模，人口数以千计。到 1900 年，洛杉矶共有 3098 名华人男子，120 名华人妇女。[①] 美国的流行作家和主流社会舆论对待唐人街的心态充满矛盾。其主要表现在他们既要借助渲染唐人街上华人不健康的生活方式反衬以西方文化为根本的美国文化的优越，又要借不断高涨的仇华浪潮欲将华人铲除出美国。当然，前者的大肆渲染甚或离奇的编造有能够服务于后者的根本目的。在水仙花后来生活过的洛杉矶唐人街，仇华情绪于 1871 年达到一个小的高峰：白人暴徒有组织地血洗唐人街，共枪击、火烧或者勒死了 21 名华人。据《老加州》（*Longtime Californ'*）的作者的实地采访记载，在种族歧视横行恣肆的 19 世纪后期，唐人街区内生活的华人在日常生活中如同囚犯，没有人身自由，且随时都会受到无端伤害：当时的旧金山唐人街处于 Kearny 和 Powell 以及 California 和 Broadway 之间，人们像囚犯一样生活在其间。换句话说，他们在四条街道之间的活动有一定的自由，然而“你如果越过那些街区，白人孩子就会用石子砸你”。[②]

在华裔美国历史中和族裔关系史中，威胁、抢劫、围堵、驱赶、屠杀华人的事件比比皆是，为华裔美国历史打上了血腥的烙印。然而最血腥、最臭名昭著的屠杀华人的事件发生在怀俄明州的石泉镇，时间是 1885 年

① White-Parks, Annette. *Sui Sin Far/Edith Maude Eaton*: *A Literary Biography*. Urbana and Chicago: University of Illinois Press, 1995, p. 109.

② Nee, Victor, and Bret de Bary Nee. *Longtime Californ'*: *A Documentary Study of an American Chinatown*. Los Angeles: University of California Press, 1986, p. 60.

9月2日。太平洋铁路竣工后，昔日只会拼体力，建桥修路、开山炸石、开凿隧道的华人劳工失去了工作。迫于生计，他们四散到美国各地寻找发挥自己一技之长的工作——继续到各类矿山出卖体力。其中的一部分人漂泊到了加州东北部的怀俄明州有丰富煤矿资源的石泉镇（Rock Spring）。他们在当地煤矿找到工作后，陆续定居下来。这批靠体力吃饭的人渐渐地形成了一个小小的华人社区。截至屠杀之日，几乎是清一色的华人男子们在这个小镇上共搭建了79个各式茅屋。从茅屋的数量可以推测，华人在石泉镇已经工作和生活了相当长的时间，同时说明他们有既来之，则安之的心态——愿意继续在这个人烟稀少的地方长期生活。修建几十间茅屋需要一定的时间跨度，这也表明，即使当地有歧视事件发生，他们感觉其程度还是可以承受的。否则他们可能会被迫逃离。华人小社区的形成，同时也表明他们与当地白人之间大致是各行其是，互不相扰。根据时任纽约领事的Huang Shi Chuen写给美国国会的调查报告所述：“华人与白人共同受雇于这个工作已经很久了。尽管他们知道白人对他们心怀记恨，他们并没有采取特别的预防措施以阻止（屠杀）爆发，因为长期以来双方并未发生过口角或者打斗。”[①] 密谋和实施屠杀华人矿工的就是美国当时具有黑社会性质的“劳工骑士团”，而更深层的原因是美国当时甚嚣尘上的排华浪潮背后的种族歧视意识形态。美国的秘密劳工组织“劳工骑士团”于1869年由费城的6个白人纺织工人组成，到1886年的全盛时期会员遍布全国，总数逾70万人。[②]“早在1883年，‘劳工骑士团’成员就进入怀俄明州，要求联合太平洋铁路公司遣散所有华人劳工。”[③]

早在1885年8月，由清一色白人组成的“劳工骑士团”就在石泉镇散发传单，张贴告示，煽动全镇的仇华情绪，对华人行尽威胁之能事，意在驱离镇上的所有华人，以保证当地白人种族的纯洁性，减少竞争，保有工作机会。也许镇上的华人对这样的威胁早已司空见惯，并没有太在意，而是继续去煤矿上班。然而事情的发展不知不觉中改变了原来的性质，从零星的威胁变成了有组织的迫害行动：9月1日晚，该镇“劳工骑士团”

---

① Yung, Judy, et al. *Chinese American Voices: From the Gold Rush to the Present*. Los Angeles: The University of California Press, 2006, p. 53.

② http://en.wikipedia.org/wiki/Knights_of_Labor.

③ Yung, Judy, et al. *Chinese American Voices: From the Gold Rush to the Present*. Los Angeles: The University of California Press, 2006, p. 50.

成员开会部署对华人采取暴力行动。按照会议部署，9月2日7时许，十多名白人赶到六号井，要求矿主终止与所有华人的合同并开除所有华人。正在上班的华人与寻衅闹事的白人据理力争，立即遭到锐器攻击，当场3人受重伤。工头见状，宣布当天停工。由于矿方仅仅是宣布当天停工，没有答应骑士团开除华人的要求。白人种族主义者重新开会部署了下一步行动。到下午两点钟，暴徒们兵分两路向“唐人街”袭来。他们首先围攻唐人街旁边在第三号井上班的华人。一个名叫 Lor Sun Kit 的男子成为第一个被击毙的华人。屠杀随后向所有有华人的地方蔓延，整个大屠杀中共有28名手无寸铁的华人被杀，15人受伤。属于华人的所有79栋房屋被付之一炬。值得一提的是，所有遭到屠杀的华人都被抢劫一空。而活下来的华人也遭到洗劫，身上的钱财被抢劫一空。“有些暴徒找到华人后，用枪指着他……搜身，拿走手表或者金银财物才会让他离开……还有些暴徒，追不上逃跑的华人时就开枪射击，华人中枪身亡后，他们再搜身，拿走值钱的东西。”①

第四节　美国60年的排华法案

既然主流社会感觉华人抢占了白人的工作机会，那么，从限制华人入境或者从华人手中抢回工作机会似乎就是政治家责无旁贷的义务了。事实上，华人和其他大量的移民在美国从事的不过是繁重、肮脏、报酬极低的粗活，是美国经济结构中不可或缺的一支劳工力量，对此，精明的政治家一清二楚。但迫于经济危机的压力、工会的压力以及社会中不断蔓延的仇华势力的舆论压力，排华从个人的情感反应滚雪球般地变成了全国统一的法律排挤运动。说是一场声势浩大的排华运动，其实并不过分，因为，自1875年起，美国国会连篇累牍地颁布排华法案。著名的有1875年3月3日通过的限制中国和日本移民的“佩奇法案”（*Page Act of 1875*）。“大陆铁路”竣工5年后，美国就急不可耐地制定了该法案，其核心是改变美国处理东方移民申请的方式。具体地讲，就是将原来设立在美国的移民处理中心迁移到中国和日本的出境口岸城市，目的是以苛刻的条件将中国人

① Yung, Judy, et al. *Chinese American Voices: From the Gold Rush to the Present.* Los Angeles: The University of California Press, 2006, pp. 48－54.

和日本人限制在本国，避免任由他们进入美国后再审批带来的种种麻烦。

严格地讲，“佩奇法案”并没有起到完全限制华人进入美国的目的。在该法案颁布后的几年，仍然有华人劳工以各种名目和途径进入美国。与此同时，美国的欧洲移民大量涌入，劳资矛盾日益尖锐，化解矛盾的方式又一次以种族的名义开始实施，而且是以法律的名义。来自欧洲的大量移民为了生存，开始“抢”工作。美国社会将矛盾的根源笼统地推到移民的身上，而移民是可以包括亚洲移民的，于是就有了上文提到的“佩奇法案”。从文字看，该法案的实施是为了限制亚洲和欧洲移民，但在实践中，由于种族主义的幽灵无处不在，欧洲移民还是大量涌入美国，日本和韩国的赴美移民潮并未受到太大影响，限制的目标族群几乎尽是华人劳工，华人成了法律意义上的“替罪羊”。

应该说，任何时候，将国家的意志和行为以法律的名义合法化的做法和企图，都可以被认为是实施机构化的统治。以限制和压缩华人在美国社会生活的活动空间的立法行为，毫无疑问，就是美国推行其机构化的种族歧视法律和政策的具体行动。“佩奇法案”颁布 7 年之后，美国国会于 1882 年 5 月 6 日通过了臭名昭著的“排华法案”（*Chinese Exclusion Act of 1882*）。这是一部完全针对一个单一族群的歧视性法案。原先的移民法案的目的尽管同样是为了限制华人入境，但在遣词上都是使用“亚洲人”，实施过程中主要是限制华人和日本人。然而，在这部新的法案中，指名道姓，将矛头赤裸裸地指向“中国人”，这是亘古未有的机构种族歧视的外化形式。如果我们稍加思考，便能得出这样的结论：该法案的制定和通过其实是歧视中国人的结果，因为该法案很少涉及已经在美国生活的华人的各个方面。

在美国的立法史中，华人是美国唯一被国会及联邦政府立法排挤和禁止移民的民族。虽然“珍珠港事件”后，美国于 1942 年立法建立了类似德国的集中营的“拘留营”（Internment Camp），从全美强制十数万日裔美国人离开原来居住地，而集中居住到陌生的地方，但并未立法严禁日本人移民美国。1882 年完全禁止华人入境的法律依据是，“从美国政府的观点看，中国劳工进入这个国家威胁着美国一些地区良好的社会秩序”。①

① Qtd. in Okihiro, Gary. “When and Where I Enter.” *Contemporary Asian America*. Eds. Min Zhou and James Gatewood. New York: New York University Press, 2000, p. 133.

“排华法案”规定，10 年内禁止华人移民入境，两年后进行了修订，进一步收紧针对已经在美的华人出入境政策。1884 年的修正案不分出生地，也不分在美的华人是否具有美国公民身份，只要是华人，一旦离开美国就不得再次入境，并规定任何港口放行搭载中国人的船只都将被起诉定罪。严酷的“排华法案”实施 60 年后，在“二战”期间由于战争的需要，美国国会才于 1942 年取消了该法案。半个多世纪的法律排挤对华人家庭和社区造成了无以复加的伤害。用华裔美国学者 David Leiwei Li 的话说，美国长期的机构和法律排挤，“导致华裔作为一个群体，在社会学意义上已经死亡”。[①]

2012 年 6 月 18 日，美国众议院表决，全票通过以法律的形式就 1882 年的“排华法案”向华人道歉。至此，美国参众两院终于否决了人类历史上最无人性的一个法案，完成了对美国坚持自由、平等、民主等立国精神的自我救赎。行文至此，我们虽然对否决这个法案感到些许安慰，但问题是，如此违背美国法律精神和文化价值的法案何以能够延续 130 年之久？难道就没有有识之士持之以恒的推动和游说？难道华人社团始终对此是噤若寒蝉？抑或是无动于衷？

其实都不是。实施期间，虽有有识之士多次呼吁取消“排华法案”，但在美国劳工组织的抗议之下，都是不了了之。这是有其深厚的历史和广泛的社会基础的。比如说，于 1886 年成立的“美国劳工联合会”（American Federation of Labor）是美国至今最大的劳工组织，该组织自成立之日起，就不断向国会施加压力，要求限制移民入美，这不仅包括限制以华人为代表的亚洲人，也呼吁限制欧洲人移民美国，只是对中国人的限制更多、更严、更彻底而已。而排挤的理由既有他们处于劳工立场的，也有文化和种族方面的。在一次会议的决议中，该会宣称：“除了肮脏、罪恶和疾病以外，华人什么也没有带给我们。”并且还说：“所有提升他们的努力都被证明是徒劳无益的。”[②] 不仅如此，“美国劳工联合会提交给国会的备忘录中请求国会延长排华法案。其会长塞缪尔·冈帕斯在信中写道：

---

① Li, David Leiwei. “The Formation of Frank Chin and the Formations of Chinese American Literature.” *Asian Americans: Comparative and Global Perspective*. Ed. Shirley Hume. Pullman: Washington State UP, 1991, p. 212.

② Kwong, Peter. *New York's Chinatown before 1930*. New York: The New Press, 2001, p. 34.

‘让中国人自由移民（来美国），考量所有实际情况后，（允许华人来美）无异于是任由亚洲野蛮人的入侵。文明的欧洲一直在抵御这种入侵。’他接着写道：‘保持欧洲文明的纯洁性和不受玷污是我们的传统。我们的目的就是要丰富和扩大这种文明。我们就是人类的信托董事。’”①

这样赤裸裸的歧视性胡言乱语如今已不多见，但并不说明美国国会道歉之后，歧视包括华人在内的社会歧视现象会烟消灰灭，因为只要美国的民族构成仍然是以白人为主，美国社会就不可能走出白人优越的种族意识形态的怪圈，就不可能抛弃其将其他族裔建构成文化他者的历史传统。白人种族优越意识形态在昔日能够使塞缪尔·冈帕斯坚信他们“才是人类的信托董事”，今天的美国到处插手世界事务，在很多时候甚至要付出生命的代价，还要承担巨额的财政负担，这些在我们看来得不偿失的做法，难道是疯狂之举？即便是疯狂之举，也有其理念和信仰，而其理念和信仰背后仍然是白人种族优越的意识形态和所谓的“信托意识”。

美国终于为自己130年前的野蛮行为道歉，但这根本不值得高兴，因为道歉也不是美国对在美国生活的几百万华人的恩赐。在最近的几十年间，广大华人的政治意识逐渐高涨，活跃在美国政界的华人政治人物日渐增多，下到市议员，上到国会议员、州长、驻外大使、部长，均有华人的身影。也正是这些人和他们背后的无数团体和数以万计的学者的长期呼吁，美国国会和政府才不得不改正自己的错误，还人类自由平等精神一个迟到的公正。如果要追溯要求还华人以公正的历史，水仙花应该是先驱中影响最大的一位。“我遇见过许多华人。每当他们有了麻烦，他们都会告知我，要我在报纸上替他们申冤。这是我非常乐意做的事。有一天，我感到特别温馨，因为我在报纸上读到纽约的一位华人写下的一句话：‘生活在美国的华人都会永远感激水仙花，因为她总是勇敢地站出来，为华人辩护。’”②

---

① Kwong，Peter. *New York's Chinatown before 1930*. New York：The New Press，2001，pp. 34－35.

② Sui Sin Far. *Mrs. Spring Fragrance and Other Writings*. Ed. Amy Ling and Annette White-Parks. Urbana and Chicago：University of Illinois Press，1995，p. 230.

第二章

水仙花:一个历史和文化现象

我在前章花了不小的篇幅将水仙花和华人在北美的生活经历语境化和历史化（contextualized and historicized），目的是希望自己对水仙花和华人在北美的苦难历史有更真切的理解，也希望能够对水仙花的创作背景、叙事立场、取材和题材、叙事视角、文化立场、审美态度、写作策略和她的民族文化认同背后的原因，做一个铺垫。这是因为构成历史和社会现实的因素也同时决定了华人在北美的命运，而对于华人命运艰难性和独特性的感悟和理解，仅仅凭文学叙事是不充分的，其本质也很难仅仅通过文学的方式揭示出来。将这些有着历史的独特性印记的种族和文化体验放置于历史的大背景下观照，让历史来丰富文学叙事的不完整性，让历史的痕迹揭示华裔经验的本质，使其更充分地暴露在我们面前，也算是一种期望和方法论的尝试和实践。

水仙花原名 Edith Maude Eaton（1865 年 3 月 15 日—1914 年 4 月 7 日），既是 20 世纪后期美国文坛和学术界发现的一个文学和文化“现象”，也是一个完全迥异于她所生活的时代和地区几乎所有文学类别、流派和种族的重要而独特的作家。对于当代中国文学界而言，水仙花也是一个奇异的现象。对于当代美国文坛和学术界而言，水仙花迥异且独特，是因为她的出身、长相、经历、人生态度、写作立场、叙事视角和题材、叙事策略、审美趣味、写作目的和手法，等等，不一而足，既不符合她生活的时代流行的分类原则，也不符合当下的分类标准。

比如说，如何将这位父亲是英国人、母亲是中国人、出生于英国、移民加拿大、居住在法语区的英国孩子、成年后基本在美国各大城市生活的作家归类，就是一个不小的挑战，甚至难题。按出生地划分，她应该是英国作家；按公民身份划分，她应该是加拿大作家；按语种划分，她就是英语作家；按长期居住地、题材和内容、出版社和读者群等划分，她应该是美国作家。学界也普遍认为她是美国作家——尽管加拿大的学者如赵莲博士等均不认同这点，[①] 加拿大蒙特利尔市的华人社区也不会赞同，因为蒙特利尔唐人街上的华人社团和个人，在水仙花死后自发募捐筹款，为她修了一块墓碑，上面书写着四个汉字：义不忘华。该墓碑至今耸立在蒙特利尔的皇家山公墓（Mount Royal Cemetery）。“义不忘华”四个汉字至今读来令我们感动，其意义超过了字面含义，因为当事人均是“不在场”的，起到了德里达所说的那种“找到（了）一种能保持沉默的语言”的作用。[②] 同时，“义不忘华”也起到了“延异”的效果，因为华人认同水仙花的中华情怀，通过对水仙花的赞美展示了自己被压制的正义感和力量：“逃离了察觉的那种延异之所以能够潜入，并不是利用书写而是在两种书写之间，通过将我的生命置于作品之外并将它的来源、我的血肉变成题铭，变成我话语的那种无呼吸的死者卧像。”[③]

水仙花本人则始终坚持自己是中国人，因为自己的民族认同和情感认同是中国人的。在种族主义甚嚣尘上，中国人被极端丑化和鄙视的19世纪末期和20世纪初期，水仙花不仅没有顺应潮流，坚持自己的白人认同——她在长相上更像白人，反而不断强化自己的华人认同，这在当时北美极端仇视华人的文化氛围中是需要勇气和智慧的。她坦承道：“我的中国情怀（instincts）日渐加深。我不再是那个看见任何中国人就藏在哥哥背后的小姑娘。后来，当我孤身一人在陌生的地方漂泊时，不知道有多少次，我只要看见哪怕是地位低微的洗衣店的中国人，我顿时觉得有了安全感，感到自己不再孤单。”[④] 不仅如此，水仙花还甚至幻想成为圣女贞德那样的英雄，愿意为了她的“母亲的人民”献出自己的生命。难能可贵的是，她这种决绝的态度并不纯粹是出于对华人的同情或者是个人的一时冲动，而是在她完全地认同了华人后的理性判断，即为了华人和华人文化

① See Chao, Lien. *Beyond Silence*: *Chinese Canadian Literature in English*. Canada: TSAR Publications, 1997.

② ［法］德里达：《书写与差异》，张宁译，生活·读书·新知三联书店2001年版，第473页。

③ 同上书，第352页。

④ Sui Sin Far. *Mrs. Spring Fragrance and Other Writings*. Ed. Amy Ling and Annette White-Parks. Urbana and Chicago: University of Illinois Press, 1995, p. 131.

的尊严，她不仅愿意这样做，而且认为值得这样做。于是，她动情地写道："如果我能在烈火中死去，我将化作神灵，冲出烈焰，向所有鄙视我们的人大声宣告：'请看吧！中国人是多么伟大！多么自豪！多么高贵！'"① 如此，按照她本人的民族认同划分，她无疑可以算是一位不令他人独擅其美而特殊的中国作家，何况她身上还有一半的华人血统：水仙花的母亲是中国人。另外，按人种划分，她无疑是一位欧亚混血人作家，何况欧亚混血人（Eurasian）这个称呼一直是她对自己的种族学定位——尽管欧亚混血的事实既赋予她特殊性和独特的感受力与心理体验，也给她终生带来了巨大的心理和文化认同压力。

第一节　水仙花：当代中国文学的一个现象

说水仙花对于当代中国文学而言也是一个值得研究的现象，这首先是因为她不同于我们熟悉的林语堂等出生于中国、后居住在美国并用英语永远书写着关于中国题材的作家们。水仙花与他们的唯一相同之处就是他们创作的语言媒介——英语，而在表现华人的历史和现实经验、生存体验、思想情感、文化认同、文化陈规、文化反思、文化位移与归化、移民经验、人生理想和抱负等等方面，她与林语堂们截然不同。从本质上讲，他们的区别性特征在于他们在写作使命感和写作目的方面存在着本源性差别。在我看来，二者的差别和距离如同光谱的两端，遥远而迥异。林语堂等作家的使命是尽可能地对美国主流社会的读者，进行所谓的关于中国文化和文明的启蒙阐释，希望美国社会能够以更加包容的心态，最终能更好地接受中国文化和华人在美国生活的事实以及他们的生活方式和行为方式。换句话说，他们在心中希望，即便美国主流社会不认同中华文化，也要在一定程度上认可华人和其背后的文化。稍加剖析便不难发现林语堂们的思维深处还是认定美国是白人的美国，是不包括华人在内的多种族人的美国。更多的时候，林语堂等作家觉得，中国人只不过是在美国的过客，是客人，他们在美国居住，说到底，就是寄居他乡。于是，他们从中国文化的视角推之，认为居住国就应该以待客之道对待旅美和生活在美国的华

① Sui Sin Far. *Mrs. Spring Fragrance and Other Writings*. Ed. Amy Ling and Annette White-Parks. Urbana and Chicago: University of Illinois Press, 1995, p. 222.

人。于是，这一批作家选择了向美国主流社会解释中国文化，其目的可能是善意的，但作用却是十分有限的。难怪韩裔美国学者 Elaine Kim 将对美国读者进行文化阐释的所有亚裔作家称作“友好使者”作家。[①] 这批华人和华裔作家包括林语堂、黄玉雪、Pardee Lowe 等，而最擅长此道的非黄玉雪莫属。

不同的写作使命必然要求作家选择不同的写作策略，因为恰当的策略才会为实现写作使命创造条件并提供谋篇布局的构思策略和路径，而最便捷的莫过于在情节发展中“借机”插入情节以外的内容，进行一番题外的描述或者“解释”关于中国习俗方面的怪诞现象了，这在这批“友好使者”作家们的作品中俯拾皆是。譬如，黄玉雪（Jade Snow Wong）在《五女》（*The Fifth Chinese Daughter*）的第九章中，就有几段关于唐人街一次葬礼的借机解释“中国”丧葬习俗的嫌疑，因为这些段落与全书的主题风马牛不相及，甚至与上下文也没有丝毫的情节发展的必然联系，纯粹是蓄意安插，牵强附会，霍然出现在了读者面前。至于读者接受不接受，或者如何接受，这都无关紧要，反正穿插解释就横亘在那里了。她在其中一个段落如是写道：

> 在送葬的人群中夹杂着一位雇佣的帮手，他向空中扔方形的纸钱，纸钱随风飞向街上的各个角落。据说这些金色的“纸钱”能贿赂藏在暗处的鬼怪，不让他们延误死者的灵魂飞向安息之地的旅程……葬礼结束后，死者的家属通常会向来宾散发包有五分钱的“白包”，收到“白包”的人必须用这五分钱买糖果，目的是“变变口味”。来宾不得将这种钱用作他途。[②]

很显然，黄玉雪在这里有意地偏离了她的写作初衷：在她二十四岁时，她渴骥奔泉般要为自己写传记，要总结自己在两种文化中腾挪的个人历史，并极尽可能地展现自己在中美两种文化中所受到的屈辱和尊重。严格地

① Elaine Kim. *Asian American Literature: An Introduction to the Writings and Their Social Context*. Philadelphia：Temple UP，1982，p. 42.

② Wong，Jade Snow. *Fifth Chinese Daughter*. Seattle and London：University of Washington Press，1995，p. 76.

讲，自传的写作目的和文体格式都不允许她向读者无端解释唐人街上流行的某些丧葬习俗。需要特别指出的是，她当时并不是送葬行人中的一员，加入这样一段“引申”，与人物塑造毫无关系，与审美也没有关系，与故事的情节推进更没有必然性和逻辑联系。

关键是，这样不惜破坏全书的情节结构平衡而做的无端插入，也并不能弘扬中华民族文化的任何方面。那么，她掂斤播两的目的又是什么呢？早早地借用自传体裁为自己树碑立传，按照赵健秀（Frank Chin）的理解，因为她知道自传是基督教徒忏悔的一种文学形式，也因为“对于华人来说，自传完全是基督教的东西”，而这种体裁在“永久维持和推进肮脏、残酷、堕落和歧视的中国文化的老教条方面”是最为有效的勾当，“而一个优秀的华人是应该遵照道德律令的要求，去铲除这样的中国文化，因为基督教救赎追求的是全部华人历史的毁灭”。[①]

我们可以不同意赵健秀如此极端尖刻的说法，但在 24 岁时就为自己写传记的美国少数族裔却是凤毛麟角般稀少，而借机将自己塑造成一个饱受中华文化中父权制压迫、最终成为一个特殊的中国家庭中劫后余生的美国梦的实现者，却是不争的事实。这里我们要探讨的并不是她为什么写传记、华人写传记的目的，以及传记对中华文化和华人历史的影响，而是她在其中穿插解释的目的和意义是什么。这些才是与本研究有关的问题。不过，我们至少可以肯定，仅仅借助一部年轻人的自传是不可能毁灭全部华人在美国的历史的。很显然，赵健秀的批评过头了，他的担忧也不会发生。

黄玉雪在《五女》中将自己塑造成一个劫后余生的成功的新族裔女性，为美国政府宣传“机会面前，人人平等”的口号找到了一个有力的注脚，自己不经意间也成为了美国国务院十分器重的族裔作家。由于认识到了黄玉雪自传的政治学和地缘政治学价值，美国政府不惜组织大型团队，将《五女》翻译成了多种亚洲文字，在亚洲大量发行。黄玉雪作为“友好使者”作家中重要的一员，在美国获得了巨大的成功，但在赵健秀等人看来，她最终成功实现了自己的美国梦，其代价却是以贬低华裔男性为前提的，其具体的做法就是借助“基督教的自传体塑造了一个女性化、

① Chin, Frank et al. “Come All Ye Asian American Writers of the Real and the Fake.” *The Big Aiiieeeee! An Anthology of Chinese American and Japanese Literature*. New York: Meridian, 1991, p. 11.

萎缩、道德怪诞的父亲形象……既与自己的同胞作对，又违背历史真实”。[①] 其实，黄玉雪这份难得的成功背后，也有其借“穿插”之名，审读中国文化习俗之嫌。

实际上，我们可以做这样的理解，即在她的意识中，唐人街上华人的生活习俗在以白人为主的主流社会中是不被理解的。她也可能相信，在欧洲中心主义占主导地位的美国主流社会中，任何不同于西方文化的习俗或者仪式也是不会被认可的，甚至不同于欧洲的文化仪式可能是“野蛮”和粗俗的。潜意识中，她也许就是要借此反衬西方文明的合理性、有效性和普世性。于是，她似乎找到了向美国的英语读者“解释”中国文化习俗的充足理由。但是，只要我们稍加分析，就不难发现，即便这类“解释”表面上看来是善气迎人的，但实际上并不能反衬他们作为作家山峙渊渟的品格和德性，反而大有驰逐之徒之嫌。

如果我们要说得委婉一点，他们就是认为中华文化神秘莫测，怪里怪气的，因为只有内在化了这种种的“怪”，黄玉雪等才能确立解释的前提和必要性。何况只有在有意识的“主体”的视角下，才有可能“审判”他者文化的某些方面，才有可能找到需要“审判”的那些方面。说得直率一点，他们就是认为中华文化是愚昧和迷信的化身，是完全非理性的产物，才有必要向西方的逻各斯主义解释一番。现在的问题依然是，这批“友好使者”作家为什么要执意借机解释呢？换句话说，解释的根本原因和目的是什么呢？这里显然不是一个纯文学的技巧问题，而是一个文化政治学的问题，是一个他者和主体关系的认识问题。如果说引文中的第一句话“在送葬的人群中夹杂着一位雇佣的帮手，他向空中扔方形的纸钱，纸钱随风飞向街上的各个角落”，是事实性的叙述和描写，那么，整个引文的后半段无疑是苦心孤诣的借机解释了。这里，我们不得不问，难道对于长期生活在旧金山唐人街文化之中的黄玉雪，以及那么多刻意挑选中国文化中的陋俗加以渲染的作家们，这样做也成了他们的一种文化自觉？难道中国文化以及与之有着深厚渊源的美国唐人街文化，就涵养不出足可以抵御外界诱惑而不迷失自我的文化道德意识？难道冲破美国一系列“排

① Chin, Frank et al. “Come All Ye Asian American Writers of the Real and the Fake.” *The Big Aiiieeeee! An Anthology of Chinese American and Japanese Literature*. New York: Meridian, 1991, pp. 24 – 25.

华法案”并在排华浪潮中不断发展的唐人街和它那相对独立于美国主流文化的族裔文化，只是凭借它怪异的习俗才保持了它应有的尊严、地位以及它的日益发展？唐人街上生活着从中国各地到达那里的人们，他们精诚团结，坚守自己的文化传统，难道这些还不足以铸造一种它特有的文化品格？

毋庸置疑，这种文化品格和自觉的文化道德意识始终浸润着唐人街上的普通华人。当黄玉雪大学毕业后——也可以说是当她荣归“故里”的时候，整个唐人街并没有为她的成功感到自豪和骄傲，也没有表现出任何的喜悦之情。相反，那里的人们对她是漠然置之，就连昔日的朋友对她也是冷眼相对，将她这个被主流社会认可和接受的华人子女当成了地地道道的“外来人”。用她自己的话说：“大学毕业后的第一年，玉雪发现自己又要在唐人街寻找安身立命之地……她去拜访昔日的朋友，不料，她们对她打开了房门，却关闭了心扉……她现在觉得在自己的社区她成了一名看客，而不是其中的一员。”① 这其实也并不难理解，因为她短短的一生都在追求一种另外的认可——尽力成为能够被主流文化接受的华裔女性，而不知道——甚至也不屑于思索——要为华人和美国的华人族裔文化做些什么。尽管她写自传的目的是希望美国的主流社会能更好地了解中国文化，但她却通过“自传”中一个年轻女性声情并茂的叙述，彰显出中国文化“狰狞恐怖”的另一面：它的延续是通过牺牲女性的自我、自尊、灵魂，甚至通过肉体折磨来完成的。自传中，黄玉雪的所有不幸似乎都源于生在了一个华人家庭并成长于华人文化之中，使读者觉得她的生活还不如在地狱里的魔鬼。弥尔顿《失乐园》中的撒旦，身处地狱烈火之中，尚且可以嘲笑上帝的权威，而黄玉雪在自己这个中国人的家里，在父母面前却连笑的权利也被剥夺了，“挣扎于儒教……理想之中的我们是不允许开心一笑的，因为笑被认为是不得体的。在家里，（我们）开怀大笑的念头永远也不敢翘起它丑陋的尾巴”。② 从后殖民主义文化研究的角度阅读以上叙述，可以说黄玉雪的做法就是对处于弱势的华裔族群和文化进行东方主义式的“他者化”处理，即，她是站在自我的立场上——美国主流文化的

---

① Wong, Jade Snow. *Fifth Chinese Daughter*. Seattle and London: University of Washington Press, 1995, p. 199.

② Ibid., p. 106.

立场上——对认识客体——华裔和中华文化——进行特有的意识形态过滤和审视，将认识客体打入野蛮未开化之列，并以知情者的身份再通过亲身经历现身说法，以强调她叙述的客观性，对其进行歪曲、丑化，使之显得滑稽、怪异，甚至邪恶。

在她的潜意识中，她不会认为这样的文化和民族能对美国文化构成丝毫威胁——因为在她看来，中华文化，因其“邪恶”的本性而失去了强大的道德力量。这样，美国的社会价值观和公共道德准则，顺理成章地成了衡量她的华裔文化身份的尺度，其目的正是要迎合主流读者的阅读预期。犹如萨义德在《东方学》中精辟地指出的那样，这种做法“是进一步确认读者眼中的东方；（她）既没有也不想扰乱已经定型的信念”，[①] 因为用这种东方学式的“他者化”书写策略衡量，东方学的思维方式和感知方式“在我一直在使用的意义上说，成了一种严格的道德和认识论体系”。[②] 萨义德这句话用在黄玉雪身上是恰当的，因为中华文化成了她那种东方学式的认识客体后，黄玉雪在写作中将自己描写成中华文化的受害者形象，用赵健秀在《哎呀！》选集的“引言”的话说，这样做的目的就是“相信广为流传的关于华裔的成见是真实的。在她的笔下，华裔是令人憎恶的，她因而也不能认同华裔”。[③] 如是，我们说这类作家在对中华文化进行道德评判和认识时，是极尽心摩意揣、虑计神筹之能事，可能也并不为过。

被旧金山唐人街社区抛弃说明黄玉雪推销华人文化的种种企图和努力并没有被认同，或者说以那样的方式解释华人文化，根本就不是唐人街希望看到的方式和策略。黄玉雪借在1989年《五女》第五次印刷之机，在“前言”中强调说她当时的创作目的是“帮助美国人更好地了解中国文化”。[④] 问题是，她的策略不是透过文化书写生活在美国的真实的华人经验，恰恰相反：她正是借用特殊的个人经历书写中华文化压抑个性的一面，将特殊性当作典型性对待，其目的是试图向主流社会的读者解释中华文化的另一面，因此，她选择的焦点是用浓墨重彩，着力渲染父权制下她

---

① ［美］萨义德：《东方学》，王宇根译，第83页。

② 同上书，第85页。

③ Frank Chin et al. “Foreword.” *Aiiieeeee! An Anthology of Chinese and Japanese American Literature*. Ed. Washington D. C.: Howard UP, 1974, p. xxviiii.

④ Ibid., p. vii.

作为女儿的无奈和走出家庭后追求自由的成功经验，其重点是要强调美国主流文化对自己脱困的无形帮助。这不仅违背了自己的初衷，而且还可能会给北美的华人社区带来更多的伤害和误解。我们至少可以说，她以凸显自己在主流社会的成就反衬华人文化的丑陋，并没有为繁荣华人社区和改善华人的生存条件尽到自己的责任。如果说，在文化位移和错位中的族裔为自己的族群利益奋斗才是一个个文化个体天经地义的不二选择，那么，她显然没有这样的认识和意识。这一点，她的中学社会学老师十分清楚，并曾写信对她提出坦诚的忠告。她的老师坦率地对她评价道："基于你的能力，你迟早都会成功，但是不论你将来如何成功，切莫忘记，你必须为追求民族平等永远斗争。遗憾的是，少数族裔的人一旦获得个人成功，常常会很快背弃自己的族裔。"[①] 可惜的是，她的中学老师不愿看到的事情还是在她身上发生了：她不仅一味追求个人的成功，而且还有意无意地挑选自己文化中可能会被认为是"怪异"的习俗，加以解释，这不仅没有起到文化交流的目的，反而在客观上可能还加深了中美文化之间的鸿沟，还附带地使自己成了唐人街上一道不协调的风景线。她牺牲了自己的文化身份，因而导致她处于一个十分尴尬的处境：她替主流社会对中华文化做了判断。旧金山的唐人街也对她做出了它应有的判断：大学毕业的黄玉雪并不是唐人街的一分子，而是一个外来客。

我们在此还是要接着问，她这样的解释有效吗？英语中描述华人文化的词中反复出现的一个就是"怪异"（exotic），这个词主要指异国的荒唐习俗和行为的"反常"，这里的"反常"当然是指不同于西方文化可以接受的"正常"而言的。即便黄玉雪作为粤语文化的熟识者的解释基本符合该习俗的符号内涵，即便其解释具有一定的客观性，但也不能据此推断她能够达到解释的目的，即自己的解释能够被理解，因为用当代最著名的美国哲学家唐纳德·戴维森的话说："为给感知、词语或思想以客观的内容，所需要的不仅是不同的观察者与同样的对象或时间的因果相互作用，而且是在共享的环境中，观察者们之间的正确的因果相互作用：一句话，所需要的就是交流。除了在社会场景中，不论是个人自我的认识，还是外

---

① Wong, Jade Snow. *Fifth Chinese Daughter*. Seatle and London: University of Washington Press, 1995, p. 153.

部的世界知识，都是不可能的。”[①] 这无非是说，不能达到解释的目的大概可以认为是二者没有共同的历史和文化经验，而缺少了共同经验的基础，解释者和接受者之间就没有沟通的桥梁，彼此的世界就仍然是隔绝的世界。一句话，由于交流所要达到目的的基本条件不充分，于是，解释还是只能停留在自说自话的层面，甚至可以说，自以为是的“解释”不被误会就是不错的效果了。

当然，我们无法否认包括黄玉雪在内的这类作家有时也坚信中华文明有可取之处，有澄清和介绍的必要，但他们有时也不免会有投其所好之嫌疑，因此，他们的解释总给人一种伈伈𥄫𥄫的别扭感觉。林语堂时而如此，Pardee Lowe 如此，黄玉雪如此，当代大红大紫的谭恩美有时同样如此，只不过谭恩美的策略就是将落后的中国塑造成人人躲之不及且毫无希望的人间地狱，而美国却是能够疗伤的一片热土和人间乐园（参见她的《喜福会》和《灶神之妻》）。谭恩美与他们的区别是，她的写作技巧更成熟，采用了“时空错落”、“时空并置”和先贬后扬的手法，使得读者在最后关注到了褒扬的那些部分，忘却了并置所带来的阅读困惑和不悦。但总体而言，他们不仅向美国读者介绍了中国文化注重谦和礼让的美德，而且也通过故事人物表现了中国文化中包含的人生智慧和生活哲理。从积极的意义上考虑，韩裔学者 Elaine Kim 称这批作家为“友好使者”也不是完全没有道理，但问题是，对于一位一般的作家而言，“友好使者”的标签也许算不上一种赞美，因为作家思考问题的起点和终点都应该是作品的文学性和审美经验。

然而，对于处于两种文化和多民族国家的作家而言，书写种族、族性、民族国家、文化认同、多元文化、文化的多样性等等问题无疑是这类作家的自然选择。衡量他们的标准就不应该是纯粹的文学性的，因为他们的作品作为一个特定社会文化信息的有效载体，传播着那个社会几乎全部的文化内涵，书写着作者本人关于自我、社会、族群关系、文化冲突、种族矛盾、哲学、政治、道德、民俗、社会理想等丰富的文化理解和思考。这也正是水仙花与他们的不同之处，而这种不同之处也预示着她的重要性，正如保尔·斯皮卡德和洛丽·蒙格尔坚信的那样：“她的重要性在于

---

① 转引自叶闯《理解的条件》，商务印书馆 2006 年版，第 292 页。Davison, Donald. “Reply to Burge.” *Journal of Philosophy* 85.11 (1988): 664–665, p. 665.

她书写了多元族性（Multiethnicity）和经历……在书写族性和多重认同方面，她关注的主题仍然是生活在当代的我们所关心的主题。正因为如此，水仙花才是一位重要的作家。"[①] 这恰恰指出了水仙花的当代意义。

其次，水仙花也不同于出生于中国后移居美国的那一类流行的当代华裔作家。这些作家的父母为中国人，后随家人移民美国，在美国接受教育，用英语创作小说和诗歌。这类作家包括张棨芳（Diana Chang）、白萱华（Mei-Mei Berssenbrugge）、陈美玲（Marilyn Chin）、李立扬（Li-Young Lee）等，他们关注的问题也开始与文学中亘古表现的自我、民族、阶级、性别意识、文化认同、文化冲突、国家意志与主体形成等等文化学、社会学、民族学、移民学学科的基本问题互相交融渗透。用 Xiao huang Yin 的话说，他们是"持续不断地关注移民问题"的华裔作家群体。[②] 与其说那些寄居美国而用汉语创作的作家，由于不受"主流社会的社会规范"的限制而显得写作上更自由，[③] 倒不如说是他们不受规范限制的自由并没有被充分利用，因为他们处处感到身不由己、爽然自失更贴切。徐志摩如此，闻一多亦如此。

与他们相比，水仙花非但没有利用这种"自由"的特权，反而煞费苦心，选择置身于自己设置的种种不自由之中，采取了多种手法，试图在获得读者同情的基础上书写华裔的移民和生存经验：水仙花在她 20 多年写作生涯中，自我、阶级、文化认同、文化冲突、国家意志与主体形成等等问题尚未完全上升到她的绝对意识层面，即，她还没有将书写以上问题作为自己终生的文学使命。简单地说，她孜孜以求的是如何表现华人的"人性"和"族性"；如何才能解构白人的种族优越论；怎样才能打破种族歧视的藩篱，还华人以做人的公正；怎样才能挑战并解构白人—华人的二元对立思维和审美感知；怎样才能在北美的英语读者可接受的范围内以"反抗话语"挑战那种令人窒息的"白色"恐怖氛围和种种东方主义式的他者化建构；怎样才能在民族多元的北美解构主流文化中无处不在的逻各

① Spickard, Paul, Laurie Mengel. *Mrs. Spring Fragrance and Other Writings.* Urbana and Chicago: University of Illinois Press, 1995, Back Cover.

② Yin. "Worlds of Difference: Lin Yutang, Lao She, and the Significance of Chinese-Language Writing in America." In *Multilingual America: Transnationalism, Ethnicity, and the Languages of American Literature.* Eds. Werner Sollors. New York: New York UP, 1998, p. 178.

③ Ibid., p. 177.

斯主义。我们可以把她的种种努力压缩成一句话，那就是，水仙花终生都在进行着她一个人的文化“战争”。

这场战争事关华裔作为一个群体能否在社会学意义上存在。其存在的标志就是华人是否能够打破遭受主流社会长期压制和歧视导致的失语状态，进而发出属于自己的声音。从这些意义上讲，水仙花是独特的和唯一的，因为她以独特的笔调和手法，为了改善全体北美华人——乃至全体华人——的生存条件和命运，负重致远，创作出了无数锋发而韵流的短篇小说、儿童故事和许多替华人伸张正义的绝伦逸群的政论和散文。我们于是可以断定，水仙花就是北美华人文化和种族主义的北美社会文化孕育而出的“华女贞德”，与黄玉雪苦心孤诣经营的“五女”形象有着本源性区别。我在这里用水仙花一个短篇故事的开头一段说明她是怎样投身于这场“战争”的。《同化宝珠》（The Americanizing of Pau Tsu）是这样开头的：

> 王洪欣在中国开办了一家公司，在多个港口获得了成功后，他决定来西雅图开办一家分公司。他带来了他十八岁的侄儿王林福。王林福年轻、聪明，眼睛炯炯有神，受到过很好的教育。短短的几年时间，王林福就像那些长者一样，对生意了如指掌。此外，他能熟练地使用美国话，有时候不免要和白人打交道，但不论口语还是写作，他都到了游刃有余的程度。“只工作不玩耍”的俗语既不是一个美国青年的生活准则，也不是一个中国青年的生活准则，因此，王林福经常晚上会溜到一家中国餐馆楼上的“中国文学社”，与一帮志同道合者讨论圣哲先贤的著作。当然了，他们偶然也会谈论其他。元旦的一周假期里，他会穿着质地优良的蓝色丝质民族服装——就是雨过天晴后的那种蓝色，拜访华人和白人朋友。他每去一家，都会给家里的孩子散发金元和银元。[1]

对华裔美国文学而言，这是一个具有里程碑意义的段落，尽管不长，但却为北美华裔文学，甚至整个亚裔北美文学，不仅定下了一个基调，同时也规划了华裔文学在中美两种文化和多民族语境中的书写内容、叙事焦点、

---

① Sui Sin Far. *Mrs. Spring Fragrance and Other Writings*. Ed. Amy Ling and Annette White-Parks. Urbana and Chicago: University of Illinois Press, 1995, pp. 83 – 84.

写作态度、写作目的、审美经验等等根本性的问题。可以毫不夸张地说，正是水仙花界定了华裔北美文学“反抗话语”的内容和内涵。其策略就是用塑造文学形象的方式挑战美国文学和文化对华人的东方主义式的“他者化”操作伎俩，不论是就书写问题的性质还是写作策略而言，她至今仍然是独特而卓越的。就华人族性的书写而言，她也是最有意识的一位。

斯皮卡德和蒙格尔所指涉的“族性”，首先体现于塑造什么样的人物形象，因为北美的大众文化心理反映在文学文化中的族裔问题上，就是集中表现在塑造另类的华裔形象之上的。经过美国和加拿大机构化的排挤和文化界浊浪排空式的诬蔑和丑化，华裔的整体形象被主流文化彻底扭曲了：华裔男性的形象被涂抹成了鸦片烟鬼、骗子、赌徒、屠夫、狡猾的恶棍，他们怯懦，玩弄小聪明，女性化，神秘莫测等，而华裔女性几乎都是中华传统文化的牺牲品，彻底失去了自我的独立性。华人个体像美国文学中大家熟识的人物形象 Charlie Chan 一样，被当成了美国文化中猎奇待考的对象，而非一个完整的具有文化身份的社会人。而对华裔伤害最大的侮辱性标签莫过于“亚裔男性被描写成没有任何性能力，而亚裔女性则是除了性能力以外什么也没有”的性变态形象。[①] 此外，东方主义话语加上美国对华人连篇累牍的法律排挤和社会歧视，导致“在连续七代人的时间跨度里，由于种族主义司法过程的压迫和变相的白人种族社会偏向，使得今天的亚裔美国人生活在自我蔑视、自我否定和人格缺残之中”。[②] 如果这样说还比较抽象，那么对华人的流行偏见至少还要包括：难以同化的逗留者、苦力、文盲、长相丑陋、阴阳怪气、邪恶等等。更让赵健秀等难以接受的是：“旧观念的形成开始于欧洲裔美国人对其他种族成员的偏见，以示他们与其他族裔的区别。对于亚裔美国人，不管是可接受的还是不可接受的，白人的看法总是成见化了的，那就是，亚裔男人没有男子汉气质。不分好坏，亚裔男性在主流文化中根深蒂固的偏见中统统不是男人。更恶劣的是，亚裔男性令人厌恶——他们不仅女人气，而且是一身脂

---

① Elaine Kim. “Such Opposite Creatures: Men and Women in Asian American Literature.” *Michigan Quarterly Review* XXIX 1 (1990): 68–93, p. 69.

② Frank Chin et al. “Foreword.” *Aiiieeeee! An Anthology of Chinese and Japanese American Literature.* Ed. Washington D. C.: Howard UP, 1974, p. viii.

粉气。传统男性的文化品性如创造性、果敢性、勇气等在他们身上是一片空白。"[①] 用黄秀玲（Cynthia Sau-ling Wong）的话说，华人被长期认为是"站立在'金门'外的苦力提供者，期望用自己的族性特征换取美国的一杯羹"。[②]

如果我们接受赵健秀和黄秀玲的说法，回头仔细阅读水仙花的开场段落，我们会发现她在上面那个简单的段落中的几乎每句话都是有感而写，都有明确的针对性，都是有的放矢，都是在挑战美国主流文化对华人的长期的固定偏见，都是在，用萨义德的话说，"扰乱已经定型的信念"。[③] 水仙花挑战主流社会对华人偏见的目的，在北美的英语读者眼里，是不言自明的。

首先，叔侄二人来美国并不是"站立在金门外"的苦力，并不是要和美国的蓝领工人抢占体力活的打工者，也不是只有体力可以出卖的淘金者、铁路工人和煤矿工人，而是有备而来的"投资者"。他们不仅受过良好的教育，而且是早已在中国就已经成功的企业人士，是为美国创造就业机会的华人。他们不仅不是美国的负担，反而成了美国社会财富的创造者，不仅能帮助其他人实现所谓的美国梦，自己也能实现自己的理想。他们不是低等民族中的一员，而是高智商的优秀人才，不仅在中国的不同港口城市获得成功，而且在美国也获得了成功。作品中的王林福年轻好学，头脑聪明，衣着时尚，乐善好施，有自己的理想和抱负，与周围的社区完全融合，几乎具备所有文化中对一位青年所能期望的一切优秀品质。这样的青年，如果不得不忍受种族歧视恶毒的眼光的挑衅，只能说明他生活于其中的社会是病态和疯狂的。

难能可贵的是，王林福丝毫没有逗留者的心态，而是有在美国长期经营生意的打算和能力：他在短短的几年中掌握了日常口语，也一定认真钻研书面语，使自己的英语能力达到了运用自如的程度，说明他是有远大理想和追求的华人青年，对美国社会长期认为华人是机会主义式的"逗留者"的定型偏见做出了有力的回击——逗留者是不需要钻研书面语的。

---

① Frank Chin et al. "Foreword." *Aiiieeeee! An Anthology of Chinese and Japanese American Literature*. Ed. Washington D. C.: Howard UP, 1974, p. xxx.

② Wong, Cynthia Sau-ling. "Denationalization Reconsidered: Asian American Cultural Criticism at a Theoretical Crossroads." *Amerasia Journal* 21.1 (1995): 1-27, p. 2.

③ ［美］萨义德：《东方学》，王宇根译，第83页。

更让人感到惊奇的是，水仙花一定知道主流文化通过图片和漫画的方式，连篇累牍地“表现”唐人街上华人男子吸食鸦片的丑陋形象，因此，她笔下的王林福不仅远离鸦片，反而在晚上“讨论圣哲先贤的著作”，以中国文化的精华涵养自己强健的精神，与吸食鸦片而显得萎顿消沉的华人形象形成鲜明的对照。王林福节日期间身着盛装，走亲访友，所到之处，一定是大受欢迎，因为“他每去一家，都会给家里的孩子散发金元和银元”。如果仅仅是散钱给唐人街上的华人孩子，那他还可能有种族偏爱的嫌疑，或者说他可能还没有真正融入到美国社会之中，但他走访的朋友包括白人，散钱的对象应该也包括白人家的孩子。水仙花通过表现所有文化都会认同和赞美的个人善行，无非是要委婉地反驳华人只知赚钱攒钱，等待衣锦还乡的那天的逗留者形象，同时也反驳了华人只知投身经济活动，不关心社区发展的长久偏见。也许水仙花不知道有“穷则独善其身，达则兼济天下”的儒家社会理想，但王林福的聪颖好学、乐善好施的形象却是华裔北美文学中150年来的第一个正面形象。两相对照黄玉雪自传中的散钱情节，二人的写作目的、态度、立场、视角，对待中华文化的情感以及对于华裔文学的贡献方面，可谓是泾渭分明，清者自清，浊者自浊。

第二节　水仙花：“华裔美国人”术语的创造者

通过以上对比分析，我们大概可以找出水仙花和黄玉雪、林语堂们的本质区别：在她的意识、思想和灵魂深处，她从来不认为美国仅仅是一个白人的国家，其他有美国生活的历史和现实经验的族裔和族群、认同美国的人同样是美国人，因而也享有同样的生存权和公民权。他们的生存体验、思想情感、个体差异、性格特征、审美情趣、心智、才智、文化素养、生活情趣、家庭生活、婚恋嫁娶、夫妻矛盾等等，同样需要诉诸笔端，也同样具有无限的审美意义。更主要的是，他们的历史、现实、社会和文化经验同样浸润着美国的土地。如果说，英国清教徒当年就是在这样的观念和认识支配下，为新大陆上的原始森林、河流山川、旷野甚至天空，乃至于土著文明，注入了清教思想，因而赋予新大陆以新的意义，那么，华人同样用自己的劳动本身改变了美国西部的地理和经济格局——他们修建矿山、开垦农田、修建太平洋大陆铁路等等，也同样为美国——尤其是美国西部——注入了不同的文化元素，同样使得“时空”因为情感和文化连接进入到华人们的意识之中。从这个意义上讲，清教徒和19世纪的大量欧洲移民是美国人，华人移民和其他种族的移民也是美国人。由于水仙花始终坚持这样的理念和认识，她在1909年第10期《西部人》杂志上发表的《在美国的中国人》一文中写道："那些来美国谋生的中国人……那些在这里创建家园的中国人……我将他们称作华裔-美国人(Chinese-Americans)。"[①] 第一次将在美国"创建家园的中国人"称做(华裔)美国人不仅需要胆识和对美国这个移民国家的深刻理解，而且为后来华人争取平等权利正了名，其意义远远超过了"华裔-美国人"这个命名本身。

"华裔-美国人"这个我们今天耳熟能详且广泛流行的术语，经过一番爬罗剔抉后，在目前见到的资料中，竟然是由水仙花创造的，这不由得令人对她肃然起敬，因为，仅其创造这么一个对日后近一个世纪无比重要的族裔术语而言，不论是于在美国的华人还是于华裔文学的历史发展而言，水仙花都足以青史标名了。要知道，自她大概一百年前创造"华裔-美国人"这个术语至今，这个术语的流行、认可到通用，对其的定位和解释无处不渗透着激烈的种族和文化冲突的内涵，无处不像是一个狼烟四起、烽火连天的"战场"。

长期以来，在北美的政治和社会历史中，居住在北美的亚洲人和太平洋岛屿的人与祖居在亚洲的各国人民是没有什么区别的，他们被统统称作"东方人"。"东方人"显然不是一个纯粹地理意义上的概念，而是包含着深刻的地缘政治内涵的一个政治文化符号。由于被称作"东方人"的族群在肤色上比较接近，都呈黄色，表面上看，这样的称呼也能成立，但是，在美国这个族群林立的多民族移民国家，"黄色"的外延就是"非白色"，于是"黄色"倏然间被赋予了深刻的文化和政治内涵。福柯在《有序世界》一书中精辟地指出，西方自18世纪末期开始对世界民族进行分类，其目的"不是要还原明显不同的民族的本质，而是允许用其中一个因素表述其整体。在这个分类过程中，将分析建立在单一的轴心上，在'彰显的'和'隐匿的'之间建立一种关系，在'表面的'和'深层的'之间建立起联系后，再从那隐匿的架构中不断拔升，直至在形体表面上不

---

① Sui Sin Far. *Mrs. Spring Fragrance and Other Writings*. Ed. Amy Ling and Annette White-Parks. Urbana and Chicago: University of Illinois Press, 1995. p. 104.

断凸显形体符号"。[①] 即使在当下的北美社会、文化和政治领域中，族裔的肤色不正是那个"不断凸显（的）形体符号吗"？其目的不正是要建构和维持一种统治和被统治的族群关系吗？这样做的目的，用赵健秀的话说，无非是要确保在美国社会中，"使白人永远处于权力的顶端并为所欲为"。[②]

"东方人"在人种上是一个十分宽广的概念，可以细分为许多子概念。在美国文化中，"东方人"意味着他们在文化上完全不同于欧洲人，也就是另类的人的代名词，因而是难以同化之人。套用过去的政治术语，"非我族类，其心必异"。将所有具有亚洲文化和种族背景的移民和他们的后代统统称作"东方人"，其实也是基于美国主流文化的共识：即美国是白人的美国，只有白人才不需要按照他们的地理和文化背景做更具体的细化命名。其他种族的人，会因为美国的政治需要，可以随时分成"敌人"和"可以接受的族群"。很遗憾，在过去很长一段时间，在北美的华人都是被认为是难以接受的，故，华人还被称作"中国佬"（Chinaman）。由于"二战"中美国与日本交恶，日裔后来便被称作"小日本"（Jap）。显而易见，"中国佬"不同于居住在北美的"中国人"或者华人，是一个有着明显歧视的种族指涉。对此，汤亭亭专门以此作为小说名称，以厚重的历史感为语境，深刻地书写了华人在美国的惨痛经历和对美国社会的历史贡献，不仅为这个贬义词做了文学意义上的正本清源，而且为华人男子平了反。华裔作家黄忠雄在其小说《家园》中表达了他对"中国佬"一词的认识和切肤之痛："当人们称你是中国佬时，那并不意味着你是华人。那是为了迎合美国对事物命名的需要。它是一个带着'变种'意味的称呼。中国人到达这里后，他们就不再被认为是华人，因为他们的存在威胁着白人的人力市场，也威胁着他们的生活方式……一个中国佬威胁着（美国）的历史、文化和语言，就像'小日本'一词意味着给全世界带来灾难一样。"[③]

通过不同作家和文化人士几十年的不懈努力，"中国佬"和"小日

① Foucault, Michel. *The Order of Things: An Archaeology of Human Science*. New York: Vintage, 1973, p. 229.

② 赵健秀：《种族主义的爱》，李贵苍、徐纪阳译，《华文文学》2005 年第 3 期，第 30 页。

③ Wong, Shawn. *Homebase*. New York: Plume, 1991, p. 69.

本”等词汇目前在书面语中几近绝迹。代之而来的是“华裔-美国人”或者“华裔美国人”。二者的区别仅仅在于一个微不足道的连字符号，但成功取消这个连字符号也是作家和有识之士长期努力的结果。比如，汤亭亭在《美国评论家的文化误读》一文中就呼吁道：“我们应该取消‘华裔-美国人’术语中的连字符号，因为这个符号给了这个术语两边同等的重量……取消符号后，‘华裔’成了形容词，而‘美国人’成了名词，意味着华裔美国人是另一种美国人。”①

汤亭亭希望取消连字符号的目的当然是一种认同美国文化的企图和示好，因为她希望美国文化能够完整地把华裔接受为美国人，否则，一个简单的连字符号将华裔分为了“华裔”和“美国人”，两边拉扯，互不相属，会使得华裔更加无所适从，这在她看来，是无法接受的，也是难以认同的。如今华裔美国人这个术语不仅去掉了连字符号，甚至连引号也是多余。华裔美国人终于成了美国人口和文化板图马赛克上有机的一块。名正，才能言顺。如今华裔美国文学堂而皇之地进入美国文学界和学术界的话语体系，成为几十所美国一流大学的一个热门学科，这首先得益于华裔被基本上接受为美国人这个政治学和社会学前提的确立。美国自黑人民权运动后通过的“平等法案”（Affirmative Action），首先从法律上承认各民族平等，并在就业、升学等方面采取一系列预防和保护少数族裔合法权利的措施，在一定程度上减少了民族歧视和性别歧视的现象。在政治和法律上的平等，尽管仅仅是保障少数族裔平等话语权的第一步，甚至也被认为仅仅是政客玩弄的文字游戏，但至少在政治话语的表述上，任何人也不得在正规场合使用歧视性语言。于是，印第安人被称作本土美国人（Native American），美国黑人就成了非洲裔美国人（African American），美国的白人就成了欧洲美国人或者高加索人种（European American or Caucasian），昔日被称作的“亚洲人”或“东方人”，在“政治正确”（politically correct）的旗号下，换了个称呼，变成了亚裔美国人（Asian American）。有了水仙花创造的“华裔-美国人”这个专有名词（术语）在文化和政治学上的确立，才有了讨论华裔美国文学、华裔历史、华人族性等等问题的前

① Kingston, Maxine Hong. “Cultural Misreading by American Reviewers.” *Asian and Western Writers in Dialogue: New Cultural Identities*. Ed. Guy Amirthanayagam. London: Macmillan, 1982, p. 60.

提，用何庆机的话说，那是因为“专名的确定性、区别性和唯一性使其能起到确认身份和自我的作用，象征确定的、完整的自我，给人以安全感”。①

华裔美国人这个专有名词是否能给予华裔以“完整的自我”和“安全感”，还需要认真梳理和研究，但是，这样的称谓至少在语言学的层面上承认亚裔/华裔是美国人。在这个偏正结构中，“华裔”是修饰限定成分，表明他们的民族和文化的根源所在。尽管一个简单的称谓远未从本质上整体改变华裔在美国的社会和政治地位，但这毕竟是个不小的进步；至少在政治、文学和社会学话语中，华裔被承认是具有一定文化根源的美国人，享有与其他族裔一样的平等权利。多元文化的政治和文化现实以及美国作为一个移民国家的事实，逐步改变了大多数美国人的观念，即美国并不仅仅是一个白人的国家，其他族裔同样是美国人，因而也享有同样的权利。他们的历史和现实经验，他们的生存现状、思想情感、文化认同、理想和抱负等等，同样需要诉诸笔端，“因为所有的经验都是意义的经验，所以，我们需要认识语言在表现经验中的作用”。②

虽然华人在美国生活和工作已经有150多年的历史，但华裔美国人（Chinese American）这个具有特定意义和内涵的术语的广泛流行却是最近二三十年的现象。为什么经过了将近一个半世纪华裔才开始被接受为美国人呢？是种族的原因还是文化的原因？是美国文化的原因，抑或是中国文化的原因？是东方主义修筑了一道文化霸权主义围墙，将华人排斥在外，还是华人自身并不希望被完全同化？对于这些问题，不同时期的学者作了深入的探讨，如哈佛大学历史学家杜维明和伯克利加州大学的王灵智等均从中国历史文化的角度探讨了华裔的同化问题，历史学家 Sucheng Chan 从美国华人移民历史的角度也提出了自己的看法。Lisa Lowe 从移民的归化、华裔人口变化、美国立法和司法以及文化的自在性角度对这个问题作了精辟的分析和阐述。最近从事文化研究的华裔学者，受爱德华·萨义德、斯图亚特·霍尔（Stuart Hall）等研究后殖民主义及东方主义学者的

① 任绍曾编：《而立之年：浙江省外语学科优秀论文集萃》，上海外语教育出版社2011年版，第281页。

② McLaren, Peter. “White Terror and Oppositional Agency: Towards a Critical Multiculturalism.” *Multiculturalism: A Critical Reader*. Ed. David Theo Goldberg. Cambridge, Mass: Blackwell Publishers, 1994, p. 55.

影响，从国际政治、种族关系、民族主义、殖民和反殖民主义、一个国家的内殖民主义（internal colonialism）等较新的角度对华裔美国人的历史和现状进行反思。①

以上这些问题都会在以后各章讨论水仙花的创作中涉及。通过以上论述，我们完全有理由确立水仙花于华裔美国文学和在中国现当代文学中的特殊性和唯一性。自20世纪70年代美国文学界"发现"水仙花的创作和人生经历后，她也一直作为美国族裔文学中一种罕见的"现象"，几十年来受到了欧美和亚洲学者持续的关注。玛洁瑞·普赖丝（Marjorie Pryse）在《语言地区主义和华裔美国文学的崛起：解读水仙花的〈春香夫人〉》一文中，旁征博引，从水仙花的身世、血统等方面论证其特殊性，认为"水仙花不符合华裔美国文学批评界确认的任何作家群体范畴，因为她不同于那些出生于20世纪的中国、移民美国又用汉语创作的作家，也不同于那些出生于美国用英语书写（华裔）美国人和事的华裔作家"，②并认为"水仙花是华裔美国作家中最独特的作家"，③但是她在论述这种独特性的内涵时，强调的却是水仙花特殊的语言风格及其特征，用普赖斯的话说，因为水仙花的语言"与地区性作家（regionalist writers）相似"，④进而认为"她创造性地使用英语，使得英语不仅能够表现华裔的经验，而且能够表现其笔下移民人物的意识"。⑤

我同意水仙花以她的如椽之笔，直接触及了作品中人物——主要是华人——的意识，但将水仙花归属于地区作家，还有待确立。另外，水仙花的语言特征是否与同时代的地区作家相似，也还有待进一步对比研究。但是，水仙花的独特性的内涵之一是在自己深陷种族主义的恐怖氛围之中时，不怕引火烧身，心甘情愿地为华人伸张正义，这是目前所有华裔（华人）作家都无法企及的。她胸怀天下华人，为了华人的利益挺身而出

---

① See Lee, Rachel. "Journalistic Representations of Asian Americans and Literary Responses, 1910 - 1920." *An Interethnic Companion to Asian American Literature*. Ed. King-Kok Cheung. New York: Cambridge UP, 1997.

② Pryse, Marjorie. "Linguistic Regionalism and the Emergence of Chinese American Literature in Sui Sin Far's *Mrs Spring Fragrance*." *Legacy* 27.1 (2010): 84 - 108, p. 84.

③ Ibid.

④ Ibid.

⑤ Ibid., p. 85.

的勇气和言行中显露出的那种大义凛然和浩气英风,[①] 对于今天的华裔美国文学和世界华人文学而言，水仙花这一独特的现象仍然具有其深刻的现实意义。正如她在《一个欧亚混血人的心灵书签》中写到的那样："我遇见过许多华人。每当他们有了麻烦，他们都会告知我，要我在报纸上替他们申冤。这是我非常乐意做的事。有一天，我感到特别温馨，因为我在报纸上读到纽约的一位华人写下的一句话：'生活在美国的华人都会永远感激水仙花，因为她总是勇敢地站出来，为华人辩护。'"[②] 这也是水仙花于当代中国文学的意义：民族大义永远高于个人的理想。

第三节 美国族裔文学发展与水仙花现象

如果我们从多元文化共存、种族多样性和文学多样性的角度重新认识近半个世纪以来美国文学发展和研究的重要启示和作用，我们会发现20世纪后半叶美国国内对文学的历时性研究中出现了几种里程碑式的事件。其一是对《白鲸》作者梅尔维尔的重新发现和认识。其二是对早期黑人奴隶文学价值的重新界定和认识，尤其是对"奴隶叙事"（Slave Narrative）传记性质的作品和奴隶们写的日记和诗歌的不断挖掘和研究，开辟了一个方兴未艾的研究领域。这一领域最大的成就是发现并重新认识了一批原来淹没在历史尘埃中的奴隶作家。批评家从布朗大学、康奈尔大学和哈佛大学等图书馆和纽约公共图书馆、波士顿公共图书馆等整理挖掘了大量的史料。据沃特·特勒估计，从殖民时期到美国内战结束之前，黑人奴隶"写下了几百种——甚至几千种——传记或者自传"。[③] 其三是在女性主义不断高歌猛进、女性主义倡导的性别平等的观念逐渐进入人们的意识并成为指导人们言行的意识形态，于是，在最近几十年间，学者们和女性主义的积极倡导者和实践者以一种锲而不舍的精神和不达目的誓不罢休的强健意志，从人类文明发展和性别平等的高度和视角，以高屋建瓴之势，

---

① 见水仙花1896年9月21日写给《蒙特利尔每日星报》编辑的《为中国劳工的请愿书》（A Plea for the Chinaman）。

② Sui Sin Far. *Mrs. Spring Fragrance and Other Writings*. Ed. Amy Ling and Annette White-Parks. Urbana and Chicago: University of Illinois Press, 1995, p. 230.

③ Teller, Walter. "Introduction." *Incidents in the Life of a Slave Girl*. Linda Brent. New York: Harcourt Brace & Company, 1973, p. ix.

重新反思美国文学正典（Literary Canon）的合法性及合理性，强烈要求突破自亚里士多德以降以男性为尊的文学正典取舍标准，逐一清除笼罩在“死去的白人男作家”身上的光环，以文化多样性和差异性成为一切争论的依据和起点，呼吁给历史上和活着的女作家应有的文学、历史、文化和社会地位。于是，我们就看到了这样新颖的批评：《黑暗的心》的作者约瑟夫·康拉德对于当代读者的重要性和相关性，远远超过了莎士比亚（参见瑞丁斯的《废墟中的大学》）。[①] 莎士比亚虽然在表现“人类共性”方面做出了几乎是无与伦比的成就，但是，在后现代主义的今天，抽象的“共性”是个刺眼且危险的词汇：人们在差异和不同中找到了更多的“共性”，而不是从共性的假设中思考并似是而非地解释差异性和特殊性。对异质性和多样性的强调和研究似乎在表明这样一个理念：不论是对一种文化现象、一个民族的特性、一种文化、一个具体的作家和作品，甚或一场灾难的研究，对普遍性的归纳总结已经失去了原来的光泽，相反，研究特殊性和差异性显得更具有生命力和现实意义。也正是在这样的社会文化语境下，我们才有机会认识一大批我们原先根本不知道的作家，也才有机会知道历史上竟然有那么多的伟大作家仅仅是因为他们的性别或者肤色（非白色）而被边缘化，进而被遗忘。我们在为这些研究“突破”感到欣慰的同时，也才能够以一种新的视角阅读像玛丽·沃尔斯通科拉夫特（Mary Wollstonecraft）和凯蒂·肖邦（Kate Chopin）那些清新隽永、充满浓烈的女性主义色彩而又细腻地表现人生瞬间中各种感觉、经验、情趣、情感、情绪和性爱困惑的作品。其四是对各个族裔文学的重新审视、挖掘和深入研究。自从文学的正典（literary canon）标准自20世纪80年代被逐渐打破以后，伴随着多元文化并存共荣呼声的不断高涨，随着人们不断深化对美国民族性构成的认识，美国不再被认为是纯粹的由白人组成的单一民族国家，因而，美国文学也不再被认为是纯粹的由白人创作的作品而构成的一个单一的整体，而是由不同种族和性别的作家共同创造的多层次、多视角、多向度、多色彩和多种声音构成的有机整体，各个部分之间相互补充，相对完整地反映了美国社会的世俗风貌和种族现实。如果用歌唱表演作比喻，美国文学不再被认为是清一色的白人独唱演员个人才能的展现，而是由不同肤色、不同性别、不同种族和不同阶层的作家组成的合

① Readings, Bill. *The Universality in Ruins.* London: Harvard University Press, 1996.

唱团。独唱固然悦耳，但因其太纯粹而显得单调。合唱恰恰由于其众人的参与性、多样性和多重性而显得更加璀璨夺目，朝气勃勃，甚至也更有广度和深度。时至今日，普遍的共识是：即便是优雅的个人独奏也无法在气势和深度上与交响乐相比。

不论以什么样的标准衡量，族裔文学的兴起都是当代美国文学发展过程中最有意义的历史性现象。它不仅给当代美国文学带来了无限的发展契机，对世界文学的影响也是难以估量的，因为它打破了一个民族国家的民族文学的界限。就文学发展的丰富性和多样性而言，目前世界上尚没有任何一种国别文学可以与当代美国文学相比拟。即使我们将除了俄罗斯文学以外的当代欧洲文学看作一个整体，与美国文学相比，它也由于太过相似，而多少失去了独立的个性特点。笼统地讲，欧洲文学的同质性是它的特点，也可以说是它的负担。欧洲文学之间的相似性至少意味着缺乏鲜明的创造性。与此相对照的是美国文学的异质性、丰富性和多样性。以我们熟悉的作品为例，汤亭亭在《女勇士》中表现种族歧视的手法和深度与托妮·莫里森在她的小说《宠儿》中的表现手法迥然不同。一大批美国印第安本土作家在建构土著人历史和族性意识觉醒方面的成就，如同阴霾天气过后的蓝天一样，令人感到亲切和激动。美国当代十分活跃的女作家卡罗尔·欧茨表现人物心理变化的娴熟技巧，几乎达到独领风骚的程度。但是，我们不必将她们分出高下优劣：她们的共性就在于她们的不同。读者阅读并接受她们的作品，恰恰说明差异性和多样性已经被人们普遍接受。

重视族裔文学的发展显示了美国文化强大的包容性和同化趋势。不论我们如何解读这一现象，其现实是，就加州一个州的情况而言，截止到1999年，所有加州大学的8个分校和所有加州州立大学的23所分校都开设“亚裔美国研究”（Asian American Studies）专业。[①]“而加州大学伯克利分校和旧金山州立大学招收本科生数分别多达1500名，前者开设60门课，后者开设49门。”[②] 比较新的文学选读教材已经将印第安人的口头文学作为美国文学的起源和有机构成部分收录其中，族裔作家所占的比例不

① Zhou, Min, and James V. Gatewood. “Introduction.” In *Contemporary Asian America: A Multidisciplinary Reader*. New York: New York University Press, 2000, p. 3.

② Ibid.

断上升。单一的族裔文学选读教材如今已随时可见，而且数量呈上升趋势。如果说，多元文化在美国兴起之前，学界的共识是，美国文学的源头是欧洲的文学传统，并且以拥有这种传统为荣；即使美国的国家意识不断增强，即使在美国独立以后近一个世纪的时期内，它仍然乐于在欧洲的文学传统下发展。直到爱默森和惠特曼时代，美国自觉的文化独立运动才开始进入人们的视野，才试图另辟蹊径，发展有别于欧洲的文学传统。如果说爱默森和惠特曼的创作标志着具有鲜明个性的美国文学的雏形已经形成——尽管它仍然没有摆脱以白人为中心的文化和种族理念，那么，一个多世纪之后，当代美国文学的多层次发展则表明，白人"中心论"的理念开始瓦解，质疑欧洲经典文学具有普世性的声音普遍存在于学界，强调经验的特殊性和族性特征，赞扬巴巴所说的"在不同文化构成之间和社会成规之间，以不拘泥于某一种逻辑的文学表现的瞬时性和当下性"。[①]于是，立足于多元民族理念共识之上的多元文化并存的新观念开始主导当代美国文学的发展。

文学的发展与人们观念的形成与转变相得益彰，二者互为表里。随着人们的族裔意识不断增强，挖掘整理族裔文学/文化传统几乎成了每个少数族裔学者责无旁贷的义务。伴随着整个亚裔文学40多年蓬勃发展的是学界对已故亚裔作家的重新挖掘和认识。于是，我们对东南亚裔美国文学、韩裔美国文学、南亚裔美国文学，甚至日裔美国文学的发展有所了解，但在美国所有族裔文学中，除了黑人文学以外，华裔文学发展最快，研究最充分，也最有深度，对整个当代美国文学的影响也最深远。赵健秀、李立扬、汤亭亭、谭恩美、陈美玲、任碧莲、张粲芳、黄哲伦（Henry Hwang）、黄忠雄、黄玉雪等等名字享誉文坛。他们的作品被选作大学教材和各种文学选集，国内外对他们的认识和研究，不论是从深度还是广度衡量，都是非常广泛的。但是，从亚（华）裔文学——甚至所有美国族裔文学——发展历史的角度衡量，重新发现华裔北美作家水仙花，则是美国文学自20世纪70年代中期以后最令人鼓舞的文学现象之一。如果亚裔文学的繁荣是当代美国文学界的奇葩，那么，水仙花则是最耀眼的一朵。

19世纪和20世纪之交是西方殖民统治最旺盛之际，也是种族中心主义最猖狂之时。列强时而单兵出击，时而合谋，时而相互残杀，目的都是

① Bhabha, Homik. *The Location of Culture*. New York: Routledge, 1997, p. 141.

强化扩张，瓜分弱小国家，企图称霸世界。在当时，连“和平”二字都不敢提及的情况下，一个纤弱的北美华裔女作家水仙花在她的创作中，以“反抗话语”的强健精神，大声呼吁：“世上人性归一”，强调“只有整个世界成为一家人的世界，人与人之间才能看得更清晰、听得更分明”，“个体重于种族”等远远超越北美主流文化“归化”话语内涵的理念。她用独有的创作手法做了链接东西方之间的“纽带”（connecting link）。其创作手法解构了传统观念下种族、性别等人类与生俱来的、确定无疑的自然属性，消解割裂世界的多种二元对立的意识，取缔分裂世界的多种二元对立标识，逐步提出“世界人性归一”的理念。水仙花生活在一个种族壁垒森严、华人形象被严重歪曲丑化的时代，但她坚持塑造充满人性的华人形象，在族性差异和人类共性方面找到了平衡，睿智地挑战了当时一个庞大的丑化华人的认知和书写系统，成为北美亚裔文学史上真正的女勇士和创作楷模。

第四节　“历史化”水仙花

当代美国重要的马克思主义文学理论家和文化批评家弗雷德里克·詹姆逊（Fredric Jameson），面对美国自新批评派以后几十年间所形成的过分关注文本而忽视文本之外的批评传统时，曾经在他那影响深远的巨著《政治无意识：作为社会象征行为的叙事》（1981）一书中，开宗明义，大声呼吁文学批评要“永远历史化”。他这一句近似口号式的祈使句，既是对过去那种十分保守且穷途末路的批评传统振聋发聩的挑战，同时也是呼吁学界要走出形式主义—新批评—结构主义—后结构主义的文本批评范式的传统，破旧立新，倡导学界要尽可能地结合历史、经济、文化、资本和阶级等语境，对文本和文化现象进行解读和分析。今天，虽然纯文本分析仍然比较普遍——在我国似乎还有迎头赶上的趋势，但批评家们主要还是借鉴了其中的文本细读的方法，目的是为“永远历史化”的文化批评视角提供翔实的文本细节支持。经过几十年的发展和衍化，如今，“永远历史化”已经成为了世界范围内文学和文化研究家们比较普遍遵循的原则和视角。

当然，任何批评立场和视角的提出都是对当时盛行的批评的突破和挑战，也是对当时已经萌芽的批评尝试的鼓励和促进。詹姆逊提出“永远历史化”的主张并不奇怪，它针对的就是上文中提到的自形式主义到后结构主义的批评范式，即统称为“自由人本主义”的批评传统、批评态度和批评视角，因为“自由人本主义”只关注文本世界而忽视文本之外的“世界”。需要指出的是，“自由人本主义”这个含混笼统的术语在英美常常是以嘲讽的口吻使用的，因为坚持这种批评态度和方法的批评家对其他批评理论和方法常常视而不见。比如说，第三世界文学（即后来的后殖民文学和批评）、女性主义批评、马克思主义批评、族裔文学的兴起和批评成就有目共睹，但有些坚持所谓的“自由人本主义”批评的批评家始终是不愿意正视的。这批批评家中影响最大的莫过于执教于耶鲁大学和哈佛大学的哈罗德·布鲁姆。布鲁姆出版了几十本文学批评专著，影响较大的有《西方正典》(1994)、《莎士比亚：人的创造》(1998)、《影响的解剖：作为生活方式的文学》(2011)等。在他几乎所有的著作中，他对女性主义批评和马克思主义批评极尽讽刺之能事，有时候甚至到了仇视的地步，将坚持这些批评视角的批评家统称为“仇恨的一群”，因为他们的批评动力是“仇恨的力量”。他所谓的“仇恨”是指作品对现实和社会的批评功能。具体而言，英国作家多丽丝·莱辛 2007 年获得诺贝尔文学奖后，全世界为之雀跃，很多评论家都认为这是公正合理的，但布鲁姆不仅不以为然，根据美联社 2007 年 10 月 11 日的报道，反而认为莱辛获奖是纯粹“政治正确的（错误）结果”，因此才会将文学界的最高奖授予一位“四流的科幻（作家）”。[①] 其所代表的“自由人本主义”的保守性和顽固性，可见一斑。

还有，“自由人本主义”批评关注的“人”是抽象意义上的“人”，是脱离社会现实生活的“文本之人”，关注的是抽象的、游离于人的具体生存环境的“人”。这一批评传统罔顾历史、文化、性别、种族和社会生活现实的丰富性和差异性，挖掘所谓的“普世性”(universality)，这无疑是欧洲中心主义和逻各斯主义阴魂不散的结果，因为在这类研究中关注的“人性”始终没有离开欧洲和白人传统。

西方自文艺复兴以降，人本主义逐渐取代神学对人的精神束缚，且随着古典哲学的兴起，理性主义成了人本主义的最高原则和核心尺度，相信人凭借理性精神不仅可以认识物质世界，而且可以认识人类丰富的精神和

① http: //today. msnbc. msn. com/id/12784353.

感情世界。人本主义坚信人存在的前提和本质就是理性主义，因为人是具有主体意识和自由意识的主体，也因为只有人的存在是有目的的，而自然万物只是人用来实现其目的的工具。高山河流、树木花草与人的不同之处就是它们没有内在价值，也不知道自身存在的目的。它们的价值只能体现于被人类使用的工具价值之中。人本主义经过几百年的发展，最终导致了人类中心主义不可一世的傲慢，并主宰了我们的文化和思维。

如同任何思想发展到极致时都会走向它的反面一样，人本主义也不例外。悖论是，它首先受到其坚持的核心原则——理性主义——的挑战。长期以来，人本主义思维中的人都是大写的“人”，是抽象意义上的人，具有完整性、中心性和普遍性，它所追求的是大写的“人”之下的权力关系，是整体对个体的压抑，是一个种族对另一个种族的压迫和控制，是男性对女性的压制和剥削，是宗主国对臣属国的占据和掠夺，是一个阶层对另一阶层的打压和操控。随着后现代思潮的发展高歌猛进，任何维持以上权力关系的企图都受到了巨大的挑战，于是，自20世纪中后期，文学研究的主要问题概括起来就是性别、阶级和种族，而这三者的共同之处就是“人”，只是从原来君临万物大写的抽象、理性的“白人”变成了相对具体的人（群）而已。

虽然詹姆逊的“永远历史化”在本质上并未完全超出几个世纪以来的人本主义批评的基本范畴，即，它强调的还是整体化和历史化的批评方式，始终是以“人”为思考问题的起点、重点和终点。比如说，英国文学理论家彼得·巴里（Peter Barry）在他那影响深远的《基础理论》[①]一书中，列举了自由人本主义的十大要义，但除去第八条是纯粹关于文学形式的探讨以外，其余九条都是仅仅围绕“人”和“人性”的，[②]但是“永远历史化”的优点在于寻求突破，永远历史化就是为文学和文化批评创建新的语境，以历史事实为依据，设定新的阐释条件，打破自由人本主义坚持的那种意义的唯一性、自足性、稳定性、规定性、自适性和确切性，呼吁人们关注意义产生的偶然性、差异性、片段性和断裂性。

尽管有学者认为建立在多元文化基础之上的当代自由人本主义始终在

① Barry, Peter. *Beginning Theory: An Introduction to Literary and Cultural Theory*. Manchester: Manchester University Press, 1995.

② Ibid., pp. 16 – 21.

寻求突破，因为以人为本的思考方式和行为准则越来越暴露出自身的局限，尽管有像美国当代著名的生态文学批评家帕特里克·墨菲在其生态批评专著《文学、自然和他者》（1998）中精辟地指出的那样："多元人本主义已经完成了自己的使命。原来在文化的某些方面可能鼓励个性成长和学术多元化的努力，现在则滋生了一种放任的态度：这种态度使得人们不愿做价值判断或者干脆采取意义'不确定'的立场，这常常导致对文化价值的争论浅尝辄止。"① 但是，能够取代多元人本主义批评的新的文学理论还没有被广泛采纳。譬如说，生态文学批评虽然是一种试图突破的努力和一种全新的文学批评视角，但它还没有成为批评界的共识。其次，尽管女性主义、后殖民主义、文化批评、生态文学批评、生态女性主义批评等批评流派和视角受到越来越多的重视，但目前还没有哪一种批评理论或者视角成为了批评界普遍遵循的范式。换言之，到目前为止，还没有任何一种文学批评在目标、重要概念、内容、方法、步骤等方面获得广泛的共识，因此，尚未形成一种批评界视为通用的、不言自明的方法论。

有鉴于此，我仍将在本研究中采用比较稳妥的批评尝试，即，我将在理解、分析和研究水仙花的反抗话语、审美策略、叙事技巧、美学追求、华人族性、社会理想等华裔文学中的萌芽思想和策略的形成过程中，将其人作为一种历史文化现象分析，将她的作品放置于历史、种族、社会大众文化心理、种族主义、华人移民史、文化认同和文学价值等等方面做整体分析和解读，并将她的"大同社会"理想放在中外社会理想史中加以考察。简言之，将她和她的作品以及无数华裔北美文学中的生发性思想"历史化"，目的是通过还原她生活时代的历史和文化、文学、种族和移民历史，重新认识和理解水仙花其人其文的历史和当代意义。

这样做无疑会关注更多的非文学因素和方面，而显得充满政治含义。但是正如 Stevn Lynn 指出的那样："通常，在人类不可避免的事物的简单名单上列着死亡和纳税，但我还要加上第三个：政治。不论你从哪个角度观察，你都会在科学、医学、宗教，甚至人类的一切活动中，发现'政治'存在的客观性……现实是，我们生活在观点之中，持不同观点，也讨价还价。我们总是根据我们不断变化的盟友和对手来界定我们自己。我猜想，即

① Murphy, Patrick. *Literature, Nature, and Other: Ecofeminist Critiques.* New York: New York State University, 1995, p. 3.

使有一个人被困在一个荒岛上，那个人也会对其行为与想象中的反对者或者支持者做各种各样的辩护……文学批评家们有时候天真地以为他们的工作没有政治含义，似乎解读文学和文化现象可以超越权利和影响的构成作用。”①

第五节　作为历史和当代文化现象的水仙花

美国威斯康辛大学学者安妮特・怀特－帕克斯（Annette White-Parks）自1986年开始研究水仙花（Sui Sin Far/Edith Maude Eaton）其人其文。怀特－帕克斯在加拿大驻美使馆和“美国大学女教师协会”（American Association of University Women）的资助下，无数次到水仙花的故居地——加拿大蒙特利尔市——走访水仙花的后辈。她以一种锲而不舍的执着精神，穿梭于水仙花曾经生活过的加拿大蒙特利尔市和美国的旧金山、西雅图、洛杉矶、波士顿等城市，在无数个大学和公共图书馆查阅、考证文献，翻检当时流行的报刊，耗时将近十年，于1995年完成并出版了其丰碑式的研究成果：《水仙花/伊迪丝・毛德・伊顿：文学评传》（*Sui Sin Far/Edith Maude Eaton: A Literary Biography*）（以下简称《评传》）。同年，怀特－帕克斯与著名华裔学者林英敏（Amy Ling）重新整理出版了水仙花发表于1912年的短篇小说集《春香夫人》（*Mrs. Spring Fragrance*）。她们对原版《春香夫人》不仅做了大量删减，而且还做了调整和补充。原版《春香夫人》包含37个故事，共343页，为大字体印刷，分为短篇小说和儿童故事两个独立的部分，其中第一部分由17个短篇构成，第二部分由20个儿童故事构成。怀特－帕克斯和林英敏的当代版本（1995），首先删减了现在看来不怎么像短篇的2个“短篇”和11个非常简短的儿童故事，即，总的故事由原来的37个删减为24个。篇目编排顺序也做了细微调整，并将24个故事合并为新版的第一部分。

她们的最大贡献是在新版中增加了全新的第二部分内容，即在新版文集中的“其他”部分里，收录了水仙花早期发表的报道、政论和散文。同时，该新版还收录了1912年版小说集中未被收录及水仙花1912年之后发表的短篇小说。第二部分共24篇，主要来源于《蒙特利尔信报》、《蒙

① Lynn, Steven. *Text and Contexts: Writing About Literature with Critical Theory*. New York: Longman, 2010, p. 211.

特利尔星报》、《洛杉矶快报》、《波士顿环球报》、《独立报》等当时非常著名的北美报刊以及《持家》这样的畅销杂志。新增添的部分占新版将近一半的篇幅，即比原书增加了三分之一的内容，比较完整地涵盖了水仙花短暂而丰富的创作生涯。该书重新命名为《春香夫人和其他》(*Mrs. Spring Fragrance and Other Writings*)。

这两本书是目前国内外水仙花研究的开山之作，也是水仙花研究领域公认的权威成果。怀特－帕克斯在《评传》和《春香夫人和其他》的"前言"中，为我们重新建构了北美亚裔文学鼻祖水仙花的生平，并对其在族裔文学、种族关系、创作动因、审美策略及其作品的历史和现实意义等等方面做了精辟独到的分析，为国内外的美国族裔文学——尤其是华裔北美文学——研究开辟了一个新的方向，也为亚裔北美文学一个半世纪的艰难发展找到了源头，其历史意义远远超出了怀特－帕克斯起初的研究意图和目标。

尽管在本章第一节中提到，保尔·斯皮卡德和洛丽·蒙格尔认为之所以水仙花能引起研究界极大的兴趣，是因为她最早书写了"族性和多重认同"，这无疑是当代族裔文学研究界流行的观点，但激励怀特－帕克斯矢志不移，十年如一日研究水仙花的缘由却远远没有那么复杂，甚至可以说，十分朴素，起初也并不具有如此重要的学科意义。怀特－帕克斯在《评传》的前言中对其耗费将近10年的研究初衷做了如下说明，她写道："我主要关心的是水仙花这位英华混血作家，在仇华情绪如此普遍的时期，在她生活过的地方还如此盛行本土主义的大背景之下，她何以坚持书写社会禁忌和政治上极富争议的主题，她的作品又何以能够得以出版?"①怀特－帕克斯用了268页的篇幅以《评传》的方式令人信服地回答了自己的上述问题。她的问题其实可以简单归结为她作为女性主义学者内在化了和历史化了的难以遏制的"好奇心"。

也正是这份难得的好奇心使她发现了水仙花其人其文，但让她感到不解的是水仙花何以没有逢迎时势，没有随当时的文学潮流继续炮制"黄祸"文学，没有从东方主义的视角进一步挖掘华人身上的"奸诈"与"邪恶"，以及中华民族对白人世界潜在的和实在的"威胁"。怀特－帕克

① White-Parks, Annette. *Sui Sin Far/Edith Maude Eaton: A Literary Biography*. Urbana and Chicago: University of Illinois Press, 1995, p. 4.

斯感到好奇，因为水仙花拒绝了当时创作的"天时"。其实，水仙花对当时的"天时"不仅了如指掌，而且还无需刻意追求：她只要稍加利用她特殊的英华混血血统，亮出自己表征性的一半华人身份，即可在文坛拥有一席之地，甚至成为当时一名流行作家。用她的话说，她只要稍加放弃自己那深入骨髓的华人认同，并按照编辑的建议去书写与白人族性相对立的华人"怪异"言行，她就能轻而易举地获得同代人的认可和接受，也可能在当时在北美社会获得更大的成功。她写道："他们告诉我，如果我希望在美国的文坛有所作为，我就应该穿着中国服饰，手中拿着一柄扇子，脚穿一双猩红色、装饰着各种小珠子的拖鞋。也应该住在纽约，这样就显得出身更加高贵，而不是与我周围普通的华裔美国人频繁交往。他们认为，我只要与我的中国祖先在精神上保持一致就足也。"① 换句话说，只要水仙花能够顺应"黄祸文学"的滔天逆流，像她的同代人杰克·伦敦、布雷特·哈特（Bret Harte）以及后来声名如日中天的"黄祸文学"总魔头萨克斯·罗默那样，穷毕生之力，抱着极大的热情了解、书写、建构、虚构、想象、臆想"地狱中国"，炮制地狱般黑暗而又威胁世界的中国，只要她沉迷于"邪恶中国"的幻想之中，以文学和审美的特有手法，惟妙惟肖地塑造残暴、堕落、邪恶、无理、混乱、落后、好战的华人形象，那么，借助她有一半华人血统的先天优势，再加上一个中国文化知情者的身份，她无疑将获得巨大的成功。果真如此，我们就不会看到怀特-帕克斯持续十年之久的"好奇心"了，我们也许就看不到令人肃然起敬的水仙花现象了。所幸水仙花没有受垂手可得的"虚名"的诱惑，可以说是不识时务，因而主动放弃了"天时"，这种强健的内在精神使得怀特-帕克斯感到好奇。由于她坚持书写华人的"人性"和美德，她却在去世大半个世纪之后，成了北美文学界和我国文学界积极研究的一位重要作家。古语尽管有"天时不可逆，但某事亦在人"的说法，但在水仙花身上似乎可以改写为：一个人只要坚持民族情怀，书写民族族性，天时是可逆的。

其实，水仙花书写华人族性的代价也是巨大的：她无疑主动压缩了她在当时进一步发展的"空间"，也就是我们所说的"地利"，因为她的作

① Sui Sin Far. *Mrs. Spring Fragrance and Other Writings*. Ed. Amy Ling and Annette White-Parks. Urbana and Chicago: University of Illinois Press, 1995, p. 132.

品挑战的都是当时读者的“阅读预期”，而经过长期的东方主义经营，北美读者的“阅读预期”，是白人在道德、情感、人性、使命意识、社会意识等方面的优越性，其不能预期的就是其他族群在以上方面的同样具有的人性光芒。不仅如此，她还要挑战主流社会的意识形态和种族优越感，正如戴安娜（Vanessa Holford Diana）指出的那样：“水仙花去白色中心，反对白色是人性的标准。”[①] 以“去白色中心，反对白色是人性的标准”为出发点，水仙花饱含激情书写华人的人性美德，大概就是怀特-帕克斯所说的“社会禁忌”吧！

在19世纪末期种族主义猖獗的北美，发表“另类”作品并试图获得英语读者的认可，无疑是一件艰巨的任务。从读者的认可度角度理解水仙花其人其文，我们完全可以断定，她不具备“人和”，因为华人中的英语读者极少，即使有可以阅读英语的华人读者，但他们是处于失语状态的，根本没有发声的机会。何况，她试图在主流报刊上发表社会禁忌和政治上极富争议主题的作品，其难度比之于希腊神话中大力神赫拉克勒斯完成的十二件消灾弭难的伟绩并不为过，因为赫拉克勒斯面对的是单一的、并无关联的艰巨任务，而水仙花必须睿智地挑战当时庞大无比的丑化华人的认知和书写系统。

怀特-帕克斯持续十年之久的“好奇心”，涉及了北美社会的历史、民族、文化、出版、移民关系、性别、社会大众的文化心理等等方面，实际上追问的是社会的公正和人们的良知以及对“人”的认识水平，解释的是一种貌似简单实则极其复杂的文化现象。令怀特-帕克斯始料不及的是，她不仅还原了一位被时代遗忘了的重要作家的生平和创作，而且为华裔北美文学和整个亚裔北美文学找到了唯一的源头，为亚裔北美文学创作传统竖起了一座伟岸的丰碑。而在丰碑的背面，如同加拿大蒙特利尔市华人社区在水仙花墓碑上醒目地刻写的那样：义不忘华。

水仙花原名 Edith Maude Eaton，父亲是爱德华·伊顿（Edward Eaton），一个从事丝绸生意的英国商人，她的母亲是中国人，名叫莲花（Grace A. Lotus Blossom Trefusis），是生活在上海的英国传教士 Trefusis 夫妇的养女。水仙花1912年在《波士顿环球报》上发表《英华混血作家水

---

① Diana, Vanessa Holford. “Biracial/Bicultural Identity in the Writings of Sui Sin Far.” *MELUS* 20.2 (Summer 2000): 159-186, p. 160.

仙花创作拾零》，其中写道，其父爱德华·伊顿“在英国接受教育，后在法国学习艺术，二十二岁时已经在上海成为一位成功的商人。他也正是在那里遇见了我的母亲，一个中国少女。她接受过英国教育，并被训练为传教士”（1912 年 5 月 5 日）。至于她的母亲何以会被英国传教士收养，什么时候接受的英国教育，以及她的出生地、父母的信息和他们的出身，均已无法考证。

可以确认的是，水仙花父母二人在上海一见倾心，相爱后不久便在“英国领事馆举行了婚礼。婚后的第二年，他们回到了英国”。[①] 据怀特－帕克斯考证，他们返回英国的时间应该是 1863 年的春夏之交。[②] 水仙花的父母婚后不久便短暂定居于其父的祖居——英国切斯特县普利斯伯里教区的村庄，那里是“祖父、曾祖父……的出生地”。[③]

这桩婚姻在当时的英国一定是旷古奇闻，对于生活在英国乡村的人来说，更是如此。他们返回英国之时正值第二次鸦片战争刚刚结束，随着《北京条约》的签订，中国不仅在政治上丧失了主权独立，而且割让了 150 多万平方公里的土地给沙俄，危若累卵的清政府为了求得喘息机会，通过赔偿损失和割让土地，进一步投靠西方帝国主义列强，中华民族在国内外饱受欺凌，在民族关系上失去了发言权，到了任人宰割的地步。

这样的历史背景对水仙花父母的婚姻虽然没有直接影响，但对他们在英国乡村的生活影响甚大：异族通婚在当时虽不是禁忌，但并不常见，何况是和一个饱受欺凌的民族的人结婚。水仙花 1865 年出生于英国，是家中的长女，在 14 个兄弟姐妹中排行第二。她 7 岁时随父母移居纽约州的哈德逊。不久，一家人又移居加拿大的蒙特利尔。她父亲离开英国后，弃商从艺。水仙花 11 岁辍学，帮助母亲照管弟妹，帮助父亲卖画。水仙花 18 岁时在蒙特利尔日报社当排字工人，几年后开始发表短篇小说和散文，最后移居美国，在西雅图、旧金山、芝加哥、波士顿等城市工作、写作。1914 年 4 月 7 日，病逝于蒙特利尔家中。水仙花死后，北美的各大报纸——包括《纽约时报》——均发了讣告。[④] 借用《史记·滑稽列传》

---

① 《波士顿环球报》1912 年 5 月 5 日。

② White-Parks, Annette. *Sui Sin Far/Edith Maude Eaton: A Literary Biography*. Urbana and Chicago: University of Illinois Press, 1995, p. 12.

③ 《波士顿环球报》1912 年 5 月 5 日。

④ *New York Times*, April 9, 1914, 11.

中的一句话形容水仙花的一生是十分贴切的：“今世之处士，时虽不用，崛然独立，块然独处。”水仙花一生卓然独立，无匹合于天下。

就水仙花的创作而言，我国学者石平萍根据她生活和创作的地域分出了三个阶段。她将之称为“加拿大蒙特利尔时期（1888—1898）、美国西部时期（1898—1909）和美国东部时期（1909—1914）。第一阶段的作品分为三类：一、白人故事……包括七篇小小说……署名‘伊迪斯·伊顿’，主要讲述加拿大白人的浪漫爱情故事，属于练笔之作……二、匿名发表的有关加拿大华人的新闻报道。三、华人故事”。[①] 她认为在第二阶段，“水仙花依旧坚持自己的立场，真实再现华人及其后裔在美国的生活和遭遇，强调华人具有与白人相同的人性……在第三阶段……手法和技巧处于成熟，创作生涯达到顶点”。[②]

如此总结当然有一定的道理，也比较方便，但也有不尽周全的地方，比如说，水仙花1892年曾到牙买加工作过一段时间，就不好按照地域划分。再比如，完全按照水仙花生活的地域划分，并不能显示她作为亚裔文学先驱的重要性和历史地位。如果从这个角度考虑，水仙花的第一篇关于华人的故事是发表在 *Fly Leaf* 上的《赌徒们》（The Gamblers），时间是1896年2月份。同年6月，她在《阳光之地》（*Land of Sunshine*）上发表了《苦运》（Ku Yum）、8月份在《莲花》（*Lotus*）杂志上发表“The Story of Iso”、10月份在《莲花》发表《东方人的爱情故事》（A Love Story of the Orient），并且在同年的11月份，在《阳光之地》上再发表《中国式争斗》（A Chinese Feud）。更为重要的是，1896年9月21日，她在《蒙特利尔星报》（*Montreal Daily Star*）发表了彪炳史册的《为中国人请愿书：本记者的声援》（A Plea for the Chinaman：A Correspondent's Argument in His Favor）。事情的缘由是加拿大追随美国向每一位在加拿大的中国人每年征收500加元的人头税。水仙花对此感到义愤填膺。在这篇犀利的政论文中，水仙花对华人的热烈情怀和自己对人类良知的坚持，在那一刻奇妙地融合了。她据理力争，不仅指出了加拿大政府的伪善和不人性，无视人类良知和正义感的虚伪性和可憎面目，因为它不符合加拿大“不

---

① 石平萍：《“我是中国人”：美国华裔文学先驱水仙花》，《外国文学》2007年第5期，第80页。

② 同上。

分种族、信仰或者肤色，欢迎所有人”的立国精神，[①] 而且还对许多议员指名道姓地嘲弄和讽刺，是华人历史上的第一份战斗檄文。如果要从华裔/亚裔文学的历史源头考虑，1896 年就是华裔文学的历史元年，标志着华裔文学的诞生。如果再仔细考虑和评估那时的华裔文学传统，我们会发现水仙花在一开始就为华裔北美文学打上了清晰的烙印。她尽管没有明确地规划华裔文学未来的发展方向，但其创作本身却为这一在当时还十分特别的文学划定了其疆界：书写华人的族性和人性美德；以反抗话语挑战北美东方主义/文化帝国主义（怀特 - 帕克斯语）对华人的侮辱性文化建构。此后重要的华裔作家，如 Louis Chu、Diana Chang、Frank Chin、Shawn Wong、Marilyn Chin、Maxine Kingston、Fae Myenne Ng、Russell Leong、Mei-Mei Berssenbrugge、Li-Young Lee、Iris Chang 等，概莫能外，均坚持并在各自的理解中发扬着这一传统。

然而，对于当代的读者和学术界而言，重新发现水仙花却是她逝世后近 80 年之后的事情。美国学者索尔伯格（S. E. Solberg）于 1976 年西雅图“西北太平洋亚裔美国作家研讨会”上第一次介绍水仙花姐妹的文学成就以后（“The Eaton Sisters：Sui Sin Far and Onoto Watanna”），[②] 美国文学界开始关注这两位具有中国血统的作家。研究界对水仙花的热情 30 年来持续不减，而且有不断高涨的趋势，其中固然有人们好奇心的因素，[③] 但真正的原因，用 Shirley Lim 的话说，是亚裔具有重拾历史的强烈需求，于是，水仙花才“成为了亚裔美国努力追寻的目标”。[④]

索尔伯格于 1981 年春季在 *MELUS* 发表了题为《水仙花/伊迪斯·伊顿：第一位华裔美国文学家》[⑤] 的研究文章。这是关于水仙花创作和历史地位的第一篇当代研究论文，因此可以说，它开了风气之先。索尔伯格也

---

① Sui Sin Far. *Mrs. Spring Fragrance and Other Writings*. Ed. Amy Ling and Annette White-Parks. Urbana and Chicago：University of Illinois Press，1995，p. 198.

② Ibid.，p. 176.

③ Ibid.，p. 3.

④ Lim，Shirley Geok-lin. “Review of Sui Sin Far/Edith Maude Eaton：A Literary Biography，by Annette White-Parks，and *Mrs. Spring Fragrance and Other Writings*，by Sui Sin Far.” *Amerasia Journal* 22. 3 (1996)：149 - 155，p. 149.

⑤ Solberg，S. E. “Sui Sin Far/Edith Eaton：The First Chinese American Fictionist.” *MELUS*：*The Journal of the Society for the Study of the Multi-Ethnic Literature of the United States* 8. 1 (1981)：27 - 39.

一跃成为美国族裔文学领域最著名的学者之一。经过 30 多年的持续努力和认真研究，在多元文化主义不断高涨的社会和学术文化氛围中，水仙花研究方兴未艾，热潮持续不减。80 年代之后的十多年间，学者们研究兴趣集中于挖掘水仙花的作品，致力于恢复其创作的原貌，学者们从自由人本主义的角度，研究水仙花的文化和民族认同。代表人物有 Amy Ling、怀特 - 帕克斯、Elaine Kim、Xiaohuang Yin、Shirley Lim 等。而其中最具有学科意义的就是确定水仙花的历史地位，即，“水仙花的作品是美国和加拿大书写华裔经历最早的作品，而且就虚构文学而言，她是所有亚裔族裔中第一位用英语写作的作家”。①

她们确定水仙花作为华裔和亚裔北美文学之母地位的依据是：水仙花是最早用英语书写华人北美移民经验的华人作家。Amy Ling 和怀特 - 帕克斯强调用英语创作是有根据的，因为只有用主流社会的官方语言创作，其作品才有进入主流社会阅读范围的可能性。水仙花也正是明了其中的奥秘，才将自己的作品发表在当时加拿大和美国的主要报刊和杂志上，其中包括《蒙特利尔日报》、《洛杉矶快报》、《纽约晚报》、《纽约独立杂志》、《西部人》、《新英格兰杂志》、《世纪杂志》和《淑女家庭》杂志等。怀着对“母亲的人民”的崇敬和热爱，水仙花固执地表现华人在北美的生存状况和理想，并通过她的短篇小说和散文追溯她自己的华裔种族认同，挑战北美社会的种族霸权意识形态，弱化种族对立的二元思维和种族主义的社会实践，尽情书写鲜活、具体和富有生命力的华人经验。更为重要的是，自从她于 1888 年发表作品，她开始使用笔名“水仙花”（Sui Sin Far），直到 1914 年去世，她发表作品时很少使用其他笔名或者真实姓名。坚持使用具有鲜明的华人身份的笔名，不仅坚持塑造鲜活、具体、富有生命力的华人形象，而且在美国排华浊浪日益汹涌的时代，在“黄祸”文学猖獗的文化氛围中，以一个华裔的身份替广大华人代言，凭借自己的良知和坚定的华人认同超越了时代的偏见，还华人以公正，在客观上起到了挑战东方主义文化操作对华人“他者化”的作用，她的真实目的也许是反映华人充满“人性”的一面，尤其是华人女性“人性”的一面，从而拉近东西方的距离，使双方能在一个新的高度重新认识对方。正是这种理

① “Introduction.” Sui Sin Far. *Mrs. Spring Fragrance and Other Writings*. Ed. Amy Ling and Annette White-Parks. Urbana and Chicago: University of Illinois Press, 1995, p. 1.

念促使她立志要成为东西方之间桥梁的愿望。她去世前不久象征性地写道："我将我的右手给予西方，而将我的左手给予东方，希望双方不会毁掉这'连接'东西双方这微不足道的肉体。"①

水仙花的全部创作几乎都是关于北美各地唐人街华人和她所了解的华人的。她抱着对北美华人的极大同情，超越了当时北美主流文化的偏见和对华人的定型思维，塑造了一个个比较真实可信的华人形象，她短暂的一生孜孜矻矻，拖着并不健康的身体，矢志不移，坚持书写大写的华人。她写道："我总是根据我所知道的和看到的美国华人的生活塑造华人的形象。我读到过许多美国作家睿智有趣的关于华人的故事，但那些故事与华人的真实生活相去甚远。在很多作品中，华人被塑造成了滑稽可笑的'小丑'。"② 水仙花终生都在为争取北美华人的权利而斗争。她在《一个欧亚混血人心灵书签》中写道："我遇见过许多华人。每当他们有了麻烦，他们都会告知我，要我在报纸上替他们申冤。这是我非常乐意做的事。有一天，我感到特别温馨，因为我在报纸上读到纽约的一位华人写下的一句话：'生活在美国的华人都会永远感激水仙花，因为她总是果敢地站出来，为华人辩护。'"③

水仙花一生书写华人族性，不仅是一个文学现象，也无疑是一个种族和文化现象，因为在一个单一民族的国家，内殖民倾向和事实并不那么明显，任何人都可以将自己对人生、历史、社会、政治话语、人本身的理解等等诉诸笔端，而不会直接体验文化冲突和种族歧视带来的痛楚。在这种情形之下，如果某个作家自认为自己在文学本身方面有特殊的天赋或者爱好，都可以终生从事文学创作。但对于水仙花而言，终生创作意味着终生战斗。终生书写华人形象，对她意味着终生的责任和使命，也正是在这种高度的责任意识之下，她选择了以文字为武器，挑战整个北美的书写系统，因为她"想要最逼近地抓住创造性想像的运作活动，就得让自己转向诗之自由那隐而不见的内部。就得自我抽离以便接触到作品黑暗中的盲目本源……因为它们总是指向一种断裂，一种朝向内在世界的道路，所以

① "Introduction." Sui Sin Far. *Mrs. Spring Fragrance and Other Writings*. Ed. Amy Ling and Annette White-Parks. Urbana and Chicago: University of Illinois Press, 1995, p. 21.

② Sui Sin Far. *Mrs. Spring Fragrance and Other Writings*. Ed. Amy Ling and Annette White-Parks. Urbana and Chicago: University of Illinois Press, 1995, p. 20.

③ Ibid., p. 230.

无法将之直接表明，而只能通过一种隐喻来暗示……因为，它意味着从世界中脱离以趋向一个既非乌有乡（non-lieu），又非另一界，既非乌托邦（utopie）又非不在场（alibi）的地方……就是‘在这个世界之上再创造一个世界’”。[①] 水仙花正是在北美种族主义和东方主义遥相呼应、极力丑化华人之时，超越时代局限，在那个“世界之上再创造一个世界”——创造了一个更加真实的种族世界版图，因而，在某种意义上讲，水仙花不仅自己成为了一种奇异的现象，而且创造了一种历史和文化现象。

① ［法］德里达：《书写与差异》，张宁译，第10页。

第三章

水仙花的文学创作:挑战与超越

> 欲想理解水仙花——实际上是所有非欧洲血统的作家——在20世纪之交时北美帝国主义—种族主义的文化氛围中所碰到的种族歧视问题，我们必须先要看看这些作家有什么样的选择：1. 爬到不可一世的欧洲中心主义文化为他们设定的普罗克拉斯忒斯床上，被迫彻底同化，放弃自己的传统文化；2. 与他们每天都经历的歧视性法律和态度抗争，作为艺术家而采取鲜明的立场。水仙花选择了抗争，这是毋庸置疑的。①

> 伊顿小姐（水仙花）尽管还没有显示出无与伦比的写作技巧和自信，但她无疑给美国的小说界带来了一股清新之气。这绝对是需要不凡的勇气的。她对她表现的主题谙熟于心。毫无疑问，她丰富的知识弥补了技巧的缺憾。她向白人读者极力表现的主题就是在美国西海岸地区美国化的华人的生活、情感和喜怒哀乐。与此相关联的另一个主题就是华人与白人的婚姻生活以及他们的孩子的生活。②

第一段引文出自水仙花的评传作者安妮特·怀特－帕克斯在美国最著名的族裔文学研究刊物 *MELUS* 上发表的一篇文章。文章题为《水仙花的创作：对美国"他者"观念的颠覆》（A Reversal of American Concepts of "Otherness" in the Fiction of Sui Sin Far），发表于1995年。我们需要对怀

---

① White-Parks, Annette. "A Reversal of American Concepts of 'Otherness' in the Fiction of Sui Sin Far." *MELUS* 20.1 (1995): 17–34, p. 18.

② "A New Note in American Fiction." [editor's note] *New York Times*, July 7, 1912.

特-帕克斯引文所使用的古希腊神话典故做一简单说明。在古希腊神话中，海神有一个儿子名叫普罗克拉斯忒斯，希腊词为 Procrustes，此人性情暴虐，开设一家黑店，横行乡里，杀人越货，无所不用其极。他在自己的黑店里特意设置了一长一短两张铁床，强迫身矮的旅客睡长床，强拉其躯体使之与床齐；迫使身高者睡短床，用利斧把旅客伸出来的腿脚截短。典故讲的是强盗截短或者拉长人肢体的故事，其寓意就是用惨无人道的手段，胁迫适从自己的规则和“标准”。

显然，怀特-帕克斯用这个典故比喻北美社会当时的文学和种族氛围，即边缘民族必须削足适履，主动放弃自己的文化立场，投其所好，以获得主流文化的认可。怀特-帕克斯在评论水仙花创作的文章中使用这个典故，其用意也是十分明显的：对于水仙花和其他所有族裔作家而言，北美白人至上的种族歧视文化是一张无所不在的“普罗克拉斯忒斯床”，族裔作家既然是从事与文化有关的事业，他们并没有太多的选择，而是陷入一个两难境地：他们要么忘记自己的民族文化传统、不计后果地抛却自己的民族和文化认同，随波逐流，罔顾当时北美社会种族多样性、复杂性和异质性的事实，在强大的同化话语的压力之下，主动躺在那张血腥的种族主义“床”上，同化于北美的白人种族优越意识之下，在北美的东方主义和文化帝国主义所谓的主流文化洪流中，为北美的文化帝国主义添砖加瓦；要么冲破北美文化帝国主义、文学帝国主义和种族帝国主义布下的一道道藩篱，为了弘扬自己的民族认同和文化认同，打破白人种族霸权一统天下的文化恐怖局面，坚持书写自己民族的族性和人性，为广大少数族裔代言，以鲜明的民族立场，在这场不见硝烟的战场上永远挑战其荒诞性，否定其“合理性”，“抗争”其虚伪性，最终通过自己全新的作品“创造一种能见度，一种声音”。①

第一节　英雄情结与文学形式创新

正如怀特-帕克斯所说，水仙花选择了抗争，而且是不计后果的抗争。毋庸置疑，抗争首先需要有坚强的意志，其次才是能力和具体的做

① White-Parks, Annette. “A Reversal of American Concepts of ‘Otherness’ in the Fiction of Sui Sin Far.” *MELUS* 20.1 (1995): 17-34, p.18.

法。生性柔弱、身体单薄的水仙花义无反顾地选择了抗争，其反抗意志之坚决令人钦佩，似乎是即使付出生命的代价也在所不辞，表现出为了华人甘愿牺牲的文化和英雄情怀。实际上，水仙花少年时就有强烈的英雄情结，用她的话说："我喜欢诗歌，尤其是表现英雄壮举的诗作。我也喜欢神话传说，但对反映日常生活的故事了无兴趣。我做梦都想变得伟大，变得高贵。"[①] 一个饱受歧视的混血姑娘梦想成为英雄，那必然要与民族的命运相结合了，而她认同的民族恰恰是华人："我对他们的兴趣十分浓厚且是永恒的，这种兴趣萌发于我得知我和他们是同一种族的那一刻。"[②] 为了民族的未来，水仙花与生俱来的正义感在白人优越论猖獗的现实面前表现得愈发强烈，一身正气的她童年时就曾幻想成为圣女贞德一样的英雄，愿意为了"母亲的人民"献出自己的生命。她写道："如果我能在烈火中死去，我将化作神灵，冲出烈焰，向所有鄙视我们的人大声宣告：'请看吧！中国人是多么伟大！多么自豪！多么高贵！'"[③]

浴火重生后的水仙花没有其他要求，仅仅是要告诉那些歧视华人的人——尤其是白人，中国人是伟大的，不仅和白人是平等的，甚至还是高贵的。这就是少年水仙花的志向——为中国人鸣不平，争权利，用自己的创作证明华人的伟大和高尚。在她的自传中，水仙花写道："我复学了。我一定是在8岁的时候就有了一个明确的志向：我要写一本关于混血中国人的书。人们对于混血中国人的种种说法、批评和胡言乱语太多了，时刻刺激着我的耳膜，而我又对这些极其敏感。另外，立志写这样的书也是我的本性。我要将我的所有感受、所有观察以及我自己的经历全部写下来，告诉世界一个真相。"[④]

水仙花矢志不移，终生恪守自己的志向，成年后在蒙特利尔报社当速记员，也开始了她为华人抗争的写作历程。在林英敏和怀特-帕克斯重新编的《春香夫人和其他》"前言"中，两位编者认为水仙花"立志在报纸上为华人申言，没有什么可以让她这个志向之火熄灭"。[⑤] 水仙花的"抗

---

① Sui Sin Far. *Mrs. Spring Fragrance and Other Writings*. Ed. Amy Ling and Annette White-Parks. Urbana and Chicago: University of Illinois Press, 1995, p. 222.

② Ibid., p. 234.

③ Ibid., p. 222.

④ Ibid., p. 289.

⑤ Ibid., "Introduction.", p. 3

争”之火种早已播下，“火种”就是她对种族主义的痛恨和对华人及中国文化的完全认同和无私的爱。对华人刻骨铭心的爱首先来自她的母亲，其次是受到她的私人教师的影响。水仙花少年时期家境贫寒，每到家庭陷入经济困境时，她父母就让孩子们辍学回家，做力所能及的事情，补贴家用，因此，她断断续续上过几年小学，后来经母亲同意，跟随达令夫人（Mrs. William Darling）免费学习。达令夫人对她的影响甚大，这种影响并不仅仅体现于她的写作态度和审美情感方面，还体现在她的民族和文化认同方面：“除了母亲之外，达令夫人唤起我对母亲同胞的兴趣，也使我觉得出生于这样的民族是我的骄傲。”①

水仙花终生恪守书写华人族性这一崇高志向，因此，她捍卫华人利益的立场从未动摇，为华人立言立行，且不分国界——她为华人抗争的议论文和短篇小说发表在了美国和加拿大的报纸和期刊上，其目的就是“告诉世界关于欧亚混血人和华人真实的一面，因为那是她的人生目标”。②不论事情是发生在哪个国家，只要是有关华人的，只要有对华人的不平事情发生，她都要义无反顾地替华人伸张正义。

当然，作为作家，水仙花显然要冲破种种有形无形的叠峦重嶂。具体而言，她首先需要了解那些藩篱都是什么。她作为小说家，也许对自己要描写的内容烂熟于胸，但内容必须负载于其相应的形式之上，而文学形式的存在并不完全取决于作家的意愿，因为作品的存在并不是像罗曼·茵加登所理解的那样“是一个纯粹意向构成，它存在的根源是作家意识的创造活动，它存在的物理基础是以书面形式记录的文本或通过其他可能的物理复制手段（例如录音磁带）”。③简单的“书面形式记录”下“作者意识的创造活动”不可能是文学的，因为那是没有文学形式的大杂烩。自俄国形式主义之后，文学性（literariness）负载于作品形式之上的认识已经达到空前的一致。即便我们不完全认同内容决定形式的教条和简单化主张，但水仙花要呈现的内容也还是需要恰当的艺术形式来表现出来。尽管

---

① Sui Sin Far. *Mrs. Spring Fragrance and Other Writings*. Ed. Amy Ling and Annette White-Parks. Urbana and Chicago: University of Illinois Press, 1995, p. 290.

② Joy M. Leighton. “‘A Chinese Ishmael’: Sui Sin Far, Writing, and Exile.” *MELUS* 26. 3 (2001): 3.

③ ［波兰］罗曼·茵加登：《对文学的艺术作品的认识》，陈燕谷、晓未译，中国文联出版公司1988年版，第12页。

她不愿意躺在那张“普罗克拉斯忒斯床”上，尽管她要抗争，但负载她的特殊内容——以华人为主人公的故事——的现成的文学形式在当时是不存在的。

换句话说，北美当时并没有适合她以反抗话语为特征的现成的文学传统或者形式，正如当今研究水仙花最早的美国学者索尔伯格（S. E. Solberg）指出的那样：“水仙花确实挖掘到了（唐人街）的深处，但是不论她看到和理解了什么，当时并没有供她使用的现成的呈现形式。”① 那么，她的反抗之声在仇华浊浪中必须以怎样的形式表达呢？她的抗争有什么文学意义吗？她表现华人生活和情感的作品对华裔北美文学又有着怎样的意义呢？她是如何超越当时流行的文学形式的呢？又是如何颠覆的呢？尽管当时在非主流文学刊物上有零星的族裔声音，但负载族裔声音成熟的文学形式在美国则是几十年之后才形成的，而奠定华裔文学形式的作家就是水仙花本人。就这一点而言，水仙花开了书写少数族裔族性的风气之先，这也是水仙花被尊为所有亚洲北美移民文学之母的根本原因。阐述并研究以上这些问题，将会构成本章的主要内容。

庞德曾说过诗人是一个民族社会意识的天线，意指作家们有更加敏锐的直觉，能准确把握一个社会的文化氛围、大众心理、发展进程和趋势，能够捕捉到社会变化的细微信息。事实也确实如此。20 世纪之交是美国种族歧视达到令人发指的程度的时段，但也恰恰是在那个时候——即水仙花写作的时代，美国文学界要求变革的声音此起彼伏。随着变革浪潮的兴起，美国的写实主义文学开始成为主流文学思潮，白人男性作家一统天下的局面开始得到部分扭转和改变，与迪金森同时代的一大批女作家登上文坛，发出了女性的声音，表达了女性的情感和对社会生活的强烈关切，受到文学界的热切关注。与此同时，边缘化的民族也有了表达自己声音的机遇。正是在这种氛围中，水仙花开了华裔北美文学的风气之先，以书写华人族性的大量文学作品，“从边缘走向中心，其策略就是赋予‘他者’以声音，将北美种族关系瘟疫导致的不公正戏剧化了”。②

---

① “Sui Sin Far/Edith Eaton: First Chinese American Fictionist.” *MELUS* 8.1 (1981): 32.

② Diana, Vanessa Holford. “Biracial/Bicultural Identity in the Writings of Sui Sin Far.” *MELUS* 20.2 (Summer 2000): 159 – 186, p. 160.

美国当时最负盛名的小说家和文学评论家威廉·迪恩·豪威尔斯（William Dean Howells）在《批评与小说》（*Criticism and Fiction*）中，告诫他的同行不要再炮制感伤忧愤和拿腔拿调的滥情小说，不要再“无视真正的人性和社会矛盾，不要再以杜撰代替如实描写……（因为）我们只有了解并理解人性，我们才能公正地对待自己和其他人”。[①] 其言下之意，就是要突破美国作家因循守旧的文学传统，以变革的态度和决心，创造新的文学方式和手段，把握时代的脉动，如实书写人性。他于是呼吁作家们“如实地书写影响普通大众的动机、冲动和做人的原则的瞬间”。[②]豪威尔斯所指的“普通大众”也许并不包含非白人的美国少数族裔，因为他自己的小说人物几乎都是清一色的白人。就这一点而言，很难说豪威尔斯自己就如实反映了所有美国普通大众的生活，但他的呼吁还是得到了少数族裔作家的积极响应，这是因为他倡导的不仅是一种小说创作新的美学原则，而且反映了包括水仙花在内的许多边缘民族作家的心声：那就是反映长期被排除在美国主流社会之外的被销声的族群的“人性”和真实声音、愿望、心路历程和艰辛的现实生活。也只有充分反映广大的边缘族群的心声，他们人性的光芒和瑕疵，他们的情感、愿望、人生困惑、政治和人生诉求、文化位移（cultural replacement）导致的文化失落感和冲突、民族和文化认同、社会理想、在美国多种族的生活经历等等，美国社会各民族才有可能“公正地对待自己和他人”。从政治学的角度看待这种“公正”的诉求，让所有族群都发出声音也许是事关民族国家认同的重中之重，因为美国并不仅仅是白人的美国。仅仅反映——即使是“如实地”反映——白人的生活和人生诉求，而忽略其他种族的存在和他们在美国的生活经历，是欧洲文化中心论在文学创作中的反映，也有对其他种族和文化“他者化”的嫌疑。一如忽视是一种文化自觉的选择一样，关注也是文化自觉的选择，只是二者反映的意识形态、民族认同、文化认同等写作背后的东西是完全不同的。

美国文学界呼吁表现其他种族人性和族性的声音与水仙花为华人立言立行的强烈愿望一拍即合，水仙花敏锐地抓住了这个时机，且矢志不移，创作了无数栩栩如生的华人形象，实现了豪威尔斯所倡导的“公正性”

① Howells, William Dean. *Criticism and Fiction*. New York: Harper and Brothers, 1891, p. 95.

② Ibid., p. 99.

和“真实性”。用瓦妮萨·戴安娜（Vanessa Holford Diana）的话说：“立志要创造一个能公正对待各个种族的美国……的作家……就是水仙花。”①这无异于说是水仙花立志要用文字创建一个全新的“文化和种族美国”了，在这个新的国家版图上，就民族构成而言，不仅应该包括广大华裔和华人，而且还要包括他们的心声。如果可以这样理解民族国家的种族构成，那么，我们完全可以断定，早在多元文化主义和种族多样性理论盛行半个多世纪之前，水仙花早已身体力行了。

第二节　书写华人族性与文本颠覆

通读水仙花的故事集《春香夫人和其他》，我们发现她确实如豪威尔斯呼吁的那样，“如实地”反映着她极度同情的北美华人的生活和高度认同的华人族性，还华人以公正，还美国文学界以公正。其功绩得到了学界的高度认可，正如保尔·斯皮卡德和洛丽·蒙格尔精辟地指出的那样：“一言以蔽之，水仙花/伊迪丝·伊顿，并不是因为她是一位女作家才显得重要，也不是因为她是一位华裔作家才显得重要。她的重要性在于她书写了多元族性（Multiethnicity）和经历……在书写族性和多重认同方面，她关注的主题仍然是生活在当代的我们所关心的主题。正因为如此，水仙花才是一位重要的作家。”②

水仙花书写华人族性，首先表现在故事中人物安排的颠覆性变化：占据她作品的主人公几乎全部是生活在北美各地唐人街上的华人，即使在有白人人物的作品中，华人都是叙事的主体，占据着故事的中心地位。在她的几十个儿童故事中，绝大多数人物也是华人儿童。这样的安排绝不是在作品中做一个简单的人物置换——将白人换成华人——那样简单，但就是这样，表面的人物安排也起到了“去白色中心化”的效果，③其历史和现实意义在于，华人在作品中成为主人公，挑战的是“美国只是白人的美

① Diana, Vanessa Holford. “Biracial/Bicultural Identity in the Writings of Sui Sin Far.” *MELUS* 26.2 (2001): 159-86, p.159.

② Spickard, Paul, and Laurie Mengel. *Mrs. Spring Fragrance and Other Writings*. Urbana and Chicago: University of Illinois Press, 1995, Back Cover.

③ Diana, Vanessa Holford. “Biracial/Bicultural Identity in the Writings of Sui Sin Far.” *MELUS* 26.2 (2001): 159-186, p.160.

国”的种族沙文主义意识形态和读者的阅读心理模式。如此安排不仅仅是让昔日被他者化的边缘民族走上了前台，而且还赋予饱受欺凌的华人以极其丰富的人性，超越了北美种族主义文化划定的种族界限和偏见，挑战了流行的意识形态和各种丑化华人形象的表意书写，颠覆了华人皆“黄祸”的文化帝国主义操作，将普通的华人以“人”的形象第一次隆重地推到了美国文学界的前台。如此良苦用心的“文本颠覆”，用亚裔美国历史学家 Ronald Takaki 的话说:“他们有权利被当作主体处理——当做有思想、有意志、有声音的男男女女来处理”,[①]“因为长期以来，在这个国家(美国)，亚裔的故事是不能讲的，有时候连谈论都不允许”。[②] 即使要发出声音，也只能像汤亭亭在《中国佬》中的八公那样，在甘蔗园的空地上，趁没有白人监工在场的时候，挖一个洞，对着洞口说出自己的心里话，这大概是因为他也知道地球的对面就住着他的亲人，更是因为在文化位移状态下，他只能是和千千万万在北美谋生的华人一样，是个出卖苦力的失语者。也正是水仙花才使得失语的北美华人在其生活的社会发出了属于自己的声音!

Ronald Takaki 的说法正好佐证了 1912 年 7 月 7 日《纽约时报》编辑对水仙花创作的艺术问题、特点和优势的总结:“伊顿小姐（水仙花）尽管还没有显示出无与伦比的写作技巧和自信，但她无疑给美国的小说界带来了一股清新之气。这绝对是需要不凡的勇气的。她对她表现的主题谙熟于心。毫无疑问，她丰富的知识弥补了技巧的缺憾。她向白人读者极力表现的主题就是在美国西海岸地区美国化的华人的生活、情感和喜怒哀乐。与此相关联的另一个主题就是华人与白人的婚姻生活以及他们的孩子的生活。”[③] 编辑为什么称赞她“给美国的小说界带来了一股清新之气”之后，笔锋一转，立即赞扬她是有不凡的勇气的呢?在万马齐喑的种族仇恨的癫狂中，替华人发声需要巨大的勇气，如实塑造华人形象，记录和表现华人的生活经历、情感经历、思想矛盾、离愁别恨，等等，都是破冰之举，只有兼备勇气和技巧，才有可能完成。

---

① Takaki, Ronald. *Strangers from a Different Shore: A History of Asian Americans.* Boston: Little, Brown and Company, 1998, p. 120.

② Ibid.

③ “A New Note in American Fiction.” [editor's note] *New York Times*, July 7, 1912.

水仙花的勇气是值得赞扬的，因为她完全可以选择一条写作的坦途。对她而言，只要听从编辑的建议，写另一类关于华人的故事，她获得成功几乎是垂手可得："他们告诉我，如果我希望在美国的文坛有所作为，我就应该穿着中国服饰，手中拿着一柄扇子，脚穿一双猩红色、装饰着各种小珠子的拖鞋，就该住在纽约，也应该显得出身高贵，而不是与我周围普通的华裔美国人频繁交往。他们认为，我只要与我的中国祖先在精神上保持一致就足也。"① 换句话说，只要水仙花将自己的华人身份包装成美国主流读者期待的"卖点"，满足他们的猎奇心，迎合他们对华人的偏见，以知情者的身份炮制"黄祸"文学，她就可能成为畅销作家。但是，水仙花显然拒绝了编辑的建议，她义无反顾地选择如实书写华人的生活，其决绝的态度和强健的精神力量，更是世所罕见。

正如当代美国族裔文学批评家伊丽莎白·阿蒙斯（Elizabeth Ammons）总结的那样，族裔作家如果不被主流意识形态归化，不随波逐流，直面人生的困惑，试图让失意的边缘族群发出声音，那么，他们将面临巨大的职业风险，这是因为"美国在性取向、种族、性别、文化、秩序和失序、顺从和控制等等方面而言，有着一套根本性的、君临一切的白人男性的建构和规约，如果允许不认同坚持异性婚姻的白人男性作家的价值观的其他族裔作家，以自己的方式讲述自己的故事，那无疑是巨大的威胁"。② 阿蒙斯所说的风险和威胁，指的是白人女性和其他族裔的作家，如果要突破流行的社会意识形态规定的写作方式和艺术手法，不仅是一件艰难的事情，而且可能是出力不讨好的事，因为当时美国的文化帝国主义已经成了支配主流社会一切文化活动的意识形态，文学作品作用于人们的情感和审美感受，其内在化了的意识形态，必然要求作家在题材和表现手法上做出自己无意识的选择。也就是说，表现什么、如何表现等无不受到意识形态的影响。这是因为，按照丹尼·卡瓦拉罗（Dani Cavallaro）的理解，"表征是维护意识形态的一个重要手段；世界观要通过文化形成，并通过文化使自身合法化，进而约束它的接受者。当现实主义控制了表征这一人工制

① Sui Sin Far. *Mrs. Spring Fragrance and Other Writings*. Ed. Annette Whit-Parks, and Amy Ling. Urbana and Chicago: University of Illinois Press, 1995, p. 132.

② Ammons, Elizabeth. "Men of Color, Women, and Uppity Art at the Turn of the Century." *American Realism and the Canon*. Ed. Tom Quirk and Gary Scharnhorst. Newark: University of Delaware Press, 1994, p. 31.

品之后，世界观的主要目的，就是以稳定意识形态的名义宣称自己对世界客观而清晰的描绘”。[①] 这里的“表征”在原文中是“representation”，就艺术手法而言，可能翻译成“表现”更易懂。

如果说豪威尔斯呼吁作家们创作写实主义作品，目的是要全面反映美国各个民族的生活状况、精神风貌、情感张力，进而促使读者更深入地了解美国种族多样性的全貌和特点，发现少数族裔作为人的社会价值，最后达到人们能更公正地待人待己；再如果说，他倡导的是一种小说创作在美学追求和美学判断方面的突破，那么，水仙花选择被主流文化他者化的华人作为故事和塑造人物形象的主体，她作为作家，首先要做的就是审美态度的转变，以期改变人们的“期待视野”和阅读习惯。其次就是确定华人为新的审美对象，进而着力塑造华人的真实形象，最终达到书写华人的文化品格和精神追求的目的。

审美态度是一个古老的话题和美学概念。柏拉图在他的《理想国》中就涉及过这个问题，并认为审美态度包含两个方面：艺术的（美学的）和道德的。他说：“无论如何也将允许它的那些代言人们，后者并非诗的爱好者，用散文而不是诗韵的形式，为它进行申辩，说明它不但是令人快乐有趣的，并且对于政体和人们的生活是有益有用的……因为我们将是受益者，如果它显得不但是快乐有趣的，并且更还是有益的。”[②] 柏拉图在这里强调的就是文学的社会功能，具体而言，就是文学必须肩负起道德感化的使命。贺拉斯、西德尼等诗论家都认同柏拉图的这个观点。启蒙运动提倡理性，在审美态度这个美学范畴方面也打上了其唯理性的烙印，同时也产生了许多理论，如康德的“审美无关利益”（aesthetic disinterestedness）、叔本华的“审美静观”说等。他们均认为审美态度是理性的产物，不仅要超越现实、超越对象、超越个人的欲望及任何实用目的，而且要超越抽象的概念思维，超越道德诉求和作家的情感倾向。

这样的认识必然认为审美态度几乎是与主体有相当距离的一种超然心理的反映。一句话，带有浓厚理性主义色彩的审美态度就是要超然于任何实用的功利目的，而是对审美对象进行客观观照的一种愉悦态度、一种静

---

① ［英］丹尼·卡瓦拉罗：《文化理论关键词》，张卫东等译，江苏人民出版社 2006 年版，第 41 页。

② ［古希腊］柏拉图：《理想国》，顾寿观译，岳麓书社 2010 年版，第 478 页。

观方式。理性主义美学坚持审美态度的唯理性，认为只有那样，才能创作出超越个人意识和时代局限的经典作品。这种说法现在看来是很难成立的。“审美无关利益”，这和认为美是和谐规整的、对称统一的一样不符合事实。尽管我也承认和谐对称有其美的一面，但绝对化一定有大谬不然之嫌。比如说，人们一般都认为大自然是美的，花是美的，但大自然和花既没有一定之规，也没有强求一致，根本就没有理性主义美学那里的“理性”成分，有的只是其“自然而然”的状态呈现出来的“美”，其“美”恰恰在于它们的丰富性、差异性和多样性。绝对的统一对称只能是单调乏味：没有多少人会认为统一单调的校服是美的。同理，我们无法想象一个作家能对其笔下的所有人物保持相同的超然心理和态度。父母对待己出，都不能保持绝对公平，何况是笔下的人物！经验告诉我们，任何作家对其笔下的人物都有喜好，也就是说，都采取了某种道德判断，且不论其道德标准是什么。水仙花正是在对华人高度的道德责任感的驱使下确立了她的审美态度，并确定了她的写作立场。具体的表现就是她对自己笔下的所有华人人物都倾注了极大的同情。

按照柏拉图的说法，审美态度一定是道德的。现象主义美学家莫里茨·盖格尔（M. Geiger）在一定程度上继承和发展了柏拉图的审美态度道德说。盖格尔在区分审美态度和非审美态度时写道：“只有当一个体验者根本没有意识到他的体验与真正的审美体验的区别的时候，我们才有理由宣布这里存在着某种审美经验的业余艺术爱好。”[①] 这就是说，“审美体验”是艺术性的，是由艺术家对其审美对象的审美态度决定的。但是，什么是“真正的审美体验呢”？那就是审美态度的专注性，即主体一旦对审美对象采取审美态度，便会把全部注意力集中于审美对象，并采取某种道德立场。结合水仙花的创作，我们认为她采取了完全不同于流行的以白人为主的写作立场和审美态度，而且她的审美态度中还隐藏着她灵魂深处的民族正义感和她对中国文化和中华民族的深厚情怀。她对她的审美对象极其同情的审美态度，不仅不是“无关利益”的，恰恰相反，那是事关民族生死攸关的头等大事，维系着她全部的情感力量和道德力量。她写道：“我只要有机会就偷偷地跑到图书馆，阅读所有关于中国和中国人的书。通过阅读，我知道中国是地球上最古老的文明国家。当然，我也知道

---

① ［德］莫里茨·盖格尔：《艺术的意味》，艾彦译，华夏出版社 1999 年版，第 235 页。

了其他一些事情。在我 18 岁时，我最大的烦恼不是我为什么会生成这种样子，而是不知道怎样才能消除人们的无知，使他们意识到我比他们优秀得多。”[①] 这就是水仙花审美道德的坚实基础。

另外，审美态度一定也与正义感和写作立场有关。正如斯图亚特·霍尔在《文化认同和离散》（Cultural Identity and Diaspora）一文中指出的那样，文学表现的关键就在于叙事者采取何种立场，“叙述的手法暗示了我们说话和写作的立场，也就是我们表达观点的立场。不论我们在说什么，我们都是在一定的语境下表达的，也就是说我们**阐释的立场是预设的**”（着重号为原文所有）。[②] 霍尔同时指出：“我们即使是以‘自己的名义’，讲述自己的经历，叙述者和被谈及的主体绝不会是同一个人，二者也绝不会处于绝对相同的立场。”[③]

其实，水仙花写下上面那句话时，她同时也变成了一个文化主体，从主体的立场对“他者”——美国文化进行认识。当代文化研究和后殖民主义研究告诉我们，“他者化”就是从“自主”的文化价值系统和立场出发，用霍尔的话说，就是从“预设的立场”出发，对另一种文化进行了解、认识、矫正和反驳，以期揭露以种族主义为本质的美国文化的虚伪性，同时使得以唐人街为主的华人文化不再处于从属附庸的卑贱地位。

单纯的审美态度的变化还不足以说明水仙花的族性写作的颠覆性。她还要选择合适的审美对象。问题是，怎样的客体才能算是审美对象呢？我们还是将这个问题置于美国当时的文学现实中加以思考。就一个多世纪之前的北美写实主义文学而言，豪威尔斯呼吁作家写出不同的作品，其中重要的就是如实地描写人们的心理、情感、动机、欲望和矛盾冲突的瞬间。表面上看，这种说法似乎没有任何问题，但是，他呼吁人们确定新的审美对象了吗？也许是的，也许根本没有。对于传统美学而言，审美对象作为客体有其本体论的存在性，即对象是不以人们意志为转移而独立存在的事物，或者说是独立于人们意识之外的客观存在。这便令人十分难解，而且也不符合经验事实。独立于人们意识之外的客体无穷无尽，小到蜉蝣大到

---

① Sui Sin Far. *Mrs. Spring Fragrance and Other Writings*. Ed. Annette Whit-Parks, and Amy Ling. Urbana and Chicago: University of Illinois Press, 195, p. 128.

② Hall, Stuart. “Cultural Identity and Diaspora.” *Colonial Discourse and Post-Colonial Theory*. Ed. Patrick Williams and Laura Chrisman. New York: Longman, 1998, p. 392.

③ Ibid.

宇宙天体，数以亿计，就我们的知识和理性而言，它们可能是存在的，尤其是那些我们的感官能感受到的事物更是如此，但对于作家和我们有意识的个体而言，其存在是不具有任何美学意义的，或者说是不具有任何审美意义的。

比如说，世界上的名川大山不计其数，但在它们不被我们意识到之前，对我们是没有存在的意义的——如果真有意义，对大多数人来说，只有一种指称意义，或者说仅仅是一个名称而已。巍巍秦岭作为我国的重要地理标志，对大多数人而言，就是一个名称而已。假如每个人都描写自己心中的一棵树，那一定是深入到我们意识之中、情感之中、心中的那棵树，具有特殊性和唯一性，负载着自己的情感和经历，具有成为审美对象的全部特点，是我们审美态度的关注点，而不同的人们是不可能描写出相同的树的，因为一个人心中的树，对于他人而言是不可能被意识到的，因而也是不存在的。我倒是认可胡塞尔的说法："一个自在存在的对象永远不会是一个与意识和意识自我无关的对象。"① 这无异于说，审美对象一定是一个现象学意义上的对象，即被意识到的对象。换句话说，审美对象存在的根源就是作家的意向性，而不是任何或者任意存在的自然客体。作为时刻意识到且深入到灵魂深处的审美对象，作家不可能对其采取超然的态度，否则他对审美对象的专注性将很难存在。退一步讲，即使存在，那也是不可能维持的。

水仙花在审美态度和审美对象上的有效突破，既是她写作策略的必然选择，也是她写作立场的反映，还是她写作目的的必然结果，在美国族裔文学发展史上都具有极其重要的作用。从纯美学的角度判断，她挑战的是美国当时的文学传统和其强大的书写系统，至少我们可以肯定地说，她丰富了美国 19 世纪末 20 世纪初的文学传统。从某种意义上讲，水仙花确定以华人和欧亚混血人为故事的主要人物，即，一反美国以白人为审美对象的文学传统，运用卓越的策略，凭着她那勇往直前的坚强意志和一身浩然正气，将边缘种族的个体——尤其是双语、双文化和双血统个体——作为她创作的审美对象，在这点上，她走在了历史的前面，为美国族裔文学的未来发展开了风气之先，用戴安娜的话说，水仙花通过她的那些关于华人

① ［德］胡塞尔：《纯粹现象学通论》，见倪梁康选编《胡塞尔选集》（上），上海三联书店 1997 年版，第 421 页。

的故事“重新定义了美国思想史上关于‘种族’的范畴”。[①]

重新定义“种族的范畴”一定是建立在水仙花对“华人”的重新认识的基础之上的。那么，她是如何重新定义的呢？目的何在呢？她的认识又是什么呢？在她的《美国华人》（The Chinese in America）一文中，水仙花首先引用了一个她没有注明作者的一段话：“他们（中国人）等级森严，麻木不仁，囿于陈规陋俗，连眼泪都是应景而为的，需要的时候就可以源源不断地流下”，接着她谴责“此后的游客们拾人牙慧，重复着他的话，分享着他的不满，而小说家笔下充斥着相同的论调，在他们的作品中，中国人就是个木头桩子”。[②] 这样的偏见与水仙花关于中国人的认识完全相悖。她长期生活在华人圈子中，对华人有着深刻的了解和理解，旗帜鲜明地说出了她的认识：“不言而喻，他们——这些中国人——和其他任何地方的人一样，有自己独特的习俗、言行准则和性格特点，但是，从一个宽泛的角度讲，他们和地球上的所有人是一样的。他们和白人一样在冲动之下思考、行动。他们爱那些爱他们的人，恨那些恨他们的人。他们或善良或热情，或残酷或自私，这些都是人之常情，皆因情形而定。”[③] 不难看出，水仙花对自己的审美对象和华人群体表现出了极大的同情。虽然学界有人对她略带感伤的同情有不同的解读，但是，同情人物不仅是写作立场的基础，而且是，用叶芝的话说“没有完美无瑕的同情就没有完美的想象”，[④] 因为“想象性的同情才能丰富我们的想象”。[⑤] 应该说，叶芝的论点符合水仙花建立在对华人同情之上的想象特点。

如果说19世纪的美国在政治、经济和文化方面取得了巨大的成功，它在文化方面的成功主要表现为其文化帝国主义的一统天下，以及它的文化帝国主义意识形态的无所不在。具体而言，就是成功地确立了白人优越和白人文化的正统性。美国甚至通过其强大的书写系统和传播机构，经营出了一个关于“美国人”的文化共识，即，美国是白人的美国，而其他

① Diana, Vanessa Holford. “Biracial/Bicultural Identity in the Writings of Sui Sin Far.” *MELUS* 26.2 (2001): 159 – 186, p. 160.

② Sui Sin Far. *Mrs. Spring Fragrance and Other Writings*. Ed. Annette Whit-Parks, and Amy Ling. Urbana and Chicago: University of Illinois Press, 1995, p. 234.

③ Ibid.

④ Yeats, William. *Ideas of Good and Evil*. Classic Books. Michigan UP, 1903, p. 203.

⑤ Ibid., p. 215.

民族只有靠美国的大度或者施舍才有可能成为美国民族的一部分。在这样的文化氛围中，其他民族和文化统统被贬斥为低劣的野蛮文化，这其中就包括中国人和有着悠久历史的中国文化。比如说，“美国科学促进会”主席、人类学家丹尼尔·布里顿（Daniel Briton）在《人类学的目标》一文中写道：“黑人、黄种人和红种人与白人相比，在解剖学上有巨大的差异……即便他们的中枢神经功能与我们的差不多，但以相同的努力，他们绝无可能取得与我们相同的成就。”① 赤裸裸的种族偏见打着科学的旗号，既是对科学精神的亵渎，也是美国自近代以来奉行西方长期的“知识暴力”认知模式的结果。科学成了美国种族等级制的帮凶，说明白人的优越意识狂妄到了歇斯底里的程度。

其结果是，“（美国的）文学帝国主义凭借区分‘我们’和‘他们’的冲突而高歌猛进，将白人置于小说和道德的中心，却将华裔美国人贬低为没有人性的‘他者’”。② 韩裔美国学者 Elaine Kim 也认为在主流美国东方主义和文化帝国主义的操控下，在美国的华人代表着“不可同化的外国人”和“没有人性的亚洲人”。③ 楼育萍在《论华裔美国文学鼻祖水仙花的叙事策略》一文中，在大量阅读和研究的基础上，认为“在当时黄祸文学里，华人是邪恶的化身。华人男性不是烟鬼、流氓就是恶棍赌徒，他们肮脏丑陋，阴险狡诈，道德败坏。华人女性不是妓女、歌女就是仆人，她们因循守旧，打扮怪异，恪守古怪的礼节，可笑神秘。华人面无表情、感觉迟钝或毫无感受力等等常常出现在主流文学对华人的描述中”。④ 可见，水仙花欲要突破种族主义的重重包围，除了在审美态度、审美立场和审美对象方面引领美国族裔写作的大潮，她还要在主题、人物形象和反抗策略方面做彻底而有效的尝试。

1896，原名 Edith Maude Eaton 的她以“水仙花”为笔名，发表了第

① Briton, Daniel. “The Aims of Anthropology.” *Popular Science Monthly* 48 (1895): 59 - 72, p. 68.

② White-Parks, Annette. “A Reversal of American Concepts of ‘Otherness’ in the Fiction of Sui Sin Far.” *MELUS*. 20. 1 (1995): 22.

③ Kim, Elaine H. *Asian American Literature: An Introduction to the Writings and Their Social Context*. Philadelphia: Temple UP, 1984, pp. 8 - 9.

④ 楼育萍：《论华裔美国文学鼻祖水仙花的叙事策略》，《华文文学》2013 年第 1 期，第 35 页。

一篇关于中国的小故事《赌徒们》。1912 年，水仙花出版了她一生唯一的一部故事集《春香夫人》。这部故事集包括两大部分：成人故事和童话故事，而其中的绝大多数故事都集中反映北美华人的真实生活这一主题，其中包括《春香夫人》（Mrs. Spring Fragrance）、《劣等女人》（The Inferior Woman）、《新大陆的智慧》（The Wisdom of the New）、《与华人结婚的白种女人的故事》（The Story of One White Woman Who Married a Chinese）、《她的华人丈夫》（Her Chinese Husband）、《同化宝珠》（The Americanizing of Pau Tsu）、《潘特和潘恩》（Pat and Pan）、《混血中国儿童》（Half Chinese Children）、《唐人街的男孩女孩》（Chinatown Boys and Girls）等几十篇主要的华人故事。通过这些故事，水仙花塑造了第一批北美华人的真实形象，在华裔美国文学史上占有极其重要的地位，用美国华裔学者 Wenxin Li 的话说："水仙花也是第一位以公正和同情的立场描写华人生活的亚裔美国作家，这在 20 世纪之交北美反华歇斯底里的浊浪中无异于英雄壮举（an act of supreme courage）。"[①] 以同情华人的立场描写饱受欺凌的华人的生活何以成为"英雄壮举呢"？

如果我们按照詹姆逊所提倡的那样，在解读文学现象和文本时，"永远历史化"，以便我们充分理解水仙花"英雄壮举"的深刻含义，那么，我们需要将水仙花同情华人的立场置于当时的政治、文化和民族关系史中考察。美国从 1882 年起实施严酷的"排华法案"，并连篇累牍地修订各种后续版本，直至"二战"期间行将结束，以法律的名义大肆挤压、丑化华人和中国文化。在这超过半个世纪的种族主义歇斯底里的狂热中，华人首当其冲，成了替罪羊。美国在此期间爆发的多次经济危机都成了向早已被边缘化的华人发泄怨恨的借口，在很多地区如前文所说，绑架、隔离、屠杀华人的事情时有发生，对广大生活在北美的华人造成巨大的心灵创伤。与此同时，黄祸文学与欧美的种族歧视法律和政策遥相呼应，以知识暴力的形式妖魔化全球华人。这就是水仙花每天面对的文化/种族现实和恐怖氛围。作为大半生生活在唐人街上并认同华人和中国文化的水仙花，奋起反击是理所当然的事情。她有理由也有能力纠正华人皆黄祸的白人偏见。

通读水仙花的作品，我们发现她笔下的主要人物都是女性和儿童。选

---

① Li Wenxin. "Sui Sin Far and the Chinese American Canon: Toward a Post-Gender-Wars Discourse." *MELUS* 29. 3/4 (2004): 122.

择书写生活在美国的中国女性，更是水仙花直接挑战美国社会对华人女性偏见之举。她以栩栩如生、充满爱心、睿智的华人女性为主人公，对于华人社区的生存和发展有着非凡的意义。为何这样说呢？因为伴随着华人在淘金热期间赴美浪潮的另一种逆流，就是不法分子贩卖华人女性赴美充当性奴。根据 Dorothy Gray 的研究，华人赴美早期，许多女童也被威逼利诱到美国，为唐人街的华人劳工和其他人提供性服务，“Lai Chow 与其他 20 几个 12 岁的女童被诱骗到船上，装进箱子，上面写着‘盘子’的字样”。[①] 另外，根据 Ronald Takaki 的研究：“大多数在 1875 年到达美国的华人妇女被迫成为了妓女。1870 年，在加州共有 3536 名华人妇女，其中，2157 名在人口普查表上职业栏中填的是‘妓女’，占到女性总数的 61%。”[②] 尽管到“1880 年，仅有 24% 的加州华人妇女在人口普查表上填的是妓女”,[③] 但“传统上，人们还是普遍认为华人移民妇女就是妓女的代名词”。[④]

这是当时的统计数据。长期生活在唐人街华人群体之间的水仙花，不可能不知道众多华人妇女的悲惨命运，她当然还知道唐人街上居住着更多的男性。按照 William F. Wu 的研究：“在 1860 年，华人在美国的性别比例是 1858 名男性比 1 名女性；到 1890 年时，男性和女性之比是 2678 比 9。”[⑤] 以上数据既说明，当时的唐人街主要生活着年轻的华人男性，也说明华人家庭所占比例极低。正是基于种族主义导致的悲惨结果，美国社会始终认为华人都是逗留者心态，不愿意组成家庭，也不愿意完全归化于美国社会和文化，是不可归化的外来者。

水仙花首先要挑战的就是主流社会的文化心理。她不仅以自己住在唐人街的实际行动，表达了对华人社区的支持，同时，浓墨重彩，描绘出了一批栩栩如生的华人女性，在她们身上倾注了自己的情感和对中国文化的

① Gary, Dorothy. *Women of the West*. Millbrae. California.: Les Femmes, 1976, p. 69.

② Takaki, Ronald. *Strangers from a Different Shore: A History of Asian Americans*. Boston: Little, Brown and Compang, 1998, p. 41.

③ Ibid., p. 123.

④ White-Parks, Annette. *Sui Sin Far/Edith Maud Eaton: A Literary Biography*. Urbana: University of Illinois Press, 1995, p. 109.

⑤ Wu, Williams. *The Yellow Peril: Chinese Americans in American Fiction, 1850 – 1940*. Conn: Anchor Books, 1982, p. 72.

深厚情怀。正如怀特－帕克斯所说："在水仙花的作品中，女性是唐人街华人社区的有生力量，尽管在社区人数不多，但积极参与社区事务并起着主导作用。"[①] 水仙花的故事集中，几乎所有故事都反映着普通华人的家庭生活，而几乎每个家庭都有华人孩子、混血儿童，甚至抱养的白人孩子。这无非是要以故事的方式告诉主流社会唐人街的另一面现实，即，华人妇女是尽职尽责的妻子和母亲，而唐人街是华人以家庭为单位的华人聚居地。

水仙花着力描写华人女性的生活，其首要的目的是向主流社会的读者表明：唐人街并不是一个由单身汉组成的怪异的贫民窟，也不是吸食鸦片和淫乱的社会毒瘤，而是一个正常的社区，有着美好的家庭生活。强调家庭生活的重要性也符合水仙花一贯坚持的"世界一家人"的大同理念。围绕女性设计故事情节，将男性置于次要地位，这其实并不难理解，因为水仙花积极写作的时代，也是第一波女性主义运动在这美国兴起的时代，大致的时段为从1880年到1920年。期间，女性主义者们纷纷主张女性应该在法律和政治建制中拥有独立的政治地位，进而改变私人空间和公共空间对女性造成双重剥削的社会氛围。具体而言，就是妇女要与封建宗法观念、男尊女卑观念抗争，在政治上追求普选权。20世纪初女性主义运动的议题比早期扩大了，除了主张妇女获得选举权外，还包括女性作为妻子和母亲的权利、争取离婚和继承财产的权利。

如果说，种族歧视是水仙花必须挑战的社会意识形态，也是她作为华人的义务，更是她身上的民族英雄主义情结所致，而女性主义浪潮的兴起，为她找到了一个文学切入社会意识形态的起点，即，以华人女性为叙事主体，颠覆、挑战并超越困惑广大华人的各种社会和种族问题。这尽管困难重重，但身处排华浪潮和女权主义兴起双重社会和历史背景下的水仙花，毅然决然地拿起笔，对抗西方"知识暴力"的认知模式，记录华人的真实经历，通过创作，以极其同情的笔调，以丰富的文学想象力，建构了一个华人的群体"自我"，解构了当时北美社会的双重霸权话语：种族主义和性别歧视。

这里主要分析《与华人结婚的白种女人的故事》和其姊妹篇《她的

① White-Parks, Annette. *Sui Sin Far/Edith Maud Eaton: A Literary Biography*. Urbana: University of Illinois Press, 1995, pp. 118－119.

华人丈夫》。挑选这两个故事，还是因为它们涉及一个极其敏感的社会问题：黄白两个种族的婚姻和混血儿的问题，以期能够呈现水仙花的解构策略。《与华人结婚的白种女人的故事》分为两部分，第一部分是关于叙事者白人女子米妮与她的白人丈夫詹姆斯·卡尔森从相识到结婚再到离婚的辛酸史，第二部分叙述了米妮和她的华人丈夫刘康喜从相遇到婚姻的故事。

显然，故事将白人男性和华人男性并置，通过同一个白人女性进行比较和评判的情节，大概只有水仙花这位混血作家才能设想出来。她首先挑战的是美国禁止异族通婚法律的荒谬和非人性，以故事的形式对美国的英语读者进行关于人性的启蒙教育，因为她通过巧妙的情节设计，将黄白两个男性做了全方位的对比，第一次为华人男性立言立德立行，直接挑战“黄祸文学”丑化华人形象的知识暴力认知模式和北美的书写系统和阅读习惯，于华裔北美文学和如今风靡全球的族裔文学而言，都是功不可没的。

故事的情节如下：米妮的白人丈夫詹姆斯比她大15岁，受过中学教育，在当时算是受到了很好教育的“知识分子”了。他热衷于妇女解放运动和社会改革议题，但并不爱米妮。19岁的米妮对他这个“34岁的单身汉”而言，只不过是个“新鲜的尤物”。[①] 詹姆斯对米妮的新鲜感维持了几个月后，米妮发现二人之间的差异“像海湾一样宽”。导致差异的是詹姆斯的冷漠和讥讽，而米妮处处忍让，极力尽到贤妻良母的责任。然而，事与愿违，不久，詹姆斯对米妮的“笑话不再有反应”，对她有意营造家庭气氛的打情骂俏不仅“漠然”，甚至会感到“不悦”。二人最大的差异还体现于对待女性的社会角色方面。詹姆斯鼓吹女性要走出去，成为女强人，与男性并肩前行，而米妮却认为时机不成熟，因此，在她看来，女性与男子比肩“是一个丑陋且不协调的景观”。[②]

其次，米妮发现许多在公司工作的女性“与普通女性相比……显得更加冷漠、褊狭、自私”。[③] 即便如此，米妮为了讨好丈夫，做完家务后还是大量阅读关于“劳工政策、社会主义、女性选举权和棒球方面的报

---

① Sui Sin Far. *Mrs. Spring Fragrance and Other Writings*. Ed. Annette Whit-Parks, and Amy Ling. Urbana and Chicago: University of Illinois Press, 1995, p. 67.

② Ibid.

③ Ibid.

道，因为那些都是他的兴趣所在”，然而，令她始料不及的是，她越是在这些方面表现出浓厚的兴致，詹姆斯越是对她“冷嘲热讽”，而且“神情中还流露出明显的轻蔑与不屑”，甚至嘲笑她“只有老老实实照管孩子的本分和本事，根本没有想入非非的本钱”。[①] 不久，米妮觉得不论她如何努力，她都无法融入詹姆斯的生活之中。詹姆斯对她要么不理睬，要么就是冷嘲热讽。尽管詹姆斯算不上个虐待狂，但他的冷暴力和粗暴言语让米妮觉得在与詹姆斯的婚姻关系中，“当女人和妻子是一种耻辱”。[②]

米妮在家里无所适从，于是在孩子不足两个月大时，决定出去找工作。她重新找到了当速记员的工作。詹姆斯与此同时开始写关于妇女运动和社会改革的书。他每周三个晚上与女同事摩根在家里商讨书稿。有天晚上，米妮外出看望生病的朋友，回到家门口时听到詹姆斯对摩根说：“我感到孤独，我和妻子之间没有感情……我现在无心工作……只想和你谈谈，我需要得到你的同情、你的爱情。”[③] 遭到摩根痛斥后，詹姆斯还不死心，挡住摩根的去路，被摩根推倒在地。恰巧在这时，米妮出现了。半年之后，他们离婚了，法院判定女儿归米妮抚养。

如果故事到此为止，我们大概会认为这个故事触及了美国女性主义浪潮初期的社会问题，或者认为揭露了詹姆斯作为丈夫表现出对妻子的傲慢，或者认为又是一个老套的男人出轨的滥情故事，而一定不会认为它有什么特殊之处。但是，故事并没有结束，对于北美华裔文学而言，这只是一个简单的铺垫，预示着塑造华人男性形象审美努力的开始，具有开风气之先的意义。也就是说，米妮离异后被迫成为一个单身母亲，失去了工作，难以维持生计，客观上让她不得不寻找新的依靠，要么就以死宣告命运对她和孩子的不公。另外，白人社会对离异女性的偏见，也为诞生一位敢于担当的华人男子的文学形象创造了社会条件。随着情节的推动和发展，华人男性刘康喜和离异的米妮不期而遇，并开始了黄白两个种族走向婚姻的第一步。

如果说文学的力量在于塑造文学形象和一个民族的整体形象，那么，

---

① Sui Sin Far. *Mrs. Spring Fragrance and Other Writings.* Ed. Annette Whit-Parks, and Amy Ling. Urbana and Chicago: University of Illinois Press, 1995, p. 68.

② Ibid., p. 70.

③ Ibid., p. 71.

米妮的第二任丈夫刘康喜的形象完全符合这一要求。米妮离婚后，作为一个单身母亲，她承受了巨大的压力，一是“离婚本身就是一桩丑闻，朋友不时对我翻白眼”的社会压力，二是生活压力。她们“母子度日如年，而且贫病交加”。[①] 各种压力使她万念俱灰，最后决定一死了之。她抱着孩子走向河边，就在她要踩进水里时，她后来的丈夫刘康喜提醒她“再向前走一步，夫人，你们就会掉进河里”，[②] 但米妮不仅不听劝告，反而以更加坚定的步伐向前迈步。这时，刘康喜一把抓住了她。如同在赵健秀和黄忠雄的作品中华人砸下横贯美国东西部太平洋铁路线上最后一颗道钉的历史意义一样——那最后一锤砸下了华人在美国土地上的历史痕迹，承载着华人的辛酸和对美国社会发展所作的历史贡献，也预示着华人在北美牢固悠久的根基，同理，文学中，刘康喜这一抓，宣示了华人男性正面形象的诞生。他不仅挽救了一个决心轻生的母亲和孩子的生命，甚至可以说用一个简单的举动宣示了华人族性的存在和伟大，同时宣示了黄白两个种族通婚——哪怕是在小说中——的可能性，因为华人身上体现着更丰满、更善良、更高尚的基本人性。

假如拉一把就能挽救两个人的生命，那是任何人都能做到的。我们当然也可以说：刘康喜的举动在当时还很难说有什么特殊的历史意义，但是，他接下来的言行则是水仙花的精心设计。黄白两个种族欲要走向婚姻，一定要缓慢了解，克服文化偏见，真心喜欢并敢于面对社会压力，才有可能走向婚姻。果然如此，刘康喜没有冒昧地询问米妮何以要寻死，也没有任何的“活着总比死了好”的空洞说教，而是征得米妮的同意后，抱着孩子，默默地离开河边，走向他的朋友的家。米妮在生死关头，精神大概处于崩溃的边缘，糊里糊涂，似乎完全顺从了，她跟着刘康喜一路走去，快到朋友的家时，刘康喜才问道：“你会介意与中国人住在一起吗?”米妮的回答更是出人意表：“我宁可与中国人住在一起，也不愿意和美国人住在一起。”[③] 她嘴里的美国人当然指的是白人了。刘康喜将米妮带到他在朋友家租住的地方，交由朋友的妻子悉心照料。

---

① Sui Sin Far. *Mrs. Spring Fragrance and Other Writings.* Ed. Annette Whit-Parks, and Amy Ling. Urbana and Chicago: University of Illinois Press, 1995, p. 72.

② Ibid., p. 71.

③ Ibid., p. 72.

刘康喜开了一家杂货店，代卖各种织品。米妮住了一段时间后，觉得不能再这样住下去，要出去寻找工作，但由于身体虚弱，不仅没有找到工作，奔波一天，还差点病倒。恰巧，米妮工于针织，于是，双方商定，她每天做针织，刘康喜收购，米妮用针织品卖来的钱支付她与女儿的房租和生活费。这样，她和女儿在刘康喜的朋友家住了一年多。期间，米妮认识了刘康喜的所有朋友，而且认识到“美德并不是只有白人独占……我也摒弃了对外国人的偏见，而那些偏见是我从小就受到的教育的一部分”。①

有一天，米妮在街上与前夫詹姆斯不期而遇，詹姆斯厚着脸皮询问米妮的近况，遭到米妮严词拒绝，但他并不死心，挖空心思打听到刘康喜的地址后，给米妮写信要求复婚。遭到断然拒绝后，詹姆斯后来还写信威胁要夺走孩子。连续收到前夫的信件，说明泄露了住址，米妮担心女儿的安全，便决定从唐人街搬出，但仍然为刘康喜做针织，以维持母女的生计所需。詹姆斯四处打听，尾随盯梢，终于在一天晚上截住了米妮的去路，二人发生了激烈的争执。期间，詹姆斯不仅暴露了他傲慢无礼虐待狂的一面，而且还有其种族歧视狰狞丑陋的一面。他索要孩子和复婚的无理要求被米妮断然拒绝后，疯狂地吼叫道：“哈！没想到你竟然会堕落到这种地步……竟然为一个满身油腻低矮的中国佬着迷。”② 米妮义正辞严地反驳道：“是！但我是光明正大的，因为他是条真汉子。你这个卑鄙小人竟然敢嘲笑他。你6英尺的身躯包藏的尽是污秽，你渺小的灵魂不及他的万一……他喜欢我，尊重我，尊重我是一个女人……我终于知道了我爱他。对你，我只有一个字：滚！”③

这次激烈交锋之后不久，米妮从报纸上得知，前夫詹姆斯锻炼时中风身亡。她和刘康喜的生活日益正常，并育有一子。水仙花通过米妮之口，对刘康喜做了如下评价：“让爱我的丈夫幸福是我唯一关心的事情。对于那些在我痛苦不堪之时，对我弃之如敝屣的人们，他们的风言风语，只是耳旁风。”④ 这是对反对异族通婚社会偏见的回应，也是对禁止与华人通婚的法律的挑战。她接着说：“我的丈夫当然不是完人：他脾气火暴，有

---

① Sui Sin Far. *Mrs. Spring Fragrance and Other Writings*. Ed. Annette Whit-Parks, and Amy Ling. Urbana and Chicago: University of Illinois Press, 1995, p. 74.

② Ibid., p. 76.

③ Ibid., p. 77.

④ Ibid.

时候还有点霸道，但是他是一个真正的男人，他从来没有想过要剥夺我作为女人的特权。我可以依靠他，信任他。他始终都在我的背后支持我，保护我，关心我，而这些，对我这个普通的女人而言，则意味着一切。"①

在《与华人结婚的白种女人的故事》的续篇《她的华人丈夫》中，叙事者还是米妮，讲述的是对于刘康喜的回忆，并穿插着对她的两任丈夫的比较。米妮回忆刘康喜的那些段落，情真意切，充满了爱恋和对逝者的无限追思，"他的音容笑貌就在眼前，挥之不去，想起他，我的心就微微发颤"。② 在这篇故事的结尾，水仙花交代了刘康喜的死因："他被抬到家的时候已经是晚上，头上被打了一枪，因为总是有些中国人，正如有一些美国人一样，反对进步，既仇视启蒙之举，也拒绝被启蒙。"③ 言下之意，是唐人街上的华人同胞杀害了刘康喜，而原因是他们结婚生子的开放进步之举，不能被某些因循守旧的人接受。

最有趣的是对刘康喜和詹姆斯的比较。在米妮的感受中，刘康喜为人"简单、真诚，婚前婚后始终如一，而与詹姆斯的婚姻则意味着悲哀、痛苦，因为他为人褊狭。相反，与刘康喜的婚姻，总的来说，是幸福、健康和共同成长的经历。不幸的是，在流行的美国看法中，詹姆斯是受过教育、心胸宽阔的人，而刘康喜，不过是一个最普通的华人而已"。④ 水仙花选择让白人女子米妮作为故事中的当事人和叙事者，无疑增加了叙事的可信度。通过她的亲身经历，将詹姆斯作为白人中产阶级的典型，将刘康喜作为华人的典型，对二者在性格、人品、修养、男子汉气质、家庭责任、婚姻观等方面，以事实为依据进行比较，撕开了白人优越论的伪善面目，同时也还华人以公正。

由于两个故事涉及种族冲突和融合的大问题，难怪萝莉·吉鲁赛克（Lori Jirousek）在《族性景观》（Spectacle Ethnography）一文中认为："作为英华混血作家，水仙花以及她笔下的许多女主人公是研究种族凝视的绝妙材料，至少有两类人会有兴趣：担心与华人的异族婚姻的人和认为

① Sui Sin Far. *Mrs. Spring Fragrance and Other Writings*. Ed. Annette Whit-Parks, and Amy Ling. Urbana and Chicago: University of Illinois Press, 1995, p. 77.

② Ibid., p. 78.

③ Ibid., p. 83.

④ Ibid., p. 79.

异族通婚是走向民族融合之路的人。"[①] 故事《她的华人丈夫》的结尾说明，异族通婚仍然是华人社区的大忌。个中原因可能是如此通婚会破坏种族的完整性和纯洁性。刘康喜被华人同胞杀害的情节，也反映出水仙花对唐人街华人文化隐晦的嘲讽和批判。

尽管爱情和婚姻是这两个故事的主题，尽管故事中的两个男主人一个病故，一个被杀，但是，放在当时的历史和社会语境下，我们并不能简单地认为这是一个纯粹的爱情悲剧故事。仔细阅读，可以发现，这个故事和水仙花的其他许多故事一样，渗透着对当时社会盛行的种族主义和性别主义这双重话语霸权的反抗。正如林英敏所指出的那样，水仙花的作品"抗议的不仅仅是美国人对中国的傲慢，也是丈夫对妻子的傲慢"。[②] 导致米妮第一段婚姻破裂的不正是詹姆斯的傲慢和讥讽吗？米妮对中国丈夫情深意长，但也承受着不尽的社会压力，最后，刘康喜死于华人同胞的枪下，导致一个黄白两族婚姻的消亡，留下的只能是一个无助且无辜的混血儿童，这令米妮十分担忧他的未来："每当我和刘康喜的孩子躺在我的胸脯上时，我都会不假思索地问自己我这样做是否明智……当他站在我们之间时，不完全像我们任何一人。他该如何站立在父亲的同胞和母亲的同胞之间呢？如果二者缺少仁慈，又缺乏理解，那等待我儿子的会是怎样的命运呢？"[③]

米妮的担忧不也是水仙花的担忧吗？表面上看，刘康喜之死似乎预示着水仙花"世界一家人"理念的破灭，但一个混血儿的存在也许给读者留下了希望，说明两个种族还是能够融合的，而融合的最佳途径就是通过婚姻组成的家庭。换句话说，世界果真成为一个大家庭，人们对其他民族抱有包容、理解和接纳的态度，能够走出狭隘的民族主义误区，和平共处，所谓的要维持种族的纯洁性企图就没有了市场。具体到以上故事，刘康喜也许就不会被杀。我们因此可以说，在这两个故事中，水仙花要完成的，就是对白人种族优越论和父权制的双重霸权话语的反抗。在完成对种族主义的反抗时，水仙花通过从打破对华人的偏见开始，塑造了一个充满

① Jirousek, Lori. "Spectacle Ethnography." *MELUS* 27.1 (2002): 25-52, p. 29.

② Ling, Amy. "Edith Eaton: Pioneer Chinamerican Writer and Feminist." *American Literary Realism* 16 (Autumn 1983): 287-298, p. 293.

③ Sui Sin Far. *Mrs. Spring Fragrance and Other Writings*. Ed. Annette Whit-Parks, and Amy Ling. Urbana and Chicago: University of Illinois Press, 1995, p. 77.

爱心、可以信任的华人形象。其次通过米妮的叙述和对比，进一步挑战人们对于白人优于黄种人的观念；在完成对性别主义的反抗时，水仙花通过颠覆人们对于优等女人（白人米妮）和劣等男人（华人刘康喜）的观念，以及通过对男女社会性别的重新界定，揭示了性别主义的脆弱本质。水仙花对于这双重话语霸权的反抗抓住了这两个主义的共同核心，即“种族主义和性别歧视植根于一个相同的错误，那就是相信两者中必有一者天生优于另一者”。①

第三节　解构、颠覆与超越

种族和性别对立，如同其他种种二元对立关系一样，是西方基本的思维方式和认知方式，都是立足于西方传统的逻各斯中心主义。作为西方两大文化源头的古希腊和犹太基督教文化都渗透着逻各斯中心主义。顾名思义，逻各斯中心主义就是一种以逻各斯为中心的结构。最初的逻各斯被理解为神的理性、权能、形象、光，以及内在于自然的理性法则和神创世的中介，具有永恒性、独立性、统一性和独一无二性。欧洲古代和中世纪语境下的逻各斯，一般指世界可理解的规律性。具体而言，内在的逻各斯就是理性和本质，外在的逻各斯是传达这种理性和本质的语言。但在德里达看来，逻各斯中心主义并不是表面看来那么客观简单，而是在对立项中有着明显的价值取向，比如说男/女、太阳/月亮、白天/黑夜等等，因为它作为“柏拉图主义哲学，也就是‘形而上学’……把起作用的诸概念的二元对立、诸价值的二元对象分割看成为其更基本的特征……相反概念作为相互排斥的对立被固定下来”。② 到了现代语境中，随着启蒙运动以来自然科学的兴起，逻各斯中心主义又被狭隘地等同为物理上的理性主义，而等级森严的二元对立模式作为西方逻各斯主义传统思维的集中表现，同时，僵化的二元对立思维模式还成为话语霸权和等级划分的借口：特别是在女权主义和后殖民主义批判理论中，男性/女性、白种人/有色人、美国文学/族裔文学，这种种的二元对立中前一项都于逻辑、价值方面占据了

① Ling, Amy. “Writers with a Cause: Sui Sin Far and Han Suyin.” *Women's Studies International Forum* 9 (1986): 411 - 419, p. 415

② ［日］高桥哲哉:《德里达：解构》，王欣译，河北教育出版社 2001 年版，第 167 页。

强制性位置，处于中心地位，统治并支配着后一项。

解构主义之父德里达对当代整个人文学科的贡献就是通过一系列严密的论证，瓦解了西方哲学史上自柏拉图以来的“逻各斯中心主义”传统。他主张通过解构二元对立，以去中心的方法将人们从逻各斯中心主义的思维和社会建制中解放出来。文学作为社会建制系统的一部分，其空间是自由的，原则上它容纳一切论述，为不同观念的交融提供场所。因此文学或者语言的空间也是一种思想武器，但长久以来，这种自由被话语霸权所强占，无论是在种族、性别或等级观念上，占据话语权的一方总是试图束缚世人于单一的论述当中，并借以建立及维持其优势地位。因此，导致了原本具有不同思想相互融合作用的语言成了分割的工具，迫使每一个进入语言系统的社会人不知不觉地异化了自己。

自19世纪末期至今，起源于英国、后来在美国发展壮大的“黄祸文学”，就是建立在西方逻各斯主义基础上的文学怪胎。在过去的一百年间，每年都出版以傅满洲为首的“黄祸文学”作品，始终如一地经营着中国人的堕落、阴险而残忍的野蛮人形象。同时，文学领域向来多被男性占据，女性作家鲜有话语权。这种以西方为主导和以男性为主导的书写分割了这个世界，使东西方以及男女处在不同的分类之中，而这一优劣对比一旦被视为既定事实，等级观念和话语霸权就得到了巩固。想要动摇这种建制，最有效方式便是呈现更多不同的叙事方式，讲述不同的故事，打破这种单一的话语霸权。鉴于此，真实地描写华人及他们的生活，将他们还原成普通人甚至在某些品质上优于白人的形象，通过文学来反抗西方权力话语成了美国华裔文学鼻祖水仙花写作的出发点，并由此向世人宣扬她的“世界一家人”理念。

同时，除揭示二元对立项的内涵本质外，德里达的解构理论从本质上讲也是否定结构本身的，解构理论从命名上就体现了对结构的破坏和消解。二元对立的认知模式建立了一种单一权的结构，进入这个结构的所有人都受制于这一结构本身，因而也就被不自觉地异化。因此，直接破坏结构也成了水仙花反抗话语霸权的一个策略。概而言之，水仙花的故事，不仅是如实地呈现了华人在文化位移、法律排挤、社会歧视状态下的真实生活，而且也对种族主义和性别主义中的二元对立项进行了有效解构，进而破坏了这双重话语霸权的结构。其策略大致可以归纳为以下几种：解构、颠倒和超越。

就情节安排而言，《与华人结婚的白种女人的故事》和《她的华人丈夫》的写作策略之一就是解构种族主义和性别主义的二元对立结构。水仙花明白，要建立起能使东西方以及男女两性和谐相处的“一家人世界”，是绝不能建立在以传统二元对立的等级制基础之上的，否则，这个她所期望的“人类……变得耳聪目明”的新世界将成为一个泡影：[①] 因为这将使两个对立项再次处于对立状态，维持的仍然是一个新的等级秩序，在逻辑和价值方面占优势的一项又将强制地统治起另一项。如果水仙花的写作仅仅只是以其人之道还治其人之身，即对东西方种族或男性女性地位的重新排序，那么“一家人世界”将同样不可避免地落入等级制度中去，并不能从理念和根本上动摇等级制：白人与有色人种、父与子、夫与妻、兄与弟、姐与妹等等关系将不可能完全平等。因此，消除二元对立，不仅仅只是颠倒对立双方的优劣排位，更在于瓦解使对立成立的条件，这也是水仙花写作中的重要策略和目的。在以上两个故事中，就种族而言，白人无疑处于强势，但在性别主义那里，白人女性米妮和华人丈夫刘康喜的关系中，两个同处于受压迫地位的夫妻只能是一种相互扶持的关系，而维系二人关系的只能是家庭和二人之间的感情。于是，西方思维和社会架构中赖以生存的二元对立逻各斯主义，突然失效了，因为原来的条件不存在了。这也可以说是水仙花的成功之处。就具体解构种族主义中的东西方对立和性别主义中的男女对立的策略而言，水仙花在其作品中主要表现为两个：颠倒对立项的等级秩序，模糊对立项之间的界限。

就颠倒对立项的等级秩序而言，我们可以简单分析《春香夫人》中几个故事里的对立元素：譬如在《与华人结婚的白种女子的故事》以及其续篇《她的华人丈夫》中最为显著的二元对立便是女主人公米妮的两任丈夫：美国人詹姆斯和中国人刘康喜。在当时的社会和文化语境中，詹姆斯相比于华人刘康喜，拥有绝对的优势。他受过较好的教育，积极参与社会和政治改革事务，是自己人生的主导者，同时居于家庭的中心地位。相比较，刘康喜不过是一个普通的华人单身汉，生活在种族光谱和社会的最底层，属于绝对的且遭受打压的弱势群体的一员。但在水仙花的笔下，两者的结构顺序却被颠倒了过来：詹姆斯作为一个知识分子，靠刚生完孩

---

① Sui Sin Far. *Mrs. Spring Fragrance and Other Writings.* Ed. Annette Whit-Parks, and Amy Ling. Urbana and Chicago: University of Illinois Press, 1995, p. 223.

子的妻子米妮挣钱养家，自己却躲在屋子里借着研究之名向女同事求爱，甚至打算施暴，被塑造成了一个欺压妻子、抛弃孩子的无赖形象。而刘康喜的形象却恰恰相反，他不仅自食其力，坚信勤劳致富，还主动照顾起亲戚一家老小的生活，当遇到企图自杀的米妮后，毫不犹豫地将她接到家中悉心照料。为了让米妮和孩子活得有些许尊严，还帮她安排工作。他婚后不但对米妮照顾有加，而且对米妮与詹姆斯的女儿也视如己出。从一个单个的社会人的角度看，刘康喜成了对社会和家庭有担当的有用之人，与詹姆斯相比，他自尊，自立，热心，踏实，诚恳，几乎算得上是人中龙凤了，理应受到人们的敬重。但在水仙花笔下，居于中心地位的白人詹姆斯，无疑是一个应该遭到唾弃的对象。

塑造两个男性不同的形象，说明水仙花在故事中实际呈现的是两个种族间的“文化差别”，因为人，归根结底，是文化的，其意义不可低估。用霍米·巴巴的话说，水仙花塑造的刘康喜，就是“以人民或者民族的名义发挥作用，使他们成为一系列社会和文学叙事的即时主体”。[①] 水仙花将一个边缘民族的下层劳动者，通过巧妙的情节安排，变成了一个叙事主体，打破的是北美的种族二元结构，消解的是种族二元对立结构背后的深刻含义。

在水仙花的故事中，另一个颠倒二元对立秩序结构的故事是《劣等女人》(The Inferior Woman)。在水仙花的短篇中，这是相对较长的一个，情节设计也比较复杂，牵涉到的人物较多。主要的人物有华人春香夫妇、玛丽·卡门和儿子威尔·卡门、伊芙布鲁克母女以及所谓的劣等女人爱丽丝。以性别划分，男性有春香先生和威尔·卡门，女性有春香夫人、玛丽·卡门、伊芙布鲁克夫人、爱赛尔·伊芙布鲁克和爱丽丝。如题目所示，这个短篇小说中的对立元素主要是优等女人和劣等女人的社会学意义，但也包含性别对立元素和种族对立元素。

从事律师职业的青年才俊威尔·卡门，有学识、有教养、有社会地位，却偏偏喜欢所谓的劣等少女爱丽丝，而他的母亲坚决反对他们的恋情，坚持认为威尔应该和优等少女爱赛尔建立恋爱关系。在玛丽·卡门的眼里，两个少女的教育背景和门第首先将她们分为了优等和劣等。爱赛尔小姐饱读诗书，是个公认的大家闺秀和才女，为了做一次“性别反差”

① Bhabha, Homi. *Location of Culture*. New York: Routledge, 1997, p. 140.

的演讲，“读了100本书，听过50次类似讲座”，[①] 说明她不仅喜好读书，而且胸怀大志，愿意为当时的女权运动贡献自己的才智，而劣等女人爱丽丝没有受过什么正规教育，“14岁时走进一家律师事务所，做起了一个男孩的打杂工作……7年后得益于与有身份的男人的友谊……变成了华盛顿最有权势的人的私人秘书”。[②] 两者在卡门夫人眼中有着天壤之别。如果故事只是围绕儿女情长展开，母亲希望儿子找到各方面都与儿子的身份和地位相匹配的恋爱对象，那似乎也因为落入俗套而缺少大的意义。但是，我们仔细分析卡门夫人眼中的“劣等女人”何以为“劣等”时，就会发现，她的标准只有两条：教育程度和财富的多寡。

故事情节的要点是如何让卡门夫人改变她的观念。如何让卡门夫人看破那些虚荣的外在价值，而接受爱丽丝身上的优点呢？扮演这个角色的是在种族学和社会学意义上更加低劣的女人——华人春香夫人。春香夫人首先解构的是卡门夫人耿耿于怀的教育和教养问题。春香夫人的丈夫没有受过任何正规教育，但在美国生意兴隆，受人尊敬，他“出资在广州修建学校，还计划投资修建从广州到他的家乡的铁路工程”。[③] 她在家里与先生讨论过大学问的问题后，觉得她的先生“比所有的先贤圣哲都睿智”。[④] 也正是有了这样的现成例子，也意识到卡门夫人对爱丽丝有偏见，主要是因为爱丽丝是个文盲。当卡门夫人找春香夫人聊天时，春香夫人趁机说服卡门夫人抛弃了门第观念，接受爱丽丝为儿子的恋爱对象：“卡门夫人，既然您能欣赏我的先生身上的优秀品质，也就是你们美国人信奉的‘自我造就’的价值观，您何以不能欣赏‘自我造就’的劣等女人身上的优秀品质呢？”[⑤]

卡门夫人终于明白，以前在她眼中的劣等女人爱丽丝是个不折不扣的优等女人：她自尊自爱，勤奋努力，自学成才，是个造就了自己的女人，符合美国社会的价值观。优等/劣等的二元颠倒无疑反映着水仙花的现代女性主义意识，也反映着她的人生价值观。对我们而言，更重要的是这个

---

① Sui Sin Far. *Mrs. Spring Fragrance and Other Writings*. Ed. Annette Whit-Parks, and Amy Ling. Urbana and Chicago: University of Illinosis Press, 1995, p. 36.

② Ibid., p. 35.

③ Ibid., p. 34.

④ Ibid.

⑤ Ibid., p. 39.

故事中倒置种族二元要素的写作策略。就人种政治学而言，华人春香夫人没有受过教育，没有工作，处于文化位移后的社会最底层。换句话说，她只能是被管教和剥削的对象。然而，在这个故事中，春香夫人却被塑造成了有着大智慧的华人女性。她为人善良，乐善好施，宽容大度，还有一颗乐观向上的进取心，不仅没有被种族歧视话语压垮，反而成了社区内一位受人尊敬的完美女性。尽管她自己没有受过正规教育，但在作品中却向自己的丈夫和卡门夫人表示，要写一本关于美国人的书："美国女作家可以写关于中国人的书，为什么一个中国女人不能写一本关于美国人的书呢？"①

不仅如此，她还被塑造成了一个真正的智慧超群的华人女性：她竟然担当起了上流社会贵妇人卡门的顾问和导师了——卡门先生生前是美国驻中国海关官员，而且还如愿以偿，成功说服了卡门夫人摈弃偏见，屈尊到爱丽丝家，"恳求你与我一同回家。威尔那个毛躁小子，打猎时受了点伤，不能前来。他说他爱你，如果你也爱他，我会为你们举办这个季节里最美的一个婚礼"。② 要知道，要说服卡门夫人摒弃偏见，其实并不是一件容易的事情，因为受过良好教育的威尔也没有能够凭借他当律师的口才说服自己的母亲。其次，在西方的偏见中，只有白人说教的权利，哪有少数族裔启蒙白人的可能性呢？水仙花在这个短篇中所做的就是打破二元对立的话语霸权，正如乔约森·卡勒所说，欲要打破传统哲学中二元对立的等级秩序，其策略就是要"在特定的时刻……颠倒等级秩序"。③ 水仙花成功挑战了传统思维中二元对立的定型观念，颠倒传统二元对立要素，使处于弱势的一方从边缘走向了中心，占据了情节的中心位置，从而解构了种族和性别二元对立，开创了族裔文学解构策略的先河，其意义对于美国族裔文学的发展是不可估量的。

水仙花写作的另一个策略就是模糊对立项界限的内涵和外延。就模糊对立项之间的界限而言，我们依然可以从《劣等女人》里爱丽丝"造就自己"的行为来加以说明。事实上，爱丽丝作为一个"造就了她自己的

① Sui Sin Far. *Mrs. Spring Fragrance and Other Writings*. Ed. Annette Whit-Parks, and Amy Ling. Urbana and Chicago: University of Illinois Press, 1995, p. 39.

② Ibid., p. 41.

③ 胡经之：《西方二十世纪文论选》，中国社会科学出版社 1989 年版，第 487 页。

女人”，[①] 是水仙花对于传统的女性身份认同的抨击：一个生而为女人的人，何须造就自己成为女人？显然，爱丽丝在生物属性上一开始就被标识为女性，但她仍需“造就她自己”，仍需再一次地选择自己的社会性别和生活方式，即在像传统女性一样生活还是像独立的男性一样生活中做出选择。文中，爱丽丝从事的就是传统的男性从事的行业，并且整天和男性同事在一起工作，这也是玛丽夫人蔑视爱丽丝的原因。从其生活方式上和企图达到的社会地位上来说，爱丽丝选择的是男性的生活方式，但她在最后认同的却是自己作为一个“女人”的性别角色。换言之，对于爱丽丝来说，男性与女性的生活方式并无二致，女人可以通过选择女性的生活方式成为女性，也可以选择男性的生活方式成为自己心目中的女性。反之，男性也可以通过选择不同的生活方式，选择自己的社会性别角色。社会性别在爱丽丝身上，或者说是在水仙花的笔下，不再泾渭分明，而是互为表里，从而，男人和女人也不再是相互对立的概念，而是可以相互转化的社会符号而已。

另外，在故事《一个男儿身的中国女孩》（A Chinese Boy-Girl）里，我们也能看到水仙花运用模糊对立项之间界限的方法来揭示社会性别身份的建构过程。故事的主人公叫苦运，他的父亲在失去了多个儿子后，认为那些孩子都是鬼怪勾走的，决定把仅剩下的小儿子苦运当作女孩子来抚养，并以女孩的名义送到学校读书，以此来躲避鬼怪的纠缠。殊不知，打扮成女孩的苦运举手投足都是男孩子的做派，“她”淘气十足，恶作剧不断。如果学校教育的一个目的是培养学生的纪律意识，那么，苦运接二连三的恶作剧让“她”的白人教师梅森到了忍无可忍的地步。梅森觉得“她”必须对苦运采取措施，于是她向“预防虐待儿童协会”主任反映了苦运的情况，该协会请求加州最高法院调查此事。最后，最高法院下令将苦运寄宿在旧金山一户家庭中，接受所谓的正常家庭教育。但是，苦运在要被带走的前一天失踪了。几个星期之后，梅森晚上到唐人街家访返回时，无意间撞见了和两个男孩子疯玩的苦运。询问一番后，苦运的父亲道出了实情。

在这个故事里，水仙花除了描写白人社会妄图以自己的评判标准来改

---

① Sui Sin Far. *Mrs. Spring Fragrance and Other Writings*. Ed. Annette Whit-Parks, and Amy Ling. Urbana and Chicago: University of Illinois Press, 1995, p. 39.

造华人，并直接进入华人家庭进行干预的粗暴行为外，还揭示了苦运获得性别认同的方式，即我是个“男孩”是通过采用破坏对立项“好女孩”的形象来获得的。正如故事里那个白人女教师所观察到的那样：“自从苦运跨进校门以来，她就对校规产生了一种异于常人的兴趣，甚至有时反复地训读，但她对于这些规则的学习只是为了找出方法来打破它们，而她的破坏没有一次失败过。”[①] 此外“她”上课时总是尖叫着“我来说，我来说”抢答老师的提问，下课后喜欢和男孩子一起疯玩，还时常偷花送给老师，每周不落地逃课，并且声明“她”并不是孤立的，因为她与男孩子为伴。“她”的种种举动活脱脱是一个个性不羁的小男孩的形象，然而这个在老师眼中“最不会觉得害臊的”小女孩，在课堂上却出现了与其他女孩子大相径庭的表现，“她”大叫着：“我害臊，我害臊！”[②] 这里我们可以看出在苦运眼里，破坏好女孩的形象，排除种种属于女孩的特质，反其道而行之，就是建立自己真正的形象的必要途径。相对应地，小说里苦运两次在声明自己的性别时重复使用的一句话便是：“我从来就不是一个好女孩。”[③] 他摒弃直接说出“我是男孩”的事实，却选择“我从来就不是一个好女孩”的另类说辞，实际上反映了他对性别社会性和文化性的认识。苦运对自身性别认同的过程是颠覆性的。如果说，女孩形象是其男性形象的他者，而作为男孩的苦运才是其身份的主体，那么，作为被苦运排斥的女孩形象恰恰成了诞生其男性形象的母体，因此他作为男孩的主体形象沦落为从其作为女孩的他者形象这一母体上剥离下来的一部分。这样一来，作为苦运性别建构过程中所体现的他者和主体的界限就变得模糊不清，谁处于中心地位也无从定论——通过这一策略，水仙花消除了“男女”这一对立项中处于中心的优势项，从而消解了两者间的等级差别，进而动摇了二者支配和从属的结构关系。

由此看出，水仙花颠覆种族和性别话语霸权的写作策略就是以巧妙的情节安排，并以全新的审美态度安排华人为故事的主人公，消除黄白两个种族和男女性别话语的二元对立，着力书写华人及其背后的文化品格，起

① Sui Sin Far. *Mrs. Spring Fragrance and Other Writings*. Ed. Annette Whit-Parks, and Amy Ling. Urbana and Chicago: University of Illinois Press, 1995, pp. 156 – 157.

② Ibid., p. 157.

③ Ibid., p. 160.

到了重新划分疆界的作用。首先，在《与华人结婚的白种女人的故事》以及其续篇《她的华人丈夫》中，水仙花对代表东西方男性形象的白人詹姆斯和华人刘康喜这两个对立项之间的优劣评判抨击了种族主义，并对此等级制度进行了颠覆，从而完成了对其的解构。在《劣等女人》中，水仙花通过对劣等和优等女人的重新排序，打破了自维多利亚时代以来所建构的完美女性的形象——所谓的“家庭天使”形象，颠覆了封建宗法制下男性对女性形象的建构话语。爱丽丝作为一个新时代的女性，从私人空间进入到公共空间，从劣等上升到优等的过程，也是战胜男权君临一切的过程。春香夫人和卡门夫人的交流更是打破了种族等级偏见的神来之笔，不仅突出了春香夫人的智慧和人性美德，为普通华人女性树立了一个崭新的形象，而且还将春香夫人塑造成了一个充满朝气、乐观自信的知识女性形象：她准备拿起笔书写她观察到的和理解中的美国人，因为“啊！这些美国人！这些神秘兮兮、深不可测、不可理喻的美国人！如果我有学问的话，我一定将他们写进我那名垂史册的书中！”①

殊不知，“神秘兮兮、深不可测、不可理喻”，这三个词就是美国主流文化经过半个世纪的东方主义操作，强加在华人身上的侮辱性文化标签，水仙花如数还给了白人至上的美国文化界，起到了以子之矛，攻子之盾的效果。水仙花在《劣等女人》和《一个男儿身的中国女孩》两个故事中，解构了男性与女性这个二元项的对立，指出性别身份的可选择性和性别身份建构的主客体的不确定性，通过卡门夫人和梅森小姐的转变，动摇了传统意义上的性别壁垒，揭示了传统性别话语的脆弱性和蒙骗性。

水仙花在她的作品中解构种族主义和性别主义的另一个有效策略就是：直接破坏话语结构。如果说水仙花在以上几个故事的解构策略是通过从内部并置和颠覆，即从解构形成单一结构的基石（二元对立）这一比较温和的方式来反抗话语霸权，那么，在小说《新大陆的智慧》（The Wisdom of the New）里，水仙花则采取了一种非常激进暴烈的方式来反抗和破坏北美的种族和性别话语霸权。换句话说，她是以暴力毁灭的方式来抵御北美逻各斯主义结构的延续和扩张。

《新大陆的智慧》的题目会引起无数的歧义。题目中虽然只有两个重

① Sui Sin Far. *Mrs. Spring Fragrance and Other Writings*. Ed. Annette Whit-Parks, and Amy Ling. Urbana and Chicago: University of Illinois Press, 1995, p. 33.

要的单词：wisdom（智慧）和 new（新），但确切的含义无法得知。首先看“智慧”一词，其在文章中的本身含义并不明确。小说中的华人宝林作为母亲，在儿子严报到上学的前夜毒死了他，觉得这是将儿子“从新大陆的智慧中拯救出来”的无奈之举。[①] 显然，“智慧”一词与美式教育体制和美国文化密切相关。可能在宝林的理解中，教育既与“智慧”等同，又与同化等同，而她是坚决抵制被同化的任何企图的。其次，作品中的男主人公吴三桂在美国生意兴隆，又处处受到迪恩太太的帮衬，既有很好的人缘，又有令人羡慕的英文能力，还有对美国社会和文化的完全接受与认同，似乎对妻子宝林在异域生活所感到的压力麻木不仁。更可悲的是，他经常接受迪恩太太的邀请参加各种活动，而且每次都有迪恩太太的侄女艾达陪伴，使得妻子宝林显得多余，是吴三桂“生活的附属，而不是一部分”。[②] 慢慢地，宝林心中妒火中烧，但却忍而不发。最后还是艾达意识到了宝林嫉妒的根源所在。她直接告诉吴三桂：“一听说你夫人嫉妒得难受，我就知道原因……那就是，你总是在想着其他女人。”[③] 不仅如此，她还指出宝林身上的种种优点和美德，尤其是宝林为家庭和孩子的奉献精神是美国女人永远都无法企及的，经过一番引导，吴三桂意识到了自己的错误，决心彻底收心，回归家庭。艾达的聪慧可见一斑，说标题中的“智慧”二字用在艾达身上也并无不妥。如果说在美国生活和工作均取得令人羡慕的成就，是智慧和机遇使然，那么，我们也可以说吴三桂是一个睿智之人。标题中的智慧，也可以暗指吴三桂的商业智慧。

尽管如此，我们还是无法确定“智慧”的真实所指。宝林和吴三桂结婚 7 年后，来到美国，儿子严已经 6 岁。在新大陆上，宝林见到的是一个自己无法辨认的丈夫吴三桂：他交往的是白人，谈吐也是美国式的，在外边讲的是英语，不仅把自己的辫子剪了，而且未经与妻子商量，私自带严出去剪掉了严的辫子。宝林似乎觉得这是吴三桂促使儿子不断美国化的荒唐举动，她于是在严报到上学的前夜毒死了他。她虽然杀害了无辜的儿子，悲剧却被吴三桂隐瞒，她没有受到家庭和社会的任何惩罚。故事的结

---

① Sui Sin Far. *Mrs. Spring Fragrance and Other Writings*. Ed. Annette Whit-Parks, and Amy Ling. Urbana and Chicago: University of Illinois Press, 1995, p. 60.

② Ibid., p. 57.

③ Ibid.

尾是吴三桂写给艾达的两句话："我的儿子不幸遇难。我的妻子身体不好，我们要马上回中国。"[①] 宝林失去了人性，似乎恶魔附体，杀子后，还能得到吴三桂的原谅。这难道不是发生在新大陆上的另类智慧吗？联系到题目中的另外一个重要单词"new"，我们有理由认为题目中的"智慧"一词，可能是指宝林的"智慧"，因为对于故事中的所有人物而言，宝林是最新的一位移民。当然，这所有的一切都是发生在美国土地上的，所以，小说的题目就被确定为《新大陆的智慧》。

尽管主人公吴三桂在美国奋斗 7 年，所追求的"目标和理想是不断提升个人能力",[②] 似乎暗示着小说乐观的主题指向，但它却是水仙花众多作品中基调极其沉重的一个。它反映了由种族主义和性别主义引起的种种矛盾，这些矛盾冲突激烈，乃至不可调和，最终酿成小男孩严被害致死的悲剧。男主人公吴三桂在青年时期就来到美国生活，而妻子宝林和儿子严则是在多年之后才被接到美国与他团圆。作为一个已经美国化的中国人，吴三桂与拒绝接受美国文化和改变的妻子宝林，在日常生活中产生了很多矛盾，尤其是在二儿子夭折之后，妻子深信美国这个国度是扼杀她儿子的真凶。为了阻止大儿子接受美国学校的教育，几近神经崩溃的宝林在他上学前夜毒死了他，以此"将他从新大陆的智慧中拯救了出来"。[③] 此后，宝林陷入疯癫，家破人亡的吴三桂最后沮丧地回到了中国。

水仙花作品中的华人人物形象虽然不同于"黄祸文学"中阴险狡诈的华人形象，但从表面上看，她对于华人的描写依旧残留着当时社会盛行的华人形象的痕迹。比如说，在《与华人结婚的白种女人的故事》以及其续篇《她的华人丈夫》中，男主人公刘康喜虽然是个急性子，但整体是个温和的人，连说话的声音都是柔和温情的，《新大陆的智慧》中的男主人公吴三桂，由于从小娇生惯养，"有着松软的肌肉、丰满白嫩的双手",[④] 有着明显女性化的特征。另外，水仙花作品中的很多华人女性，除了个性张扬、意志坚定、乐善好施、智慧超群的春香夫人以外，都十分单薄，有时候仅是一笔带过，基本处于缺席状态，如《一个男儿身的中

---

① Sui Sin Far. *Mrs. Spring Fragrance and Other Writings*. Ed. Annette Whit-Parks, and Amy Ling. Urbana and Chicago: University of Illinois Press, 1995, p. 61.

② Ibid., p. 43.

③ Ibid., p. 60.

④ Ibid., p. 43.

国女孩》中苦运的母亲和《飘忽》(Its Wavering Image) 中潘的母亲，故事开始时就已经死亡。再有的就是《同化宝珠》中排斥居住国文化和社会习俗的宝珠，而最极端的莫过于《新大陆的智慧》中宝林这样冥顽不化，几近野蛮而疯狂的华人女性。

各国学者们也并不是没有注意到水仙花在塑造华人形象方面的“问题”。很显然，那样的形象塑造也许有一些现实基础，甚至会觉得与北美种族歧视话语体制有着异曲同工之妙，因为那类形象可能无意识地迎合了白人优越论的种族政治学说辞，似乎不经意间成了固化种族主义和性别主义的共谋企图。但是，这样的理解，与水仙花的写作目的、审美情感和审美态度大相径庭。我们知道，水仙花毕其一生的努力，就是要颠覆流行的种族霸权话语和性别歧视话语。水仙花在给《西部人》杂志编辑的信中明确地阐述了她的写作目的：“能够使自己的作品被东部的批评家认可，也许是一种很高的荣耀，但是，我发表在《西部人》、《西部》和《后知》(*Post-Intellgencer*) 上的短篇，实现了我的人生目标：那就是，我并不是要向美国文学中添加几个中国人的姓名，而是要破除偏见，让美国人更人性一点，心胸更开阔一些，认识生活在美国的中国人谦逊、善良、有道德、从不装腔作势的美德。”① 那她为什么要塑造与其目的如此相悖的华人形象呢?

文学批评的目的并不是如后结构主义宣称的那样：揭示文本内在的种种矛盾和不可弥合的裂痕，因为那些是由语言的本质决定的。自结构主义以降的语言学研究，关注的根本问题就是词汇与意义的关系问题，到后结构主义时，基本的共识是能指与所指已经断裂，即词汇和意义之间的关系是不确定的，二者之间的关系呈现一种任意和武断的关系，于是，文本只是词汇之间的任意组合和游戏，批评家的任务就是发现文本内在的且不可弥补的裂痕，文学批评的严肃性随即被一种游戏心态所取代。其结果是，我们会发现，文本甲中有裂痕和不协调，文本乙中还有类似的问题，文本丙也是如此。我们不仅要问，发现断裂又怎么样呢? 如果发现断裂是文学批评的目的，那么，任何人都可以实现自己的批评目的，因为任何文本都有断裂。

① Qtd. in White-Parks, Annette. *Sui Sin Far/Edith Maud Eaton: A Literary Biography*, Urbana: University of Illinois Press, 1995, p. 154.

实际上，文学批评就方法论而言，就是解释文本中所呈现出的各种怪异现象。即使我们承认文本因为文字的本质所限，作者并不能完整准确地表达自己的意思和意愿，但那并不能成为断定文学脱离现实问题的借口。任何文本都有所要呈现的问题，换句话说，任何文本都会有某个或者某些表面看来互相矛盾的现象，批评就是从一个或者几个视角给出文本怪异现象合理的解释。水仙花的作品也有明显的矛盾现象，如果放到她写作目的的语境下考察，那么，她笔下的一些华人形象——尤其是一些女性形象，就是批评家们必须解释或者解读的一个奇怪现象。

第四节　超越策略："用弯曲的棍子打出直击的效果"

水仙花在处理人物形象方面暴露出的模棱两可态度，批评家们是不会疏忽的，但对这种现象的解读却是不同的。伊丽莎白·阿蒙斯指出，水仙花笔下的一些故事情节安排和人物塑造，不仅不是败笔，反而是其睿智地使用戏谑和反语的结果，因为"水仙花根本就没有在没有文学形式先例的窘况中挣扎，相反……她继承了女性作家在地区文学和素描式创作的文学传统，并娴熟地加以运用。她不是书写关于某个个体的长篇故事，而是对一个群体的集体素描"。[①] 换句话说，水仙花没有必要保持人物形象的前后一致，因为她塑造的是一个个栩栩如生的人物群像，如同生活中的个体在性情、性格、见识、是非观等方面的不一致一样。怀特－帕克斯也认为水仙花对于故事和人物的安排是出于"颠覆读者对于种族和性别认识的限制和偏见"。[②] 怀特－帕克斯针对水仙花的矛盾之处，在另一处写道："水仙花艺术立场的矛盾——她因此而受到了批评，隐晦地反映了她自己分裂的生活，和她生活的国家里殖民者和被殖民者的裂痕以及她使用反讽的睿智，部分原因是为了她的作品能够发表。"[③] 也就是说，水仙花是采

---

① Ammons, Elizabeth. *Conflicting Stories: American Women Writers at the Turn into the Twentieth Century*. New York: Oxford University Press, 1992, p. 116.

② Champion, Laurie. *American Women Writers, 1900 – 1945: A Bio-Bibliographical Critical Sourcebook*. London: Greenwood Press, 2000, p. 336.

③ White-Parks, Annette. *Sui Sin Far/Edith Maud Eaton: A Literary Biography*. Urbana: University, 1995, p. 187.

取了某种策略，才造成那些困惑。针对此类写作策略，赫斯顿（Zora Neal Hurston）用了一个极其生动的比喻，那就是“用弯曲的棍子打出直击的效果”。①

即便是一生刚正不阿的水仙花为了生存和发表作品的目的，采取了某种妥协的手法，我们仍然不认为水仙花是要通过塑造华人女性“恶”的形象，以换取甚至抬高她获得的作家身份。即便如此，考虑到当时的历史情境和个人能力的局限，与其说是水仙花对种族霸权话语做出了某种妥协，不如说是霸权话语渗透力过于强大。对她而言，与其虚构成功空洞的华人身份来树立新的华人形象——如前面章节中分析的黄玉雪的作品，不如真实地反映现实中华人遭受的偏见和他们悲壮绝望的反抗来得更让人警醒。正如我们在解读《新大陆的智慧》的悲惨结局时，不仅要质疑造成悲剧的直接原因，即宝林的冥顽不灵和迷信观念，更要去探究其深层次的原因，这就要求我们对水仙花的人物塑造艺术进行更深入的分析。一言以蔽之，我认为水仙花塑造的宝林，是一个对孩子爱之入骨却无能为力的母亲形象。她的固执和最后的谋杀其实都是对这双重霸权话语绝望的反抗，而她的疯癫则是最强烈的无声控诉。这种控诉比任何虚构的胜利都来得震撼人心，十分真实地向我们展现了文化位移下一个心灵受到摧残的母亲的形象，以及人吃人的社会真相。

宝林在《新大陆的智慧》里一直是一个谨言慎行的沉默角色。她第一次出场时就是吴三桂的妻子，没有任何相貌特征的描写，二人新婚三个星期后，吴三桂就去了美国，她“证明了自己是婆婆的好媳妇”。② 她7年后抵达旧金山，带着6岁的儿子与丈夫团圆。她在第一次出场时就显示出不通人情的个性特点——当艾达一行人来欢迎她到美国时，宝林不仅一言不发，还扭过头去不与他人做任何交流，而且在日后的生活中，她成了一个自私残忍的母亲，一个满腹醋意的妻子。总体而言，宝林并不是作者精心刻画的形象，而是比较模糊抽象，甚至只是一个符号。但这个符号意味着固执、嫉妒和疯癫。

---

① Hurston, Zora Neal. *Dust Tracks in the Road.* Ed. Robert E. Hemenway. Urbana: University of Illinois Press, 1984, p. xxxiv.

② Sui Sin Far. *Mrs. Spring Fragrance and Other Writings.* Ed. Annette Whit-Parks, and Amy Ling. Urbana and Chicago: University of Illinois Press, 1995, p. 44.

对于宝林而言，吴三桂对她的意义不仅仅是丈夫，还是她在这个完全陌生的国度中唯一的中国同胞，但作为丈夫的吴三桂却对她漠不关心，他们之间缺少有效交流。更为严重的是，二人对于美国文化和社会的认识如两条永恒的平行线，不可能交汇。吴三桂似乎没有意识到这点，但宝林却具有敏感易挫的性格，对吴三桂的失望和怨恨与日俱增。让宝林嫉恨的首先是吴三桂心系旁人，把白人少女艾达作为交流的对象。她曾直截了当地指出："她夺走了你的心，却没有给你生儿育女。给你生儿子的女人是我。"吴三桂非但没有意识到问题的严重性，反而辩解道："啊！她呀！你怎能这样说她呢？她纯洁的就像一枝水仙花！"[①] 宝林甚至觉得中国的一夫多妻制也要比她现在的处境好得多，因为"至少，我可以清楚地知道丈夫对妻子们一视同仁。妻子们承担相同的职责：生儿育女，而丈夫则是她们的共同主宰"，[②] 而夺走了丈夫的心却没有给他生儿育女的艾达，仅仅因为是白人，就令自己的丈夫神魂颠倒了，而为吴三桂生了两个儿子的她，却成为种族主义和男权主义双重压迫下的受害者。宝林的小儿子莫名其妙地死后，她又毒死了大儿子，最后自己也疯癫了。宝林杀子的行为是疯子行径，还是一种悲壮的反抗行为呢？水仙花欲向读者传达什么样的文化和种族意义呢？她又该怎样通过塑造这样一个残忍的母亲形象来维护华人的利益呢？

我们必须分析杀子和疯癫这两个事件的意义。为了将两者更好地联系起来，我们不妨在中间加上一个环节：弑父。让我们先从杀子说起。宝林杀子的隐喻意义就是以自毁的方式，抗拒进入北美的种族和性别二元结构：杀子。在这个文本中，我们至少可以看到三次杀子的场景。按照时间先后顺序，第一次的"杀子"事件是从文化意义讲的，它发生在吴三桂身上。故事中的吴三桂是作为一个中国儿子的形象出场的，但是他到美国后，得到了白人迪恩太太的多方照应，正如吴三桂向宝林宣称的那样，迪恩太太对他"如同母亲"。[③] 随着吴三桂生母的去世，迪恩太太扮演了吴三桂母亲的角色，他也成为一个白人的"儿子"，从文化和种族的角度看

---

① Sui Sin Far. *Mrs. Spring Fragrance and Other Writings*. Ed. Annette Whit-Parks, and Amy Ling. Urbana and Chicago: University of Illinois Press, 1995, p. 51.

② Ibid.

③ Ibid., p. 50.

待吴三桂的转型，可以说，他的中国儿子的形象随着生母的去世已荡然无存，也可以说，他是在迪恩太太和艾达的帮助下杀死自己后又成功地复活了。

另一次较隐蔽的杀子寓意便是宝林小儿子的死亡——宝林直呼凶手是这个新大陆的智慧。虽然水仙花没有直接交代孩子的死因，但通过宝林之口，她将矛头开始指向充斥着优等女人和新智慧的美国。儿子死后，吴三桂弯腰抱起儿子尸体的时候，一张图片从他的上衣口袋里掉到了地上，宝林捡起那张图片，发现竟然是艾达画的儿子的画像。宝林声嘶力竭地喊道："就是她咒死的！就是她咒死的！"[①] 最后一次杀子发生在故事结尾处：精神崩溃的宝林毒死了上学在即的大儿子严。

事实上，前两次的儿子形象的消亡象征着种族主义的胜利：吴三桂的"死亡"和"复活"，归根结底，是同化于美国文化，是他在文化位移及文化失位后，为了迎合新话语霸权和新结构而自愿进行的异化行为。他们第二个儿子的死亡，可以看作是一次异化的流产，是文章悲剧结尾的一个暗示，即无法进入这一新话语结构的下场就是死亡。这种杀子的行为，正如伊丽莎白·赖特（Elizabeth Wright）所强调的那样，每个人的存在都要受到语言和言语的阉割。任何人欲要进入一个规则体系，他就必须为此作出牺牲。如同赖特在评论拉康的理论时指出的那样，"对于拉康来说，最重要的是，语言对所有说话的存在物的约束和限制"[②] 是强制性的，并且"这个社会仍然会存在一种相当于'阉割'之类的法则，任何主体不经过阉割是无法进入语言的"。[③] 拉康所说的"语言"实际上指的是人的心理机制，我们不妨认为体制和机构（institution）也如同"语言"一样，因此，欲要进入体制就必须付出像"阉割"一样巨大而惨痛的代价。为了不进入被同化的体制，吴三桂小儿子以神秘的死亡付出了生命的代价，尽管宝林觉得是白人女人艾达用妖术杀死了儿子。

英国摇滚电影《迷墙》就曾利用影像形象地表达过类似过程及其所要付出的昂贵代价：年幼的学生们像被拉往屠宰场的牲口一样被塞在狭小

---

① Sui Sin Far. *Mrs. Spring Fragrance and Other Writings*. Ed. Annette Whit-Parks, and Amy Ling. Urbana and Chicago: University of Illinois Press, 1995, p. 52.

② ［英］伊丽莎白·赖特：《拉康与后女性主义》，王文华译，北京大学出版社 2005 年版，第 57 页。

③ 同上书，第 72 页。

的火车里，也像“二战”时被送往集中营的犹太人，从车窗里伸出手来乞求帮助，却最终消失在浓浓的黑暗中。即使高唱着“我们不需要教育，我们不需要思想钳制。归根到底，我们不过是墙上的另一块砖而已”，《迷墙》中的学生们仍然被迫戴上面具，像商品一样被放到传送带上传送着。最令人悚然的是学生们变成肉肠的一幕——他们踏着整齐的步伐，带着麻木的表情，在指挥官如同法西斯独裁者一般的怒吼中，依次跳进巨大的绞肉机，巨大的齿轮和锤子的阴影徐徐扫过荧幕，在齿轮转动的声音中我们看到了大量的肉肠从绞肉机的另一端徐徐涌出。影片以一种近乎残忍的方式揭示了体制对于独立个体及其独立思想的扼杀，使个体成为巩固体制之墙的“一块砖”。

日本作家村上春树在获耶路撒冷文学奖时发表的演讲，也同样提到了个人与体制之间的关系，他声明“在一堵坚硬的高墙和一只撞向它的蛋之间，我会永远站在蛋这一边……我们每个人，或多或少，都是一个蛋。我们每个人都是一个独特的、无法取代的灵魂，被包裹在一个脆弱的壳里。我是如此，你们每一个人也是如此。而我们每个人，多多少少都面对着一堵坚硬的高墙。这堵墙有个名字，它叫体制（the system）”。[①] 人们建立体制的本意是保护自身，也许还是为了体现某种公平并体现正义，但当它成熟到完美的时候，它就好像赋予了自身强大的生命力一样，不再受任何人所控，变成了一个恶魔，吞噬着人们的良心和正义。美国不久前宣判佛罗里达州射杀无辜黑人少年的警察无罪，不就是让正义和良知跪倒在法律体制之下吗？该案件也充分体现了体制无情、高效和系统性的一面。

体制强制性的钳制和异化作用迫使“所有说话的存在物”不得不臣服于它，附庸于它，个体只有如此，大概才能得到一些微小的话语权。因为，要抵制这种异化，人就被迫选择间歇性失语。这也解释了水仙花为何在《新大陆的智慧》中将宝林塑造成一个沉默不语的角色。她从一开始极力抵触从东方进入西方的新话语体制当中，因此她的沉默如同一个巨大的龟壳，划定了自己的疆界，成了她抵御自己被异化的保护层。所以，在《新大陆的智慧》里，我们从未发现宝林与包括艾达在内的所有美国白人有过任何交流，也看不到宝林试图同化于美国文化的迹象。这是因为

① ［日］村上春树：《与卵共存——村上春树耶路撒冷文学奖获奖辞》，李华芳译，《文苑（经典美文）》2009 年第 12 期，第 35 页。

“人的存在与话语的存在是不相容的，人之序与符号之序是不相容的，活着的、劳动着的和讲着话的人只存在于话语消失的地方”。[①] 联系到宝林在美国的生活和存在，她始终是游离于美国话语之外的，与代表美国理性主义的艾达们是不相容的，失语因而在她的身上成了一种必然。于是，我们看到的是一个守护着中国文化习俗而不愿做任何改变的固执偏激形象，蜷曲在她自己设立的疆界中，痛苦地煎熬着自己敏感的自我认知和文化认同。

第三次杀子行为，即小说结尾处宝林的杀子行为，与前两次杀子的性质并不相同。相反，它是宝林对于种族主义和性别主义所带来的“阉割”行为的一次弑父举动。在人物分析中已经指出吴三桂对于宝林的双重压迫。首先，吴三桂作为丈夫和父亲的身份对于宝林的情感压迫，即吴三桂不顾她的感受，始终与艾达维持一种暧昧不明却显得亲密的关系；其次是吴三桂不顾她的反对，执意要将儿子送进美国的学校；最后是吴三桂作为已经美国化的中国人身份对于中国文化的摒弃和美国文化的推崇。所以，从这点上来说，宝林的弑父举动，是对以吴三桂为代表的强势性别以及以美国白人为代表的强势种族的反抗。因此，当饱受情感折磨和丧子之痛的宝林眼见大儿子被丈夫带去剪掉辫子，逐渐开始与白人接触，一点点地远离她一个人坚守的中国文化立场时，她觉得必须采取措施以保护作为中国人的儿子的自由和尊严，拒绝儿子沦为一个没有中国文化意识的“香蕉人”。尤其是当她得知吴三桂不经她同意就私自决定将严送进白人学校时，她知道儿子将在所难免地会异化成一个美国人。深受吴三桂作为丈夫和新美国人的重压，宝林深知自己根本没有力量去改变这个即将到来的事实，于是，她一意孤行，决定将儿子杀死，希望通过杀死这个即将异化为西方霸权的附属品的儿子，来保护他不被异化。同时，她用这个残忍的举动，反抗并报复掌控这个家庭的大家长吴三桂。如同黑人女作家托妮·莫里森在《宠儿》里表述的“她的爱太浓了……这是一把手锯带来的安全”[②] 一样。《宠儿》中的母亲塞丝为了使自己的儿女不再重蹈她作为黑

① 莫伟民：《译者引语：人文科学的知识考古学》，见福柯著《词与物——人文科学考古学》，莫伟民译，上海三联书店 2001 年版，第 8 页。

② Morrison, Toni. *Beloved*. Beijing: Foreign Language Teaching and Research Press, 2000, p. 164.

奴的命运，带着三个孩子逃出了“甜蜜之家”这个农场，但在奴隶主将要追上他们的危难时刻，急中生智，毅然决然地用手锯锯断了小女儿的喉咙，并在小女孩死后将她取名为宠儿。宝林和塞丝的共同之处在于，同样是爱子如命的母亲，却同样亲手杀死了自己的孩子。这种拒绝进入“体制”的决然态度和残忍手段既令人钦佩又令人不齿。

母亲杀子的情节还发现于汤亭亭的《女勇士》中。在该小说的第一章，汤亭亭以后现代主义的不确定叙事原则，建构了叙事者的无名姑姑未婚先孕、最后抱着新生的女儿投井自杀的悲惨情节。那名无名姑姑当时面临的危机与塞丝的类似。唯一的区别是塞丝被白人奴隶主追逐，还有种族的含义在内，而无名姑姑则是遭受同宗同族的村民的围攻：“他们把我们家的前后门同时撞破，冲了进来……他们手中的刀流着我们家畜的血……他们扯掉她的衣服，剥光她的鞋子，折断她的梳子，还丢在地上踩得粉碎……‘猪’、‘鬼’、‘猪’。他们一边喊，一边骂，一边砸我们的房子。”①

对于三位母亲杀子行为的解读可以有很多种，而最普通的就是“爱则欲其死”的矛盾心理。但是，将这种犯罪行为放在文化认同、拒绝进入奴隶制和重蹈父权制覆辙语境下审视，杀子行为就不是简单的变态心理所能解释的。因爱而杀子违背人伦秩序，是典型的疯子行径。实际上，变态心理在以上三个情节中均让位于对某种东西的极度恐惧，三个悲剧和背后掩藏的其实是几个母亲对于孩子身份建构的焦虑、恐惧，甚至绝望心理。极度的恐惧心理使她们感到：如果不采取暴力手段，孩子将无法避免悲剧命运的摆布。

更深层的解释可以借用厄内斯特·康托罗威茨（Ernst Kantorowicz）的人拥有“两个身体”的理论。康托罗威茨在他的著作《国王的两个身体》（也有译作《国王双体论》）中指出：“国王拥有两个身体，一个为其自然身体，另一个为政治身体。他的自然身体面临着死亡，臣服于生死规律，为自然法则或者意外所控制……但是他的政治身体则不受这些规律的束缚，能通过政策和政府维系其生命，并借由引导人民和对政治福利的管理固化其统治……并且任何自然身体上的残弱是无法颠覆或阻碍其政治

① Kingston, Maxine Hong. *The Woman Warrior: Memoirs of a Girlhood among Ghosts*. New York: Knopf, 1980, p. 5.

身体的。”[①] 作为国王，即作为体制的统治者和缔造者，拥有两个身体，前者是国王本身作为自然人的身体，会死亡，而后者则是王权概念构建的身体，是一个观念，而观念本身可能被强化、淡化，但不会死亡，因为观念可以在体制的维护之下丰富其内涵，以确保延续和继承。正如法国谚语所说的那样：“国王已死，国王万岁。”因此作为人民，即被体制统治的对象，也拥有两个身体：自然的身体和体制建构中臣服的人民形象。同理，这个由体制建构的政治身体也不会死亡，死亡的只是个体，而不是作为建构的原型，于是，要摆脱向体制臣服的政治身体，底层的人就不得不对自身的两个身体进行分离。然而，对于宝林、塞丝和无名姑姑而言，想要通过温和的调教来使孩子完成其自然身体和政治身体的分离的可能性并不存在：宝林平时的教诲换来的只是儿子的痛苦和丈夫的愤怒，而无法动摇种族主义的根基；塞丝面对的则是铜墙铁壁一般坚固的奴隶制；无名姑姑因为冒犯了父权制的律条而不得不死。无名姑姑同时也一定知道，绵延几千年的父权制仍然会钳制女儿的一生。她在几十个暴民对她家大肆杀戮之时，躲进猪圈坚持生下女儿，而不是选择在女儿没有出生前投井自杀，这是对胎儿生命的尊重。她生下女儿后，选择与女儿同归于尽，反映了她对女儿的命运和未来极度绝望的心理。这从某种意义上讲，也是她对女儿能尽到的最后一丝保护责任。

三位母亲意识到了体制令人恐怖的魔爪无处不在，自己和自己的子女均无力抗衡，因此才不得不采取暴力手段以迫使孩子的两个身体分离，即通过毁灭孩子的自然身体来实现拒绝进入体制的目的。三位母亲所面临的相似绝境，迫使她们通过杀子的暴行来完成对体制的反抗，但她们的绝望还不限于此，她们更深一层的悲哀在于：即使她们能够毁灭孩子们的自然身体，却永远无法毁灭他们身上的政治身体。真正的政治身体的原型早已从已死的孩子们的肉体里抽离出来，寻找另一寄主，以维持其生命。这就是由体制所建构的政治身份之可怕之处——它是一个可以继承、延续、再生和扩张的建制：它使每个人沦为复制品，为其绝对唯一的观念所操控。我们因此说三位母亲的反抗是绝望的反抗，多重的绝望将她们推到崩溃和

---

① Kantorowicz, Ernst. *The King's Two Bodies.* New Jersey: Princeton University Press, 1997, p. 9.

疯狂的边缘，使得她们企图以暴力杀子的疯狂手段来迫使孩子的两个身体分离。虽然孩子们无辜的死亡并不能使体制瞬间崩溃，但三位母亲为自己的孩子还是保留了最后一丝高贵的光辉，即生而为人的尊严和自由，而非使之沦落为体制扩张的工具。

《新大陆的智慧》中另一个不可忽视的情节是宝林的疯癫。宝林婚后三个星期，丈夫去了美国，她独自照管婆婆和儿子。即使在繁重的劳动和养育儿子的压力下，加上对丈夫的思念，她仍然身心健康，对婆婆和儿子照顾得无比周到。7 年之后，她与丈夫在美国团圆，短短的一年之后，她疯了。这其中必定有重大的隐情，也需要我们做一番分析，以探讨其深刻的文化和种族含义。首先可以肯定地说，宝林的疯癫并非完全是病理现象，而是一种文化现象，是在文化位移之后，她产生剧烈心理变化的结果。表面上看，她是在另一种社会文化氛围中变成了疯子，因而可以说是为了获取生存空间挣扎的结果。我们当然也可以认为她的疯癫是种族歧视和男权主义压迫下的另类产物。它所揭露的都是关于文明的疑问和反思。宝林作为一个普通的华人女性，没有受过任何教育，在与丈夫分隔 7 年间从来没有通过一封信，因为她是文盲，但这并不能妨碍她对中国文化和文明有完全的认同和自豪感。人的第一属性是自然的生命，但人更重要的是后天通过教育掌握或者通过自然习得而获得的文化属性，因此，文化认同对于处于多元文化社会的人们有着极其重要的意义。尽管就个体而言，文化认同和文化冲突所表现的程度会有所不同。人与人的不同除了性别和肤色以外，就是人的文化属性了。我们因此可以断言，人的文化属性更具有人存在的本质意义和决定意义。

从这个角度看待宝林的疯癫，其意义可以概括为三个方面：疯癫作为质疑的手段、疯癫作为控诉的策略和疯癫作为出逃的方式。首先，她的疯癫是水仙花质疑西方理性的手段，一如水仙花在以上故事中质疑、挑战并颠覆种种具体的二元对立元素一样，宝林的疯癫对应的就是西方思维中的理性。表面上看，冲突的焦点直指白人优越论的源头：我们是理性的，那么与我们相违背的做法就是不理性的，而不理性的东西作为次级和危害，应当被铲除。但是宝林疯癫后杀死大儿子，其丈夫吴三桂并没有谴责或者起诉她，没有带她四处求医，更没有抛弃她，反而为她着想，最后放弃自己在美国的事业，决定一起回中国老家。很显然，吴三桂可能觉得宝林的疯癫不是病理学上的，而是文化落差和迷失导致的。他也一定相信，离开美国这个新大陆，远离所谓的“新大陆的智慧”，宝林就可能恢复她的身心健康。吴三桂放弃在美国近十年劳动所获及其经历，毅然决然地返回到了原住地，表明他对“新大陆”及其“智慧”的质疑和摒弃。

另一个值得关注的现象是，代表美国新大陆文化和社会习俗的艾达等美国妇女们，也并没有把悲剧归咎于宝林，而是反省到她们积极地帮助吴三桂美国化并过多地干涉他们的家庭生活，使宝林产生了重大的心理危机——她们的这一改变说明了她们对于疯癫的宽恕及相应的对理性的质疑，也是她们从非此即彼的思维慢慢开始向尊重多元文化的具体体现。这一改变使得早已割裂并形成对立关系的理性与非理性思维模式重新拥有了连接点，即两者并不是生而对立，而是一个相互依附的派生关系。正因为理性作为“秩序，对肉体和道德的约束，群体的无形压力以及整体划一的要求”,[①] 才使不堪重负的宝林走向了疯癫。水仙花巧妙地以循序渐进的情节安排，栩栩如生地勾画出宝林由一个贤妻良母一步步沦为疯癫之人的过程。这样的安排也暗含了宝林的疯癫也是理性的另一种形态，如同福柯所倡导的那样：“作为起点的应该是造成理性与非理性相互疏离的断裂”,[②] 而非将这种断裂结构化。断裂的是文化的沟通与交流，而非北美主流文化宣扬的那种逻各斯主义的唯理性及其傲慢。

其次，宝林的疯癫在作品中可以当作是一种控诉来理解，体现了水仙花的写作策略，即，她将宝林的疯癫作为她受种族主义和男权主义迫害的证据，甚至还将矛头直指各种压迫华人女性移民至疯狂的文化和历史。书写宝林的疯癫是水仙花借宝林这个形象对种种社会不公进行的控诉，正如斯皮瓦克所指出的那样：“在父权制与帝国主义之间，主体构成与客体形成之间，妇女的形象消失了，不是消失在原始的虚无之中，而是消失在一种疯狂的往返穿梭之中，这就是限于传统与现代化之间的‘第三世界妇女’错置的形象。”[③] 斯皮瓦克指的是受多重压迫的女性并没有独立的人格和形象，只能在传统的父权制和文化帝国主义之间游离和穿梭，即使有什么形象，也只能是一个不完整的受害者和“错置的形象”。宝林离开中

① ［法］米歇尔·福柯：《疯癫与文明》，刘北成、杨远婴译，生活·读书·新知三联书店2003年版，第2页。

② 同上。

③ 陈永国、赖立里、郭英剑：《从解构到全球化批判：斯皮瓦克读本》，北京大学出版社2007年版，第126页。

国又回到了中国不正是这种“疯狂的往返穿梭”吗？因为对于一个普通的华人女性而言，无论是在中国还是在北美，终归是无法摆脱父权制的压迫和控制的。我们据此可以说，水仙花笔下的宝林虽然就人物形象而言，不够丰满，但她疯癫的过程让我们深思，因为她的疯癫形象具有典型意义，于是，也具有了普遍性。从这个意义上讲，她的遭遇就是一种控诉。

宝林的疯癫使我们想起另一个错置的妇女形象，那便是《简·爱》中“阁楼里的疯女人”——伯莎·梅森。水仙花笔下的宝林不仅值得同情，甚至还是值得人们理解的，因为她身上有一种果敢的精神，有一种对于自己文化认同的坚持和维护，甚至可以说是有一种文化担当。宝林除了杀子行为残忍的一面以外，她身上仍然有许多可敬的美德：勤劳、温顺、孝敬长辈、无私等等。相比之下，勃朗特笔下的梅森，借简·爱之眼所见的是一个非兽非人、身体形态都带着野兽特征的疯女人形象，被赋予了野兽的攻击性。其实，宝林和梅森都是第三世界的疯癫妇女形象，二者的审美效果并不相同。水仙花赋予了宝林许多令人可以赞美的品德，勃朗特的话语立场反映了她对白人优越论和欧洲中心论的无意识，因此，通过“帝国主义的公理性所产生出来的伯莎·梅森这个人物形象……这个牙买加的克里奥人，勃朗特令人信服地使人与兽的界限变得不确定了”。[①] 通过对梅森的“兽性”书写，勃朗特成功地将“简从反家庭的地位移到了合法家庭主妇的地位”。[②] 这意味着，只有突出梅森的疯狂和兽性，才能合理地剥夺她作为妻子的权利，才能被抛弃和被取代。相反，水仙花没有过多地表现宝林的疯狂和兽性，她也没有被抛弃和被取代，二人虽然同为疯狂的形象，但她们的审美效果是不相同的：梅森的结局似乎是合理的，因为她被塑造成了充满兽性和复仇心理的恶魔，在她身上发生的一切都是自然的。然而，可怕之处就在这里。这就是西方宣扬的理性主义教化的结果。当然，不同的审美效果反映了两位作者迥异的写作立场和审美态度。从文化批评的视角理解她们扭曲的形象，她们的疯癫就是西方理性主义对女性压抑的必然结果。福柯作品《词与物》的译者莫伟民写道：

以笛卡尔理性主义为代表的西方文化的大写理性的独白把疯癫压

---

① 罗钢、刘象愚：《后殖民主义文化理论》，中国社会科学出版社 1999 年版，第 163 页。

② 同上书，第 162 页。

> 制到沉默的地步……福柯批判西方大写的理性，是为了改变因疯癫受抑制而造成的理性独白的局面，是为了替非理性争得应有的权利，为了恢复理性与非理性的对话。这并不是要否定任何理性的作用，而是希望人们从理性化与人类暴行的关系中感悟到什么。[①]

如果我们必须“感受什么”的话，那就是理性主义的强大和非人性：它能将一个健康的文化主体——如宝林，压抑到疯狂的地步。

最后，疯癫这一意象在水仙花的笔下还带有出逃的意味，同时也成了连接绝望与希望之间的新地带：“疯癫已变得使人有可能废除人和世界，甚至废除那些威胁这个世界和使人扭曲的意象。它远远超出了梦幻，超出了兽性的梦魇，而成为最后一个指望，即一切事物的终结和开始。”[②] 宝林的疯癫，虽然未能撼动整个种族歧视和父权制体制，但的确消解了丈夫和西方人的部分优越感，水仙花笔下的宝林以其微弱的力量硬生生地敲破了这一“阉割”体制小小的一角，为新的思想和可能性的涌现找到了入口和存在的新空间。具体到她的情形而言，她通过杀子创造了她能够回到她认同的文化和生活的可能性，因而也是一种无奈的逃避，以一种极其惨烈的形式连接起来绝望和希望。同时，她惨无人道的杀子行为当然必须受到谴责，但对她这个饱受文化帝国主义、种族主义和男权主义压迫的失语女性而言，自残式的暴力行为也确实成了“一切事物的终结和开始”。他们终结了在北美的一切，重新开始了在中国的生活，又回到了生活的原点。所不同的是，他们不是衣锦还乡，不是发达后的自愿回乡，而是被迫远离“新大陆的智慧”，回到他们熟悉的文化语境和社会结构中疗伤。这一切的起因都是宝林的疯癫和杀子暴行，因此，宝林的疯癫也可以理解为是他们出逃和回归的一种方式。

第五节　从颠覆到超越

从“破”到“立”，从颠覆到超越，身处种族主义和性别歧视双重话语霸权压迫下的水仙花，以全新的写作目的和写作策略，有力地挑战了当

---

① ［法］米歇尔·福柯:《词与物——人文科学考古学》，莫伟民译，第8页。

② ［法］米歇尔·福柯:《疯癫与文明》，刘北成、杨远婴译，第262页。

时流行的写作形式和美学原则，不仅颠覆了北美文学界大行其道的审美态度、审美对象、写作策略、写作立场和写作目的，而且坚持用诙谐讽刺的语气和插科打诨的写作技巧，浓墨重彩，书写华人的族性，这对于世纪之交保守僵化的北美文坛而言，起到了息黥补劓的作用，带来了一股清新之气，不仅为华裔北美文学，而且为亚裔北美文学开创了书写族性的先河，勾画了族性文学书写的疆界，戳穿了欧美白人优越论的伪善，褒扬了华人人性的美德，呈现了华人北美经历的历史意义和社会意义，突破了民族主义的狭隘，超越了以文化和民族为基础的认同观念，构筑了种族融合的"世界一家人"大同理念。

历史上，水仙花作品的价值在她的时代就获得了不错的肯定。她的短篇小说和散文集《春香夫人》1912 年出版后，美国最主要的报纸《纽约时报》的编辑做了如下评论："伊顿小姐（水仙花）尽管还没有显示出无与伦比的写作技巧和自信，但她无疑给美国的小说界带来了一股清新之气。这绝对是需要不凡的勇气的。她对她表现的主题谙熟于心。毫无疑问，她丰富的知识弥补了技巧的缺憾。她向白人读者极力表现的主题就是在美国西海岸地区美国化的华人的生活、情感和喜怒哀乐。与此相关联的另一个主题就是华人与白人的婚姻生活以及他们的孩子的生活。"[①] 该编辑提到的"清新之气"和"勇气"实际上就暗含着水仙花作品挑战和超越的特点，尤其是"勇气"二字更是肯定了水仙花的中国情怀、民族平等意识和浩然正气，因为没有这些，水仙花是很难将她短暂的一生都投身于改变华人在北美生存环境的文化战争中的。她写道："我的中国情缘（instincts）日渐加深。我不再是那个看见任何中国人就藏在哥哥背后的小姑娘。后来，当我孤身一人在陌生的地方漂泊时，不知道有多少次，我只要看见哪怕是地位低微的洗衣店的中国人，我顿时觉得有了安全感，感到自己不再孤单。"[②]

《春香夫人》出版后，美国当时的主要杂志《独立》的编辑评论道："读者诸君一定很熟悉水仙花精妙优雅的故事。她的作品表现最多的是东西方在理想方面的冲突以及严酷的移民法案（对华人）造成的苦难。这

---

① Editor's Note. "A New Note in American Fiction." *New York Times*, July 7, 1912.

② Sui Sin Far. *Mrs. Spring Fragrance and Other Writings*. Ed. Annette Whit-Parks, and Amy Ling. Urbana and Chicago: University of Illinois Press, 1995, p. 131.

样的主题不仅抓住了读者的兴趣，而且通过她新颖的叙述角度，读者也会感到大开眼界，获益良多。”[①] 该编辑发现水仙花作品的新颖之处在于全新主题、故事本身和叙述角度，但这些都是从作品本身的审美角度谈的。在今天，从后殖民主义和文化批评的视角下考察，水仙花的作品挑战了当时流行的种族偏见和对华人的性别偏见。比如说，华人男性长期被北美主流媒体污蔑为沾满脂粉气的伪男人，阴柔有余而阳刚不足。在水仙花的作品中，华人男性当然没有呈现出果敢和冒险精神的那一面，但她不以一眚掩大德，而是大书特书华人男性身上宽容大度、仁义为先、注重家庭责任、勤劳踏实、谦逊好学、乐善好施等美德，这不仅丰富了华人男性形象的内涵，而且为华人男性发出了人性美的声音。华人男性乐善好施的品德在黄玉雪、赵健秀的作品中屡屡出现，其他作家也是心慕手追，这不能不说是水仙花的丰厚遗产之一。至于华人女性的文学典型春香夫人，她追求性别平等的强烈意愿、坚韧不屈的性格、助人为乐的精神以及在文化冲突和种族歧视情形中表现出的睿智和机敏，至今仍然是华人女性秀外慧中的形象典范。就华人女性人物塑造的精致、完美和复杂性而言，目前还没有任何一位华裔北美作家能够超越水仙花笔下的春香夫人。

水仙花选择挑战的顽固观念之一就是华人在美国的机会主义特性，因为华人长期以来被认为只是北美的逗留者和机会主义者，其最终目的是回归故土，寄居美国只不过是他们人生旅途中一个短暂的过程而已。正是这样的观念使得华人被长期排除在北美社会、社区和政治体系之外，也因而受到了无情的法律排挤。但在水仙花笔下，几乎所有成年华人男女都有家庭和自己的店铺，都有长期生活在北美的强烈愿望，水仙花在定居者和逗留者之间做出了明确选择，以娓娓动听的故事消解北美社会的偏见，难怪她是第一位将生活在美国的华人称作“华裔－美国人”的人，为广大的华人的国家认同开了先河。

正如上文中《纽约时报》的编辑发现的那样，水仙花的家庭故事中涉及黄白两个种族的通婚主题，也许正是因为有这样敏感的主题，才使得该编辑评价水仙花的作品时用了“勇气”一词，因为水仙花直接挑战的不仅仅是北美的大众社会心理和阅读习惯，而且还包括当时的法律体系。殊不知，在几十年持续的排华浊浪期间，加州等州议会和美国国

① Editor's Note. *The Independent*. August 15, 1912.

会均立法禁止白人与华人通婚，胆敢以身试法者，将面临取消美国国籍的法律惩罚。具体而言，就是华人将被驱逐出境，拥有美国国籍者将被剥夺国籍。正如 Jane Hwang Degehardt 的研究表明："虽然承认华人和白人的婚姻是出自意愿，但美国国会仍然在 1907 年颁布法律，规定任何与异族通婚的白人女性将被取消国籍，这无异于将与异族通婚当作叛国罪看待。1922 年的贾贝尔法案（*The Cable Act of 1922*）仍然规定，任何与不具有公民资格的华人结婚的白人女性，将无权申请公民身份。"[①] 本章中分析的黄白婚姻故事以及涉及华人家庭抱养白人弃儿的故事，在这样的历史语境中阅读，我们感悟到的就不仅仅是水仙花的勇气了：它实际上表明水仙花是一位不畏强暴、浩气干云、爱憎分明的正义作家。水仙花当然为她的精心挑战付出了一定的代价：她的《春香夫人》出版后，尽管两份重要的主流报刊对《春香夫人》有着积极评价，但其销量并不大，因为它第一次印刷 2500 本后，没有重印过。怀特 - 帕克斯认为该书没有获得应有的读者回应是因为"书中的内容对习惯于东方主义阅读心理的读者而言，实在是太过激进了"。[②]

尽管水仙花开创了北美华裔族裔文学创作的风气之先，但是，坦率地讲，她在作品中还是刻意地要去说明一个问题，这个问题可能与种族有关，可能与文化冲突有关，也可能与北美当时的政策有关，因而有时会带有一个明确而简单的意图，过于直白，从而淡化了情节的复杂性和意义的多重性。另外，水仙花有时过于在意讲述一个完整的故事或者要刻画一个人物的典型性格，带有明显斧凿的痕迹。总体而言，她继承着当时仍然流行的现实主义文学传统和写作手法，却没有达到现实主义大师们在长篇小说方面那么高的成就。这么说，也许是不够客观，因为她留存的作品都是短篇和散文，由于体裁和长度所限，无法与长篇小说等量齐观。或许等她完成的长篇小说的原稿重新发现后，我们才能对她的全部创作做出比较客观的评价。

但就现有的作品而言，我以为，即使在她创作生涯的旺盛时期，即

---

① Degehardt, Jane Hwang. "Situating the Essential Alien: Sui Sin Far's Depiction of Chinese-White Marriage and the Exclusionary Logic of Citizenship." *MFS: Modern Fiction Studies* 54.4 (Winter 2008): 654 - 688, p. 662.

② White-Parks, Annette. *Sui Sin Far/Edith Maud Eaton: A Literary Biography*, Urbana: University of Illinois Press, 1995, p. 202.

20世纪前后的20多年间，水仙花没有加入到英美现代主义的大潮中，即，她仍未摆脱现实主义的影响，还是坚持她的现实主义文学理念。众所周知，在那一时期，英美现代主义小说“内倾化”审美趋势已经如火如荼，比如说，在亨利·詹姆斯、乔伊斯、弗吉尼亚·伍尔夫等现代主义作家的作品中，现实主义故事主题的明晰性、情节的戏剧性、人物的典型性、故事性、情节推动的线性等等“外在化”技巧，几乎完全让位于人物心理情感的流动性、模糊性、主观性、随意性，在小说基调的饱满性、氛围的浓密性、人物情绪的复杂性、真切性和审美情感的浑然性方面，水仙花在她的短篇小说中显然是没有顾及的，这也可以说，她的作品在技巧方面还没有达到现代主义大师的成就。

造成这样的差距的根本原因，如前文所述，或许是因为水仙花有着不同的写作目的和写作策略。以她自己的目的衡量，她实现了从挑战到颠覆再到超越的愿望，从而完成了她自己崇高的写作使命。她曾对她的编辑说“我的理想是写一本书。我记得他说，那样的话，在我动笔之前，我就要有生活的历练，对人物要有基本的了解。我记得我自信地回答说，我将根据自己的经历构思我的所有人物”。[①] 水仙花接受了该编辑的建议。她长期生活在华人社区，根据自己对北美唐人街生活的仔细观察，提炼创作素材，创作了属于北美华人和当代读者的华人移民故事，精心呈现了华人的生活经历，以饱满的激情颂扬华人的人性美德，以文学的话语形式宣告了华人族性的伟大和高尚，在北美的文学知识空间确立了华裔文学的地位和秩序，在艺术的层面对华人的生活经历和悲惨历史进行反思，呈现了华人的生活观念和人生追求。一句话，通过她的创作，华人被主流文化机制压制、排挤、讥讽和诋毁的方式受到了正面挑战，华人被销音的历史首次出现了裂痕，被销音的华人男女终于通过她的生花妙笔发出了自己特有的声音。

为了实现以上具体目的，水仙花采用将内部解构和外部破坏相结合的方式，对种族主义和性别主义进行精心解构，从而破坏其结构，其意义正如德里达振聋发聩的豪言所赞美的那样：“解构就是正义。”[②] 她正义的解

① Sui Sin Far. *Mrs. Spring Fragrance and Other Writings*. Ed. Annette Whit-Parks, and Amy Ling. Urbana and Chicago: University of Illinois Press, 1995, p. 292.

② 转引自［日］高桥哲哉《德里达：解构》，王欣译，第167页。

构为我们留下了完全不同的文学遗产，正如伊丽莎白·阿蒙斯评价水仙花的作品的意义时所概括的那样：“水仙花冲破了万马齐喑般的死寂和有系统的种族压迫，发现了她自己，创造了她自己的声音，这正是20世纪美国文学史上的胜利之一。”①

通过水仙花创造的“自己的声音”，华人在移民北美半个世纪之后，在饱受美国当时文化帝国主义欺凌和侮辱的艰难处境中，第一次从社会、历史、民族和文化的边缘也发出了自己的声音。由于水仙花是所有亚洲北美移民中第一位用英文写作的重要作家，她的声音同时也是所有亚洲移民的声音。通过她对于华裔生活的真实书写，东西方在美国第一次在真正意义上相遇了。广大的华裔群像不再是由西方基于其知识暴力认知模式之上的任意涂抹，不再是西方建构自身形象的参照者和维持其文化自我而受诬蔑的文化他者，而是有了自主述说的方式和结构。

更为重要的是，在水仙花的作品中，华人女性不仅获得了发声的权利，而且发出了自己真实的声音。她们不仅能够表达自己的诉求，而且还赢得了自身的独立和某种社会认同——如春香夫人。正如水仙花的评传作家怀特-帕克斯精辟地总结的那样：“通过研究水仙花的小说，我认为水仙花创造了一种形式，即，将写作策略与思想有机结合在一起，颠覆了美国文学中的‘他者’概念……她主要的写作任务，如同这些故事揭示的那样，并不是要调和……而是要创造一种能见度，一种声音，最终为北美华裔创造一种他们生活中被剥夺的文化自觉意识。”② 实际上，水仙花不仅为“北美华裔创造一种他们生活中被剥夺的文化自觉意识”，而且通过其写作实现了对父权制和种族主义的解构，在作品中提出各民族和谐相处的“世界一家人”理想，其书写为她的这一宏大理想赢得了在场的空间，或者说，为她的“世界一家人”理想的实现提供了一种文本的可能性。如果说，真理如同历史一样，仅仅存在于历史叙述和书写之中，那么，水仙花的创作，借用福柯的话说，也是一种关于真理的书写，这正如他在《词与物》中冷静地写到的那样：“书写独独包含着真理。”③

---

① Ammons, Elizabeth. *Conflicting Stories: American Women Writers at the Turn into the Twentieth.* New York: Oxford University Press, 1992, p. 105.

② White-Parks, Annette. "A Reversal of American Concepts of 'Otherness' in the Fiction of Sui Sin Far." *MELUS.* 20.1 (1995): 18.

③ ［法］米歇尔·福柯：《词与物——人文科学考古学》，莫伟民译，第53页。

第四章

“世界一家人”:水仙花的大同理想

> 我想，从本质上讲，人都是相同无异的。我母亲的种族和我父亲的种族都有偏见。只有当全世界变成一家人，人类才能变得耳聪目明。我相信有朝一日，世界上的大部分人都是欧亚混血人。每当我想到我就是这类人的先行者时，我便感到无比欣慰。作为先行者，历经苦难才能走向荣耀。①
>
> 归根结底，我没有国籍，也无意认可某个国籍。个体的意义大于国籍的含义。②

> 我将我的右手给予西方，而将我的左手给予东方，希望双方不会彻底毁掉这“连接”“东西”双方的微不足道的肉体。就是这样。

本章要着重讨论的是水仙花提出的“世界一家人”大同社会理想，分析这一思想在华裔北美文学史和历史上的意义，比较她的这一朴素理想与中国和西方历史上各主要乌托邦理想的异同，研究其特点和深刻的社会与种族背景，以确定其独特性、普遍性、历史的必然性和种族关系发展史上的可借鉴性。在本章的最后，还要讨论水仙花的短篇小说《潘特和潘恩》(Pat and Pan)，主要分析她是如何以情节安排的“戏法”挑战并消解北美黄白两个种族的等级差异，如何以儿童故事的方式规劝抱有种族歧视偏见的白人正视自己的褊狭和蛮横，丢掉在种族关系方面画地为牢的徒

---

① Sui Sin Far. *Mrs. Spring Fragrance and Other Writings*. Ed. Amy Ling and Annette White-Parks. Urbana and Chicago. University of Illinois Press, 1995, pp. 223 - 224.

② Ibid., p. 230.

劳企图，如何以解构西方二元对立认知模式的高超技巧，还华人以公正，又是如何在具体叙述中议论英爽，举重若轻，张扬华人的人性和族性。

需要指出的是，水仙花是一个作家。她既不是一个社会学家，也不是一个理论家，更不是哲学家。严格地讲，她也没有创作出直接表现她这个社会理想的短篇或者长篇小说，尽管她的一些短篇和儿童故事涉及了种族平等和家庭观念的问题。她只是在去世的前一年在自己回忆录似的散文中提出了这一社会理想。从理论上讲，“世界一家人”的理想并不是遵循一个理论家认知世界方式的内在发展逻辑，也没有任何内在的理论的逻辑可能性可言，因为她就是一个身处于下层社会的英华混血人，以写作维持着自己最为简单的生存方式。换句话说，她提出人类大同的大胆设想不具有很强的理论因素，也没有严密的理论体系或者框架，更没有成熟理论体系中那种鲜明的层次和术语结构。

那么，她又为什么会提出超越自己认知能力和理论能力的关于人类社会发展的设想呢？20 世纪最有影响的德国社会理论家卡尔·曼海姆，在他的《意识形态与乌托邦》一书中，对于这种现象——当然不是针对某个具体作家的思想，提出了他的观点：“实际思想的出现和升华，在许多关键方面受各种各样超理论因素的影响。与纯理论因素相反，这些因素可以被称作存在因素。”① 在水仙花身上，“实际思想的出现与升华”，无疑是理论之外的原因，也许就是曼海姆所说的“存在因素”。果真如此，我们不禁要问：这些存在的因素在水仙花的生活经历中有怎样的真实性呢？又有怎样的现实性呢？或者说，这些因素又能在多大的程度上反映着作者的历史和社会现状呢？这些存在因素与她作为一个英华混血作家又有着怎样的关系呢？她作为个体的存在因素是否与广大的北美华裔有着密不可分的普遍联系呢？这些都将是本章要探讨的具体方面和问题。她的社会理想有无任何时代意义？或者更具体地讲，有无现代意义，因为她毕竟是在美国的乌托邦叙事席卷全国之时，生活在美国，也在自己正处于创作旺盛期时，提出了她的大同社会理想。

抛开“存在因素”不谈，放在人类发展史中考察水仙花的大同社会理想，她提出“世界一家人”的大胆构想和蓝图，有其自身的原因，也

① ［德］卡尔·曼海姆：《意识形态与乌托邦》卷二，姚仁权译，九州出版社 2007 年版，第 547 页。

有其作为一个有着强烈使命感的作家的原因。首先，大胆设想，构筑未来的蓝图，改变社会现状和个人的现状，是人之常情。假如我们从最理性的思考角度，看待人类设计未来的愿望，我们可以毫不犹豫地认为，怀有这种愿望是人存在的本质之一。如果我们接受曼海姆在《意识形态与乌托邦》中的说法，即“当一种思想状态与与之所存在的现实状态不相协调时，那么它就是乌托邦的”，[①] 显然，水仙花的“世界一家人”思想与她所处的社会现实，不仅表面上会显得“不相协调”，而且多少显得有些幼稚。但它是一种要求改变现实中北美种族版图的大同理想，超越了当时的种族现实和社会现实，甚至超越了当时主流社会的意识形态。因此，根据曼海姆的说法，它无疑就是一种乌托邦理想。

在《乌托邦精神：人与哲学的根本精神》一文中，贺来在精辟地总结了乌托邦精神的三个基本方面后，做出了如下结论：“‘乌托邦精神’归根结底根植于人的独特的价值化的存在方式，乌托邦精神实质上就是人的根本精神，而哲学作为人的自我意识，也因为人的这一特殊性质而成为‘价值化’的哲学，乌托邦精神也就是哲学的根本精神。”[②] 根据这个观点，乌托邦精神不仅是哲学的根本精神，而且“实质上就是人的根本精神”，既然是人的本质精神，水仙花的乌托邦精神是她作为人的“价值化的存在方式”，是她作为人的本质要求。如此看来，她的“世界一家人”大胆设想不仅一点儿也不幼稚，反而是独树一帜的对她的“价值化存在方式”的理想化表述，可以彪炳史册了。陆俊在《“西方马克思主义”现代乌托邦的几种形态》一文中，总结了“西方马克思主义”人本主义各流派中关于“现代条件下乌托邦理想存在的‘合理性’和‘必要性’”的各种理论见解，[③] 高屋建瓴地归纳出了三种形态，其最重要的是以布洛赫为代表的“乌托邦‘本体论’”。[④] 普遍认为，哲学研究的是本质和普遍性，比如事物的本体论。如果我们接受以上学者的命题和结论，那么，任何人在本质上都有乌托邦精神，即人的存在本身就蕴含着追求美好境界的本性。这大概就是乌托邦的本体论形态。无独有偶，德国社会学家曼海

① ［德］卡尔·曼海姆：《意识形态与乌托邦》卷二，姚仁权译，第395页。

② 《学术月刊》1997年第9期，第17页。

③ 《马克思主义研究》1996年第4期，第75页。

④ 同上。

姆关于这点，持有相同的观点。他写道：“如果摒弃了乌托邦，人类将会失去塑造历史的愿望，从而也会失去理解它的能力。”[①] 目睹种族不平等戏剧天天在北美上演的水仙花，孜孜矻矻，夜以继日地为华人的权益奔走呼号，同时还要忍受两种血统带来的种种歧视，包括来自唐人街上华人的排斥，在自己创作生涯的旺盛时期，提出世界一家人的人人平等的大同理想，倒是有充分的理由和本体论特征的。因为这一思想正是她理解北美种族现实的一种方式，也充分体现了她的认识能力。

第一节 中国古代主要乌托邦理想回顾

宏观地看，人类自从发展出基本的社会雏形——按照流行的社会发展阶段论划分，即奴隶社会之后，到今天科技水平高度发达的后现代社会这几千年的历程中，世界各个民族国家和地区的等级制是人类社会的基本框架和体制，该体制不可避免地造成社会各阶层在政治上、思想上、经济上、文化上以及军事、科技等方面的不平衡发展。不平衡导致不平等。就人类历史衡量，不平等是常数，是生存的基本状态，也是人类社会现有结构的直接产物。这是因为，等级制导致不平衡，不平衡导致不平等。只要有等级制存在，貌似简单的“平等”愿景仍然是仰之弥高，难以企及的。因为，如同任何结构一样，等级制具有结构的本质特点，那就是稳定性和延续性。也许正因为如此，人类呼吁平等的声音始终伴随着人类的成长过程，这恰恰就是由人存在的本体论决定的。

正因为如此，世界各大文化圈中都有无限向往平等的各类主张。具体而言，以中国文化为核心的东方文化中，普遍追求绝对平等，或者说是追求平面平等。所谓平面平等，就是要求无差别的平等。横贯中国历史的“均贫富”主张，就是这种平面平等观念的充分体现，历代对此类主张提出异议的并不多见。这类“均贫富”的平等主张随处散见于我们的《四书》、《五经》之中。中华文明史上最著名的世界名人孔子，其社会理想和政治理想中均含有“均贫富”为典型的平面平等理想。比如，《论语·季氏篇》记载道：“丘也闻有国有家者，不患贫而患不均，不患寡而患不

① 转引自［美］莫里斯·迈斯纳《马克思主义、毛泽东主义与乌托邦主义》，张宁、陈永康等译，中国人民大学出版社2005年版，第2页。

安。盖均无贫，和无寡，安无倾。”

与东方的平等观念略有不同的是西方倡导的结构性公平观念。柏拉图在他的《理想国》中不断争辩的正义观，实质就是要求公民各尽其职，安分守己。正义，在他看来，首先体现于平等之中。如果连基本的平等都谈不上，所谓的正义便无从谈起，这是柏拉图思考平等和正义之间的逻辑关系。但也必须指出，柏拉图的正义观并不是人与人之间的绝对平等，而是有差异的平等，即，正义是在结构性平等之下的正义。换句话说，个体和群体获得自己应该获得的份额就是平等和公平。在这点上，中西方是有本质区别的。严格地讲，西方的社会理想中还是要保留差别和等级的。不论是东方的还是西方的平等观念，尽管人类已经有几千年的追求，但还都远远没有实现社会平等。实现阶层、性别、民族和种族之间的平等，至今仍然是人类的主要发展目标之一。但有一点是明确的：只要有等级制存在，实现“平等”就没有它的逻辑可能性，更不用说其实现的其他条件了。

在现阶段的我国，就任何个体而言，从出生到死亡的人生两端，也是等级森严的，遑论人生过程中消除不平等现象了。一位校友曾建议说，孩子上幼儿园一定要给孩子穿名牌衣服，因为幼儿园的老师会翻看孩子衣服的品牌，并以此判断孩子的家庭出身和财富状况。常理告诉我们，判断出孩子家的财富状况后，孩子们大概会得到相应的“关照”。这就是微观层面上的社会现实。平等观念在扭曲的财富观面前，就像兔子看见在空中盘旋的老鹰一样，瞬间瘫痪，想躲也躲不了。大、中、小学人为地分成重点和非重点，重点中学里还分为重点班级，其师资配置明显优于其他班级，但是，我们是否考虑过，每年那么多学生从全国无数个重点班级考上大学，我们又为什么不断感叹缺少人才呢？那么多从贵族学校和省级重点高中毕业的学生，何以不能最终成为社会的栋梁和优秀的人才呢？大学里的学科分为重点和非重点，而且还匪夷所思地分为“重中之重”，其逻辑的起点都是拉大差距，试图在资源不平等的状态下寻求学科发展的突破，其结果也许使得极个别学科因为资源丰富而得到了些许发展，其代价是造成学科间更大的不平衡。即便是在学科建设方面出现了一枝独秀的现象，但学科建设万紫千红的局面无疑受到更严重的扭曲。再以名目繁多的奖项为例，获奖的学生不计其数，社会和用人单位认可的优秀的学生还是寥若晨星。笔者的孩子在国外读书十几年，没有带回家一个像样的奖状——因为他上过的所有学校从来没有评选过三好学生之类的奖项，如今也从一所享有良好社会声誉的大学毕业，既不比其他学生优秀，也不比谁不优秀。唯一不同的大概是，他没有参加过任何学校的评奖，也因此没有在落选中受到心理冲击，如今对社会和人生抱有极大的热情，愿意在公平公正的基础上为社会服务。缺少公平公正的社会无疑是一个不健全的社会，在不公平公正中的竞争就是恶性竞争，其结果也不会得到多少人的认同，对社会和人类的发展助益有限。

就世界范围而言，区域和地区发展的不平衡或者失衡，阶级剥削和经济剥削始终伴随着人类文明史。政治压迫、民族压迫，甚至种族压迫、迫害，甚至屠杀，无处不在，无时不有。不同民族和阶层的文化竞争从未停歇，国家和地区之间的军事威胁如悬在头顶的利剑，始终不曾放下。大小战争连绵不断，构成人类历史的主轴。弱肉强食从威胁变成了赤裸裸的现实。文化霸权既是一种治国方略，也是实行意识形态操控的具体做法。种族屠杀此起彼伏，恐怖主义愈演愈烈，生态危机在全球蔓延，贫富差距鸿沟弥深，等等等等，不一而足。这些现象在高举文化和经济全球化的当代，我们只能说是古已有之，于今为烈了。我们可以负责任地讲，人类社会只要有等级制存在，差别就会存在，于是，种族间、民族间、国家间、社会阶层间，甚至性别之间，真正完全的平等就是一种愿望，而且也只能是一种愿望。

尽管如此，我们也必须看到，伴随以上人类自造的弊端的，不论是在中国，还是在西方，始终有一股勃勃向上和热情奔放的人类梦想。这个梦想的核心，毋庸置疑，就是改变生存现状的社会理想、政治理想和道德理想三位一体的乌托邦精神。纵观古今中外的乌托邦理想，基本都包含着社会、政治和道德三个方面，其差别，即使有，也只是侧重不同。这一贯穿人类历史的强健精神，借用莫里斯·迈斯纳的话说，构成了“历史的动力（而且的确是一种历史必然的动力）”。[①] 其动力的根源就是绝对不平等与相对平等之间产生的无限张力。同理，马克思的历史唯物主义观强调阶级斗争，其过程、目的和结果也是为了改变历史和社会现状，进而推动人类的不断进步和发展。从这个角度看，马克思的历史唯物主义就可以理解

① ［美］莫里斯·迈斯纳：《马克思主义、毛泽东主义与乌托邦主义》，张宁、陈永康等译，第2页。

为是对这种“必然的动力”的具体化描述，它追求的也是消除差别，实现最终的人人平等。其“必然的动力”的背后，无疑就是人类固有的乌托邦精神。尽管迈斯纳认为历史的动力“不是乌托邦的实现，而是对它的奋力追求”[①]，但“乌托邦精神体现着人的本质中内含的对超越性价值理想不懈追求的意向与潜能”。[②] 按照这一说法，乌托邦精神体现着人的本质性意向和潜能，其言下之意就是，人人都有这种意向，而且只要有人的存在，就会有乌托邦精神存在。结合中国思想史的发展，人的这种本质存在方式是一以贯之的。虽然从古至今，中国的乌托邦理想的内涵有个体和时代差异，但乌托邦精神历久弥新，长存于中国的思想、文化、哲学和文学作品之中。

不论是迈斯纳的“奋力追求”论，还是贺来和陆俊的“本体”论，抑或沈慧芳提出的“意向与潜能”论，指出的都是乌托邦精神在人类思维和精神中无时不在的学理事实。这里需要强调的是，人类的乌托邦理想并不总是单一朝向未来的。仔细归类的话，中国和西方的乌托邦理想可以按照时间维度划分为：回归往昔淳朴原始的社会理想和面向未来的社会蓝图。按照空间维度划分，既有把现实社会推倒重来的乌有之乡的空间想象——如康有为的《大同书》，也有在现实社会中不断改良的未来主义空想——如19世纪美国作家贝拉米的《回顾：2000—1887》（*Looking Backward*：*2000 – 1887*）。我国古代的乌托邦精神大多向往的是尧天舜日的太平小康社会，具有浓厚的复古色彩，希望回到简朴原始的上古社会状态。现代中国乌托邦理想的集大成者，当推鸿儒硕学康有为著的《大同书》。就时间和空间维度而论，康有为的鸿篇巨制《大同书》是指向未来的。就古代的大同理想而言，李晃生在他的《儒家社会理想与道德精神》一书中对这种反朴式社会理想做了精辟的概括：“‘复古’或曰‘托古’型的学说，是对氏族公社时期的原始民主的政治模式和原始的道德精神的追慕，是扬古抑今，以古映今，托古喻今，表达一种民本思想。”[③] 可见，“托古”说有着深厚的传统。不论是遥想远古，还是面向未来，乌托邦理

---

① ［美］莫里斯·迈斯纳：《马克思主义、毛泽东主义与乌托邦主义》，张宁、陈永康等译，第2页。

② 沈慧芳：《乌托邦精神的意蕴及其理论与实践价值》，《福州大学学报》2010年第5期，第90页。

③ 李晃生：《儒家社会理想与道德精神》，百花洲文艺出版社2006年版，第9页。

想都是对现实社会的回避或者否定，都是为摆脱令人厌倦的现实社会的一种价值追求。

仅以大家耳熟能详的《礼记》为例。成书于战国至汉初的《礼记》，其作者和具体年代，学界并无定论。但不论作者是一人还是多人，它无疑记载着往古贵族的生活和礼乐文化传统，在中国文化史和思想史上具有特殊的意义。我们感兴趣的是其中描述大同理想和小康蓝图的章节。《礼记·礼运》篇借孔子之口勾勒出了一幅天下为公的乌托邦社会愿景：

> 昔者仲尼与于蜡宾，事毕，出游于观之上，喟然而叹。仲尼之叹，盖叹鲁也。言偃在侧曰：“君子何叹？”孔子曰：“大道之行也，与三代之英，丘未之逮也，而有志焉。大道之行也，天下为公。选贤与能，讲信修睦。故人不独亲其亲，不独子其子，使老有所终，壮有所用，幼有所长，矜寡、孤独、废疾者皆有所养，男有分，女有归。货，恶其弃于地也，不必藏于己；力，恶其不出于身也，不必为己。是故谋闭而不兴，盗窃乱贼而不作，故外户而不闭，是谓大同。”

这大概是儒家社会理想以“大同”为目标的最早记载吧。这里以孔子的口吻分析了“乱世”之根源和对“大同”蓝图的构想，抒发了孔子的政治理想、社会理想和道德理想。与所有乌托邦理想相一致，孔子在上述引文中，首先表达的是对现实秩序的失望和不满。“仲尼之叹，盖叹鲁也”，这当然是表达他对当时鲁国政治和社会状况的怨愤之情。“蜡”是周朝岁末时举行祭祀万物的大型活动，参加者行饮酒礼，需要有人主持，称为“宾”。孔子在主持完蜡祭后，按常理应该是处于兴奋的状态。但他却发出了一声不合时宜的喟叹，而且还是当着弟子的面，这就越发显得反常了。可能的解释是，他对鲁国当时的情形到了忍无可忍的程度。他不仅发泄着他的不满之情，也开启了他的畅想之门，为我们勾画了一幅未来社会的愿景。他的畅想说明他早已谋划在胸了。他的这一声喟叹和水仙花终生在北美主流社会“格格不入”的疏离感，有着异曲同工之妙，都是“完全具有含义取向的概念，而不是形式化的概念”。[1] 这无异于说，他们的“不满”和疏离感激发了他们的大同思想火花的迸发，因为“在这种思想

① ［德］卡尔·曼海姆：《意识形态与乌托邦》卷二，姚仁权译，第95页。

模式中，正是不满产生了好的和新的富有成果的规范。人们越是仔细地审查‘不满’这个词，就越来越清楚，这个表面上是对态度的非评价性的描述的词语充满了评价”。[①] 孔子的不满是对鲁国“大道”废弛的“评价”和抱怨。套用现在的流行说法，就是不满现实的一声叹息。

有趣的是，孔子的喟叹不同于其他人的哀怨和不满，它有明确的指涉并暗含矫枉过正的具体路线图，包含着他的社会理想和政治理想。原来，孔子在当时的鲁国看到的是，“大道之行也，与三代之英，丘未之逮也，而有志焉”。“礼崩乐坏”、“大道”废弛的后果就是当时鲁国的各种社会矛盾集中爆发，道德沦丧，流弊肆虐。陈莉在《礼记》一书的《前言》中总结道：“春秋战国是一个社会发生巨大变革的时代，当时在社会的政治、经济以及文化思想领域中存在着各种频繁而剧烈的矛盾冲突。”[②] 面对这样的社会现实，孔子故而遥想“三代之英”时期的淳朴、平静和尚贤的世风。孔子尽管抱怨自己生不逢时，但志向未改，无限向往他心目中的尧舜禹的三英时代。

遥想无害，但还是要着眼于现世。从遥想到改良现世社会是大部分乌托邦理想的主要结构部分。若要改变现状，孔子认为首先要从政治入手，并提出了他的三原则：天下为公；选贤与能；讲信修睦。春秋时期长期的社会动荡和连绵战事，在孔子看来，其根源就是没有实现“天下为公”的政治理念，而是反其道而行之，都是“私家天下”，其本质就是家族天下，是宗族观念和制度的产物。要实现政治清明，孔子认为其要义是重新让“大道”畅顺，而要实现这种畅顺，条件是统治者要有“天下为公”的胸怀。其次要有“选贤与能”的用人原则，而不是任人唯亲的宗法观念。英才荟萃，君民一心，为国为民，自然能够逐步达到全社会“讲信修睦”的程度，甚至可以消除战乱，与邻（国）和睦相处了。

孔子希望实现其政治理想的目的是要最终实现他的“大同”社会理想，毕竟社会理想要远远大于其政治理想。孔子设想，实现他的三原则之后：“故人不独亲其亲，不独子其子，使老有所终，壮有所用，幼有所长，矜寡、孤独、废疾者皆有所养，男有分，女有归。货，恶其弃于地也，不必藏于己；力，恶其不出于身也，不必为己。是故谋闭而不兴，盗

① ［德］卡尔·曼海姆：《意识形态与乌托邦》卷二，姚仁权译，第 95 页。

② 陈莉：《礼记·前言》，高等教育出版社 2008 年版，第 XIV 页。

窃乱贼而不作，故外户而不闭。”果真如此，这简直就是一幅人间乐园的大同社会蓝图了。结合《甫刑》中“亲而尊，安而敬，威而爱，富而有利，惠而能教。其君子尊仁畏义，耻费轻实，忠而不犯，义而顺，文而静，宽而有辨”的理想考虑，在这个理想国中，“君爱民、民拥君，上下有爱、有序、有义、有礼而无私、天下富足、心灵美丽”。[①] 人们各司其职，长幼有序，男女分工明确，安分守己，盗贼绝迹，夜不闭户。这不正是“天下一家人”的大同社会吗？和水仙花的“世界一家人”大同理想十分相似。家给人的感觉就是互相关爱，团圆和谐。在孔子的大同之梦中，老有所养，安享天年；幼童能够快乐成长；青壮年能够施展才能，实现自己的抱负。更重要的是每个人都不会感到轻视或者遭到遗弃。

孔子在阐述了他的大同理想后，又勾勒出他心目中的“小康”社会图景：“今大道既隐，天下为家，各亲其亲，各子其子，货力为己，大人世及以为礼。城郭沟池以为固，礼义以为纪，以正君臣，以笃父子，以睦兄弟，以和夫妇，以设制度，以立田里，以贤勇知，以功为己。故谋用是作，而兵由此起。禹、汤、文、武、成王、周公，由此其选也。此六君子者，未有不谨于礼者也。以著其义，以考其信，著有过，刑仁讲让，示民有常。如有不由此者，在執者去，众以为殃。是谓小康。”在他的设想之中，一个社会并不是从“小康”向“大同”渐进式发展的，而是相反。“大同”在前，“小康”随后。大同是基础，小康是目标。需要明确的是，孔子的“小康”概念的内涵不同于我们今天“小康”概念的内涵。他主要是从社会和谐安稳的角度提出这个概念，而不含有当今的“财富”因素。他希望实现的是政通人和式的安邦、固邦、稳邦愿望，反映了他的政治智慧和道德理想，而不是我们今天物欲横流之下的财富积累。古今中外，还不知道有哪个国家或者社会是将“财富积累”作为其核心价值的。换句话说，孔子一定不认同我们今天的社会就是标榜的所谓“小康”社会。套用今天的流行语言，他如果一定要用“小康”这个词汇，那他也会说是“被小康”了。因为他心目中的“小康”理想的具体方面是“礼”、“刑”、“仁”、“信”等等，而体现文化价值的以上观念，如崔颢《黄鹤楼》中慨叹的“黄鹤”一样：“黄鹤一去不复返，白云千载空悠悠。”

① 李晃生：《儒家社会理想与道德精神》，第11页。

具体地讲，在政治上，孔子推崇的是“贤明君主”式的“仁君”。在道德层面，他相信“君子”的示范性和向善性，在维护社会等级制方面，他对“礼”的规约性、规范性和制度性笃信不疑。“对孔子来说，回到上古时代的完美不是通过信仰或神恩的干预，不是等待未来的启示或救世主的第二次来临，而是通过人在目前和现世的努力，依靠每个有道德的君子去恢复那失去了的黄金时代的文化。而恢复过去时代文化的最终目的，乃是为了在将来可以实现完美。”① 这无疑是非常中肯的见解。君王凭什么才能恢复往古的黄金时代呢？恢复黄金时代对君子本身又提出了什么要求呢？这里实际上已经涉及理想社会对人的要求这个重要的命题了。在孔子看来，那当然是通过对“礼”的教化、见习、熏陶和应用，使人们成为君子。

“礼”在孔子那里不仅是制度的制约，而且是做君子的根本，是要终生苦学并时时研习的。孔子的“学而时习之”中的“学”，放在这样的语境中思考，恐怕不是我们今天所理解的“学习知识”，因为“学”是及物动词，在孔子这句著名的语录中，“学”这个动词的宾语并不明确。换句话说，我们并不知道“学”的具体内容是什么，而知道“学”的目标是“优”。可以肯定的是，“学”不会是读书认字，因为孔子并没有使用过任何具体的教材。孔子的教育理念就是言传身教，启发讨论，引导学生自己领悟做“君子”的根本。因此，我们可以宽泛地讲，“学而时习之”中的“学”，是对六经，尤其是对“礼”的学和领悟，“习”也是对所学的“礼”的“习”，与今天的见习和实习意思倒是差不多。孔子在《论语·颜回》中对颜回说：“克己复礼为仁。一日克己复礼，天下归仁焉。为仁由己，而由人乎哉？”除君王外，对于普通众生而言，孔子认为，恢复“周礼”，剔除私欲，人人完善自我，接受等级制度，明确自己的身份和地位，坚持理性态度，成为他心目中的“君子”后，人们虽然不能返回到乐园般的“三英”时代，但可以改变自己，进而影响他人，实现全社会的“小康”，并逐步实现他无限向往的未来乌托邦理想。

前面回顾了以孔子为主的儒家大同理想，道家的大同社会又是什么样的呢？如果儒家宣扬了它的治国理想和道德理想，道家同样如此，因为儒

---

① 张隆溪：《乌托邦：世俗理念与中国传统》，见［德］约恩·吕森主编《思考乌托邦》，张文涛、甄小东、王邵励译，山东大学出版社 2010 年版，第 195 页。

道两家在起初是很难截然分开的。习惯上，我们还是将儒道两家分开的，但区别并不大。正如南怀瑾指出的那样：“在秦汉以前，现在所谓的‘道家’与孔孟之学的所谓‘儒家’，原本没有分开的，统统是一个‘道’字，代表了中国的宗教观，也代表了中国的哲学。”[①] 如果说，孔子以其乌托邦理想来拯救“礼崩乐坏”的社会，那么，老子同样有类似的主张。他的《道德经》第八十章中有这样一段话：“小国寡民。使民有什伯之器而不用。使民重死而不远徙；虽有舟舆，无所乘之；虽有甲兵，无所陈之。使人复结绳而用之。至治之极。甘其食，美其服，安其君，乐其俗。邻国相望，鸡犬之声相闻，民至老死，不相往来。”

老子的“小国寡民”无疑是一种理想的社会形态，渗透着他的乌托邦理想。与孔子相同，老子也幻想着回到自给自足、古朴纯净的上古社会。之所以说是“纯净”社会，因为在老子的理想中，那里没有明显的等级制，人人平等，社会安宁；那里没有技艺和弄巧，更没有奸诈；那里没有剥削和压迫，更没有战争和杀戮；那里不需要智慧，更不需要文明和教化；那里丰衣足食，民风淳朴；那里的人民安之若素，衣着鲜美；那里的人民含哺而熙，鼓腹而游。毫无疑问，如此这般的河清海晏的社会，老子是太过理想化了。一如所有的乌托邦思想都有着深刻的现实意义，或者说是对当时的社会问题的回应一样，那么，老子处身于什么样的社会环境呢？理解了这点，才有助于我们理解他的“小国寡民”乌托邦盛世美景的思想基础。任何乌托邦理想都涵盖两方面内容，既有对现实社会的批判，也有对远古或者未来社会的向往。但批判有时候会显得非常隐晦，老子的小国寡民理想就是如此。老子虽然没有像孔子那样喟叹鲁国流弊丛生的社会现实，但他无限向往另一种社会状态的态度，无疑是一种讽喻，具有明确的批判社会的功能和效用。

老子生活在春秋战国时期，曾为周朝的史官，其一生厌恶战争，因为狼烟中只有生灵涂炭，生之艰难只有经历过战乱的人才有深刻的体会。于是，老子首先设想的是没有战乱和动荡的平安社会状态，幻想人们能回到“结绳记事”的上古乐园时期。在那个“小国寡民”社会里“虽有甲兵，无所陈之”，整个国家连屯兵布阵的地方都没有，还怎么打仗？结束战乱，才有可能“使人复结绳而用之”。“小国寡民”对应的是国土广袤、

① 《南怀瑾选集》（第二卷），复旦大学出版社 2003 年版，第 7 页。

人口众多的“大国广众”了。大国的胸怀和幻想就是变得更大更强，大国的意志就是通过战争将自己的意志强加于人，而大国意志的核心就是强势推行自己的主张并建构自己主张的必要性和普世性。欲要满足大国自身的愿望，这从策略上讲，也只有对外宣战，大肆扩张，四处掠夺一条路了。其结果必然是烽火连绵，硝烟弥漫，民不聊生，社会动荡。战争有可能使得疆土扩大，但其破坏性也是战争的一部分，对交战双方的普通百姓而言，就是灾祸和牺牲。另外，战争总是和动荡相连。相反，小国反对战争，又没有兵力参战，不对他国构成威胁，反而有可能获得安宁与和平，进而逐步实现富裕。大国明争暗斗，小国明哲保身，在中外历史上，此类例子比比皆是。“小国寡民”的社会理想与老子的哲学思想一脉相承。老子哲学的根本就是顺应自然，强调“无为而无不为”的策略。

假如说，不屯兵养兵，甚至有舟车而弃用，“使人复结绳而用之”，是实现老子社会理想的策略，那么，老子提出的“四绝”无疑是他的战略和原则了。《道德经》第十九章写道：“绝圣弃智，民利百倍；绝仁弃义，民复孝慈；绝巧弃利，盗贼无有。此三言也，以为文未足，故令之有所属：见素抱朴；少私寡欲；绝学无忧。”。“圣”、“仁”、“巧”和“学”四者，杜绝任何一个都是令人振聋发聩之说，在现实中，没有一个社会可以愿意或者能够做到。问题是，既然不能实现其十之一二，老子为什么欲建立一个古朴清纯的社会，非要坚持“四绝”原则呢？如果说老子是一个乐观主义者——因为他还相信只要按照他的原则，理想社会还是可以实现的，那么，我们不仅要再追问，他要绝的“圣”是什么样的“圣”？“智”是什么样的“智”？“仁”是什么样的“仁”？如果我们将这些概念在老子的整体哲学体系中加以思考，其实并不难理解他的“耸人听闻”之说，甚至还会为他的高超智慧而发出由衷的感叹：“礼”实为小技，而小技不足以成就大业；顺应自然才是大智大慧，而智慧才是治国的根本。

我们知道，老子的哲学和社会理想中追求的要义是没有差别的平等。从逻辑上讲，他不可能不反对标榜圣人的做法，因为树立“圣人”形象，就可能导致一个社会人人想成为圣人的风气，至少“圣人”的弟子和门生们都有成为“圣人”的愿望和努力。此风一旦刮起，假以时日，必然是大小“圣人”遍地，“圣人”们各抒己见，勾心斗角，吵闹不休。孔夫子周游列国，推行自己的政治理想，实则是试图将自己立为“圣人”并被奉为“圣人”，他的所谓周游，实则是推行自己的政治主张未果之后的不断逃跑。南怀瑾先生在《老子他说·孟子旁通》中解释说:“那个时候(春秋战国时期——引者注),对圣人的标榜特别多,几乎每一个会说话的人都是圣人,聪明才智之士,比比皆是。”① 圣人如过江之鲫,反而在一定程度上加剧了社会动荡。乱世出“圣人”,而能消弭战争者能有几人?大概就数苏秦最有名了吧。同理,标榜“智”、“仁”和“学”,只能使人私欲膨胀,追求末叶,忘却“大道”。因为“智”与“奸计”、“仁”与“虚伪”、“学”与“愚腐”,差之毫厘,像硬币的正反两面。“圣人不仁,以百姓为刍狗”,如果天地不仁,圣人不仁,那还如何倡导“仁”呢?大乱之后并不是要大治,而是要引导人们“少欲寡私”,见朴抱素,静处修身,这和大病之后需要静养同理。可见,老子并不是要真的“绝圣弃学”,而是要根除其背后的“名利”追求和等级划分之隐患。在这点上,美国19世纪的哲学家爱默生似乎继承了老子的思想,他也呼吁人们丢弃书本,走向自然,走向内心,追寻心中的“超灵”(oversoul)。爱默生呼吁人们走“超验”的途径,老子要人们返朴归真,顺应“道”。只要人们心中有“道”,顺应天道,天下自然和顺太平,在老子的理想中,那样的社会离他心目中真正的乌托邦社会也就不远了。

还是用一个具体事例说明吧。一代枭雄曹操,文韬武略,智谋超群,凭多年东征西讨,打下一片属于自己的广袤天下,可以说是战争的最大受益方之一,但他也对战争的破坏性有切肤之痛。作为一方豪杰,曹操不得不战,但作为诗人,他却是最反战的一位元帅了。戎马一生、叱咤风云的曹操竟然会写下《对酒》这样的诗:

> 对酒歌,太平时,吏不呼门。王者贤且明,宰相股肱皆忠良。咸礼让,民无所争讼。三年耕有九年储,仓谷满盈。斑白不负戴。雨泽如此,百谷用成。却走马,以粪其土田。爵公侯伯子男,咸爱其民,以黜陟幽明。子养有若父与兄。犯礼法,轻重随其刑。路无拾遗之私。囹圄空虚,冬节不断。人耄耋,皆得以寿终。恩德广及草木昆虫。②

① 《南怀瑾选集》第二卷,第176—177页。

② 贺新辉主编:《古诗名篇赏析》上册,中国妇女出版社2009年版,第302页。

根据贺新辉的解读，这首诗可以分三个层面理解，分别表达了曹操的政治理想、经济理想和社会理想：“第一层，描写政治清明……第二层，描写经济的繁荣，五谷丰登……第三层，描写社会的安定。”① 如果从乌托邦话语的角度解读这首诗，我们认为曹操在诗中表达了他的乌托邦理想，因为他描绘的社会富裕安康，司法公正，政治清廉，民风淳朴，盗贼绝迹，而且得上天垂怜，雨水充沛，五谷丰登。在农业社会时期，还有比这个更好的祈求和愿望吗？其次，全社会仁爱友善，战事停歇，连战马都变成走马。再次，官员“咸爱其民，以黜陟幽明”，整个社会秩序井然，和谐友爱，官员们尽心尽责，任人唯贤。这样的社会与曹操生活在其中的现实社会迥然不同，他也只能在乌托邦的幻想中聊以慰藉。

曹操的乌托邦思想和孔子的有什么区别呢？很显然，孔子因不满现实而喟叹，进而遥想三代，有着强烈的复古色彩，但曹操是执政者，他的不满又来自何处呢？他不可能像孔子那样表现出对现实的愤慨，否则就是对他对以周公自许的自己的自我否定。当然，如果我们坚信，乌托邦是人的一种本体论存在方式和哲学本源，我们反而能够理解用极端严酷的手段帮助建立魏国的曹操了：乌托邦想象并不一定要有现实基础，也并不反映现实，只是人们希望美好生活的共同梦想而已。从本质上讲，对未来怀有美好理想是人的存在方式之一，因而也是人的哲学存在之一。另外，曹操在军事和政治上的成功，说明他禀赋超人，十分注重自己的道德形象。一般认为，曹操气量狭窄，奸诈多忌，诡谲不常，那是他人对曹操的看法，并不代表曹操本人缺乏站在道德制高点上的愿望，也不代表曹操不认为他自己没有占据道德制高点。其实，他的《对酒》充分反映了他树立儒家仁义道德形象的强烈愿望。李晃生先生认为：“在中国古代，几乎所有的成功的政治领袖，并非纯粹的私德优异，也并非都是流氓、草莽一类的特点，而是具备当时社会的特点，亦即懂得树立个人的道德形象与追求最大政治利益的关系。”② 结合后来的历史看，这种观点是很有见地的。曹操的可贵之处，不仅是因为他是一代枭雄，凭智慧、谋略、奸计和超常的胆识赢得了大部分天下，而是在于他位高权重之时，还在追求一种更好的社会形态的诗人情怀，横槊赋诗，表达了他激扬的政治理想、社会理想和道

① 贺新辉主编：《古诗名篇赏析》上册，第302—303页。

② 李晃生：《儒家社会理想与道德精神》，第254页。

德理想，而这三者也构成了他的乌托邦精神的本质。

既然是回顾我国古代的乌托邦理想和思想，这里就不能不提到墨子了。墨子系出儒家，后来成为儒家中的另类，也有人认为墨子自成一家，与道家和儒家并列鼎足。即使我们不能说墨子完全开创了不同于儒学的“墨学”，但他极大地丰富了以孔孟为代表的儒学却是不争的事实。墨家的基本思想主要有兼爱、非攻、尚贤、尚同、节用、节葬、非乐、天志、明鬼、非命等十个方面，与本文密切相关的是他的“兼爱”之说。杨义先生在他的《墨子还原》中对墨子的思想作了精辟的概括，认为：“墨子接地气而创造人学，其人学体系有四大支柱：兼爱、非攻、尚贤、尚同……如果要用两个字尽传墨学的精神，那就是‘兼爱’。”[①] 显然，杨先生所说的“人学”大概对应的是孔子的“仁学”，而这也是墨子和孔子的分歧所在。墨子的“兼爱”思想与孔子的“仁爱”学说的区别，唯有孟子明察秋毫。孟子继承孔子的“仁学”思想，发展出了他的“仁政”学说，对墨子以人为本的“人学”思想深恶痛绝。他在《孟子·滕文公上》中，因为憎恶“兼爱”论而对墨子进行了赤裸裸的人身攻击：“墨氏兼爱，是无父也。”这恰恰道出了“兼爱”与“仁爱”的区别：“仁爱”是建立在“亲亲”、“君君”之上的“小爱”，而“兼爱”是“大爱”，是“博爱”，是“泛爱”，是胸怀天下无私的“爱”，是爱所有人，而不是有选择地去爱部分人。孟子对墨子恨之切肤，因为他理解“兼爱”就是超越家族和宗亲的爱，而不是以“孝”和“忠”为标志的所谓的“仁爱”，自然也不是等级制之下的所谓的“仁爱”。试问有哪种“仁爱”是下级对上级表示的呢？“仁”体现的是上对下的关怀，体现的是上级的君子品格和气度，“仁爱”的“爱”，是对下级的要求。下级对上级怀有爱心，说明下级也是有“礼”之人。可见，“仁爱”是居高临下的，是在不平等的社会建制下的“私爱”，与墨子提倡的“兼爱”有着本质区别。可以说，“仁爱”的基础是等级制，而“兼爱”的基础是平等观念。

墨子对各国大张挞伐、志在吞并的连绵战争及其带来的社会动乱和严重破坏，感到痛心疾首。对于动乱的根源，孔子认为是“大道已隐”，显得十分抽象空泛，而墨翟认为：“当察乱何自起？起不相爱。臣子之不孝君父，所谓乱也。子自爱，不爱父，故亏父而自利；弟自爱，不爱兄，故

① 杨义：《墨子还原》，中华书局2011年版，第44页。

亏兄而自利；臣自爱，不爱君，故亏君而自利，此所谓乱也。虽父之不慈子，兄之不慈弟，君之不慈臣，此亦天下之所谓乱也。父自爱也，不爱子，故亏子而自利；兄自爱也，不爱弟，故亏弟而自利；君自爱也，不爱臣，故亏臣而自利。是何也？皆起不相爱。"（《墨子·兼爱上》）很难说还有比墨子更透彻地揭露孔子"仁学"的自私自利的本真的了。从逻辑和理论上讲，一切的"自爱"都是自私的，自己爱自己的父母兄弟，就不可能还同样地爱他人的父母兄弟，其本质上都是排他性的"小爱"。在墨子看来，分彼此的所谓"爱"，由于其自私的本质，才是"乱"的根源所在。一语道破孔子"仁学"的自私性质，也难怪孟子要寻机诅咒墨子了。

至于更深层的原因，还是杨义先生说得好："这里明显地站在贫贱弱愚的社会下层说话，反映了自称'贱人'的墨者无从依凭政治地位和家族强势来自高地步，便提倡一种爱相兼而非爱有别的天下人平等相爱的意识，从而消解了宗法制度中亲亲君君的规矩。"[①] 自然，打破了等级制，孔孟及后世倡导的儒学也就不复存在了。墨子认为天下盗贼猖獗，其原因仍然是私欲作怪，而私欲的本质，在墨子看来，是由一种畸形的"爱"所导致："盗爱其室，不爱其异室，故窃异室以利其室。贼爱其身，不爱人，故贼人以利其身。此何也？皆起不相爱。"（《墨子·兼爱上》）墨子认为盗贼仍然有"爱"，只不过是"自私自利"的爱，因为太"爱"自己的家，才会窃入他人的家，太爱"财"才会贪财，由于太"爱"自己才会伤害他人。更奇妙的是墨子将盗贼与王侯将相相提并论，将他们视为一丘之貉，其共同之处就是这种自私狭隘的"爱"。他说："虽至大夫之相乱家，诸侯之相攻国者亦然：大夫各爱其家，不爱异家，故乱异家以利其家。诸侯各爱其国，不爱异国，故攻异国以利其国。天下之乱物，具此而已矣。察此何自起？皆起不相爱。"（《墨子·兼爱上》）一句话，什么王侯将相，满嘴仁义道德，打着忠孝的旗号，小则乱国，大则发动战争而祸国。

对症"私爱"的良药就是"兼爱"。墨子接着犀利地指出"不相爱"的后果："……是故诸侯不相爱，则必野战；家主不相爱，则必相篡；人与人不相爱，则必相贼；君臣不相爱，则不惠忠……天下之人，皆不相

---

① 杨义：《墨子还原》，第45页。

爱，强必执弱，富必侮贫，贵必敖贱，凡天下祸篡怨恨，其所以起者，以不相爱生也。”如此醍醐灌顶般的警示，放在当今全球化时代人与人、个人与集体、团体与团体、国与国的关系中，仍然具有迫切性和不可替代的启迪意义。欲想消除强凌弱、富侮贫、贵傲贱的丑恶现实，只有“以兼相爱、交相利之法易之”了，用现代的话语，就是用“博爱”和“平等互利”的原则，代替文化霸权背后那弱肉强食的“丛林法则”。

仔细分析“兼相爱、交相利”的深刻含义，我们以为“兼爱”的基本要求是，人不分富贵贫贱、性别不分男女、年龄不分长幼，没有等级之别，均能爱己及人。若天下之人皆相爱，那和谐平等是自然而然的结果，也就实现了人人平等的理念，进而实现建立一个国泰民安的理想社会的愿望。也正是如此，墨子才要不厌其烦地告诫世人：“视人之国，若视其国；视人之家，若视其家；视人之身，若视其身。是故诸侯相爱，则不野战；家主相爱，则不相篡；人与人相爱，则不相贼；君臣相爱，则惠忠；父子相爱，则慈孝；兄弟相爱，则和调。天下之人皆相爱，强不执弱，众不劫寡，富不侮贫，贵不傲贱，诈不欺愚，凡天下祸篡怨恨，可使毋起者，以相爱生也，是以仁者誉之。”（《墨子·兼爱中》）如果以“大爱”、“博爱”理念要求圣人，墨子无疑要超过孔子了。

以“爱天下”开始建立大同社会，一定比褊狭的有限的“爱”来得彻底，也许更容易实现。墨子主张“兼爱”型的社会，推崇爱人爱己，利人利己的辩证思想。孔子希望人人都成为君子，墨子希望人人都是专门利人的博爱之人。如果说，三英是儒道两家的明君形象，三代是他们向往的大同社会理想，那么，墨家有他们心目中大公无私的楷模吗？当然有，那就是大禹。大禹屡过家门而不入，治水保民，身体力行，大公无私，舍己为人。大禹成为墨家理想人格的典范，一点也不奇怪。墨子一生都是以圣人大禹为榜样的，他行事的原则是“利人乎，即为；不利人乎，即止”（《墨子·非乐上》）。

一般而言，在乌托邦理想社会中，人们强调的是“社会”的公平和富裕，但在一个理想的社会中，人该是怎样的人呢？没有理想中的人，不可能有理想中的社会。不论是孔子的“克己复礼”的君子，还是老子“小国寡民”里“老死不相往来”的众生，恐怕都不是最理想的乌托邦人。君子人格不是所有人都能凭“克己”而实现的；老子的“小国寡民”是一个社会理想，但人们不相往来，“大同”在立论上就有漏洞。倒是墨子提倡的兼爱、无私的大禹式的人，像是乌托邦之人，但那样的典范式的英雄是可遇而不可求的，何况一个社会单凭英雄是不可能长期维持的。因为人就算可以做到兼爱，也不一定能做到真正的无私。国家、民族、党派、阶级、社团、机构、学校、家庭、团队等等不可尽数的“组织”，都有排他性。因此，没有一种是可以真正地利他人而无私的，否则，这些“组织”的存在就无法在逻辑上成立。

谈到理想的人的问题，一下子将我们带到了康有为的《大同书》中所涉及的最根本问题：大同社会中理想的人。康有为（1858—1927），又名祖诒，字广厦，号长素，又号明夷、西樵山人、游存叟、天游化人等，广东南海人，人称“康南海”。他自幼聪明，苦读儒学，但对科考不感兴趣，因而多次考取功名而不第。他对儒家的封建宗法体制不屑一顾，痛恨其运作层面上森严的等级制，因其导致人与人之间的不平等，也是导致苦难的根源。康有为坦承：“吾既生乱世，目击苦道，而思有以救之，昧昧我思，其惟行大同太平之道哉。”[①] 那么，他的“大同之道”到底为何呢？在同一段里，康有为认为他心目中的“太平之道”就是：“至平也，至公也，至仁也。”[②] 这里有两个理念需要强调，即“至平”和“至公”、“至平”就是绝对的平等，“至公”就是绝对的公正。前者是纲，后者是目，二者的基础是“至平”。纵览全书，我们发现“至平”观念是康有为《大同书》中乌托邦思想和社会结构的基础，是全书体系的根本。比如，他在“甲部”第五章的“阶级之苦”一节中写道：“人皆天所生也，同为天之子，同此圆首方足之行，同在一种族之中，至平等也。”[③] “人人生而平等”的西方理念，素来被认为是一个伟大的理念和人类的普世价值之一，几百年来，在世界各地广为传颂。表面上看，这一理念确实表达了所有人的愿望——至少是表达了普通人的普遍愿望。但严格地讲，它因为缺乏具体指涉而显得空泛，于是，在任何时空中都可以使用，却永远没有实现的可能。

康有为的平等理念则完全不同，它有明确的指涉，并向统治阶级提出挑战。好一句醍醐灌顶般的“人皆天所生也，同为天之子”，其立论之高

---

① 康有为著，杨佩畅整理：《大同书》，中国画报出版社2010年版，第13页。

② 同上。

③ 同上书，第42页。

远，振聋发聩，具有石破天惊之势。他无异于申明：人人都是“天之子”。康有为首先确立人非父母所生，因为在任何一个现世社会中，人的父母都处于不同的等级和阶层之中，事实上的不平等是普遍的和绝对的。不同等级中的父母，不可能所生的子嗣完全平等。父母的政治地位、社会地位、经济地位，甚至于种族肤色和性别，就连出生地以及世界上寥若晨星的户籍制度，都在起点上部分决定了子嗣的身份和地位。如此众多的差别，何以能够带来人人平等的事实呢？相反，父母若同为“天”，即，所有人都在同一父母之下，自然是生而平等了，以上所提到的差别都不复存在了。其次，在封建帝制尚未坍塌之时，康有为提出人人都是“天之子”的说法，无异于触犯天条，难怪他生前不敢发表他最为得意的《大同书》——该书是在康有为去世8年后才发表的。人人同为天之子之后，两千多年来信奉的儒教中的“君君臣臣、父父子子”等所有关系和等级，在理念上被瞬间瓦解了。这不能不说是康有为在逻辑上的重大理论突破，因此，我们可以说，康有为的《大同书》，不论从逻辑和思维的深度，还是从具体的理想社会的设计而言，其意义远远超过史上任何一种大同社会理想。

康有为认为人的一切苦难均来自于各种界限和等级制，唯有彻底去除，人类方有可能走出苦境，迈向大同之极乐太平之世。他忧国忧民，长期思考国人脱离苦难之道，终于写成惊世骇俗的《大同书》。据该书的整理者杨佩畅所述：“据一位20世纪50年代起就为毛泽东经管过图书的人说，康有为的重要著作《新学伪经考》和《孔子改制考》，毛‘是经常要看的’，而康有为的《大同书》，对他的影响就更加明显。”[①] 该书分为甲、乙、丙、丁、戊、己、庚、辛、壬、癸十部，各部分所占篇幅不等，全书20余万字。这里有必要列出各部的名称，以示他希望去除的方面以及他心目中的大同社会的样貌：甲部《入世界观众苦》、乙部《去国界合大地》、丙部《去级界平民族》、丁部《去种界同人类》、戊部《去形界保独立》、己部《去家界为天民》、庚部《去产界公生业》、辛部《去乱界治太平》、壬部《去类界爱众生》和癸部《去苦界至极乐》。这九个以“去”字开头的题目十分清楚醒目。如果说，陶渊明在其《桃花源记》中的“忘”字，彰显的是他作为诗人的强烈情感，是美学范畴的审美情绪，那么，康有为的“去”则是政治家或者一个社会学家的人类规划的一部

① 康有为著，杨佩畅整理：《大同书》“前言”，第4页。

分。在中国乌托邦思想史和文学史上，就其激进的程度、思维的缜密、规划之详细大胆而言，未有出其右者。难怪他那沿波讨源、文理俱惬、闳中肆外的《大同书》能够名垂史册了！

康有为开宗明义，直言现实人生之苦，在甲部《入世界观众苦》列举并分析了人生的种种苦累，从所有人的“投胎之苦”到“帝王之苦”再到“神圣仙佛之苦”，林林总总，无人能免，无神能免。人的苦难的根源何在？在该章末尾，他写道：“总诸苦之根源，皆因九界而已。”[①] 他追根溯源，层层剥茧，找到人类苦难的根源在于人为分割的“九界”。他列举的九界为：“一曰国界，分疆土，部落也；二曰级界，分贵、贱、清、浊也；三曰种界，分黄、白、棕、黑也；四曰形界，分男、女也；五曰家界，私父子、夫妇、兄弟之亲也；六曰业界，私农、工、商之产也；七曰乱界，有不平、不通、不同、不公之法也；八曰类界，有人与鸟、兽、虫、鱼之别也；九曰苦界，以苦生苦，传种无穷无尽，不可思议。”[②] 将人事物事归类划分，是人类认识自身和客观世界的基本方法。不论是中国哲学中从混沌到阴阳两仪，再到四象，然后到八卦的特有认识论，还是西方的二元认识论，概莫能外。分类有助于把握和管理，但中国哲学至今也没有能够解决“从无到有”的命题。如果“无”和“有”是两种存在方式，那么，它们是怎样转化的呢？转化的条件和方式如何呢？如果非要说是解决了这个命题，那也必然要坚信“无”就是“有”，至少也是“有”的一部分。可见，只有“分”，还是不能完全令人信服的。随着人们认识世界的能力不断加强，对社会的认识也不断走向归类和分化之途，其结果就是所谓的三教九流。西方的二元论和辩证法同样是基于这种无休止的划分和重新归类，同样会受到不断的挑战，因为“分”也是无限的。

既然，苦的根源是九界，所以康有为说：“何以救苦？知病即药，破除其界，非其缠缚……吾救苦之道，即在破除九界而已。”消除人生的百般诸苦也好，破除九界也好，都需要一种理想中的人去实现。然而，人从肤色上分为“黄、白、棕、黑”，在肤色政治化的现代社会和生活中，是有优越与卑贱之分的。康有为始终坚信，只要有等级，就不可能有大同。他言之凿凿，明理辨非，认为：“夫大同太平之世，人类平等，人类大

① 康有为著，杨佩畅整理：《大同书》，第48页。

② 同上。

同，此固公理也。”[①] 换言之，没有人类的平等，就没有人类的大同。但严酷的现实是，种族的不平等是铁一般的事实。他是怎样思考这一根本问题的呢？他又是怎样能让“黄、白、棕、黑”四种人逐渐同一呢？

康有为是黄种人，理所当然地将“黄”置于其他肤色之前，也不认为“黄”种人需要与其他人种同化以彻底改变肤色，尽管适度变白也是可以的。但非洲黑人的命运却不相同：根据他立足于史实的观察和推论，奉行殖民主义的欧洲白人终将改变非洲人的肤色。方法有二：屠杀使得黑人数量锐减；通婚使得黑人皮肤逐渐变白，数代之后，地球上的黑人终将消失。同理，白人掠夺、混居、殖民统治和屠戮的北美印第安人（康有为翻译为北美烟剪土人），将面临相同命运：他们要么慢慢消失，要么逐渐变白。康有为认为，最棘手的还是南亚的印度人，因为其数量巨大，“变白”若“经千数百年，英人之居者日繁，印种殆亦零落渐少。故至大同之世，只有白种、黄种之存。其黑人、棕种殆皆扫地尽矣，惟印度人略有存者，亦多迁之四方，而稍变其种色矣”。[②]

棕、黑两个种族的问题解决后，黄、白两个种族何以能够统一呢？殊不知，统一只能是在平等的基础上才得以实现。问题是怎样才能使黄、白二种族平等呢？康有为认为，这本来就不应该是个问题，因为“于全世界中，银色之人种横绝地球，而金色人种尤居多数，是黄白二物据有全世界。白种之强固居优胜，而黄种之多而且智，只有合同而化，亦万无可灭之理”。[③] 黄、白种族各擅胜场，不可能以互相消灭对方的方式实现大同，何况两个种族都是才智超群，具有充当天然领袖的文明基础。于是，在他的理解中，两个有智慧的种族，唯有合作，方能双赢。不过，就肤色而言，康有为骨子里还是觉得白种人更优一筹。于是，他希望将黄种人变白，其方法之一就是迁移中国南方的人口，“稍移南人于北地，更易山人于江滨”，[④] 凭借行政命令的威权，使南方的人们远离故乡严酷的阳光，假以时日，数代之后，他们的子孙会自行变白。第二种方法是要鼓励黄种人与白种人通婚，“加以通种，自能合化，故不待大同之成，黄人已尽变

① 康有为著，杨佩畅整理：《大同书》，第98页。

② 同上。

③ 同上书，第97页。

④ 同上。

为白人矣”。[1] 若有剩余不变者，还可以通过“改食之法”和“人种改良”等方法实现最终的人类肤色大同，为他的乌托邦社会中理想的“人”创造种族条件，最终实现人人平等的主张。

康有为以人人平等为逻辑起点，提出了“去除”“九界”和男女平等的大同社会构想，并对大同社会中的“人”提出了明确的要求，即，好学多智。他因此提出：“太平世以开人智为主，最重学校。自慈幼院之教至小学、中学、大学，人人皆自幼而学，人人皆学至二十岁，人人皆无家累，人人皆无恶习，图书、器物既备，语言文字同一，日力既省，养生又备，道德一而教化同，其学人之进化过今不止千万倍矣。”[2] 对于人的教育，康有为在同一段落提出了德、智、体全面发展的现代教育思想。在他的太平极乐社会中，个人从出生到受教育于20岁，学成后为成员的共同福祉贡献自己的专长，创造社会财富，老年时入“养老院”，死后入“考终院”（公墓）。就财富分配而言，康有为主张共同富有，按需获取。

与古代先贤的大同理想相比，康有为的无疑要具体详尽多了。他的许多思想在今天包括中国社会在内的一些社会中，被付诸实施，且效果良好，如世界各地的免费教育、医疗和养老制度。但我们不得不指出其严重的内在矛盾。为了救民于水火中，消弭苦难，实现他的大同社会理想，康有为实际上鼓吹的是另一种形式的集权制，因为在他构想的大同社会中，集体高于一切，个人不仅没有任何地位，而且只能沦为一个社会理想的工具，毫无作为人的基本权利：如生存权、居住权、婚育权、受教育权、民族权利等。那里生活的人们的生、老、病、死的人生循环就是一个机械死板的过程，他们连肤色都要被迫改变，改变不了的就要被流放到“加拿大、南美、巴西之南”。[3] 这一切的一切都反映了他根深蒂固的儒学传统在作怪。尽管他不赞同儒家的等级制，但却在骨子里捍卫其合理性，并提出了新的种族等级制——尊白贬黑。由于其内在的矛盾，他尽管对大同社会的目标、分工、运作、物质生产、机构设置、婚嫁习俗、人类繁衍等方面有详尽的计划，但即便实现了他的人类大同理想，那也是集权制的另一种翻版，离真正的人人平等的大同康乐之世相距甚远。一切没有个性自由

① 康有为著，杨佩畅整理：《大同书》，第97页。
② 同上书，第228页。
③ 同上书，第100页。

和尊严的机械式平等，是一种绝对的平面平等，必然失去其公正与合理性。严格地讲，绝对的平面平等也谈不上社会正义，因为个人的贡献和能力根本无法体现出来。

以上大致勾勒了我国古代到现代的主要乌托邦社会理想，下面需要对西方的主要乌托邦理想做一简单回顾，以期通过对比，见出水仙花“世界一家人”大同理想的可贵之处及其独到之处。

第二节 柏拉图《理想国》的乌托邦要素

尽管“乌托邦”（utopia）一词是由16世纪的英国作家托马斯·莫尔第一次使用，如果对应于现实的时空，它既表示乌有之乡的意思，也表示理想的人类乐园的意思，但西方的乌托邦思想传统却远远早于16世纪。西方的乌托邦文学传统更是长盛不衰，衍化出了包括当代在欧美独领风骚的科幻小说和电影文学。追溯西方的乌托邦思想，如同追溯影响西方文明的其他重要思想根源一样，我们首先关注的是柏拉图（公元前427—前347年）。柏拉图不仅是西方思想史的源头之一，而且是西方的乌托邦理想的源头。诚然，西方的乌托邦理想还发轫于基督教的《圣经》，尤其是《旧约》中关于千禧年的信仰的描述，拉丁文为Millennialism，希腊文为Chiliasm，主要指人类在千年的循环中会有一个黄金时代到来，而到那个时候，人类终将实现大一统的理想，和平将降临人世，天堂再现，到处充满幸福和欢乐。尽管千禧年主义在西方影响深远，尽管这也是西方乌托邦理想的重要源头之一，但由于其与我们的宗教观、认知方法、世界观和价值观相去甚远，我们在此略去不谈。

柏拉图的乌托邦思想主要见于其重要的著作《理想国》，又译《国家篇》，等等。《理想国》作为乌托邦思想的重要遗产，影响了西方——甚至于全世界——两千多年时间，因为柏拉图在其中设计了一个理想的古希腊城邦模式和初步的运作建制，它不同于当时已有的任何古希腊城邦模式或者体制，也与古代中国的乌托邦理想迥异，因为“其政治的、社会的、空间的组织，符合正义与善的一切要求”。[①] 中国古代的三大乌托邦理想

① 克里斯安·库马尔：《西方乌托邦传统的诸方面》，[德] 约恩·吕森主编：《思考乌托邦》，张文涛等译，第17页。

强调的是最基本的人类“平等”，并没有将“正义”作为最高的社会理想。仅就“符合正义与善的一切要求”而言，柏拉图的社会理想与古代儒家的尧天舜日的古朴理想则完全不同，与老子的小国寡民社会理想也不相同，与墨子的“兼爱”理想更是相去甚远。在柏拉图的《理想国》中，人们精神愉悦，安康幸福，在一个有着明显等级制的社会里生活着，但这个社会却充满正义，处于这个理想国顶端的是哲学家国王。以理性和哲学思维见长的哲学家是“理想国”的中心，而整个国家政治体制的核心原则是理念。至于库马尔所说的“善”和“正义”都是理念之下的原则，并不是根本。理性原则才是柏拉图乌托邦社会构思的根本，因此，任何不符合理性原则的行为，甚至人，都要从他的“理想国”中清除出去。

《理想国》对应的是古希腊的城邦制，也是对人类走向安康幸福、公平正义之路的思考和设计，具有明显的未来指向的乌托邦性质。但它与后来的所有的乌托邦著作不同的是，它探讨的根本问题不是现实的残酷和消除人们苦难的策略，也不是人类走向大同之道的具体设计，而是正义本身，因为他认为一个理想的国家必须具备四种德性：智慧、勇气、自制力和正义。智慧是治理国家的基础，仅有少数人才具有高超的治国智慧，勇气是保疆卫土的根本，自制力是实现各阶层和谐相处的智慧之结果。若能做到人人自制，整个国家就达到了自治和谐的状态。若一个国家有了这三种德性，也就有了正义，也才体现出了柏拉图的正义观。从这里可以看出，正义既是一个理想社会的基础，也是其永久的目标。一个正义的社会必须有正义的人，因为一个正义的人是“一个好人，聪明人”，[①] 在另一处，柏拉图认为“正义的人显得更加智慧，更好，并且是更有能力去有所作为的”。[②] 有所作为，就是对国家实施英明治理。

那么谁才是一个真正的正义之人呢？柏拉图的答案是哲学家。他在《理想国》的“第七卷”中提出了他著名的“洞穴”比喻，可谓千古卓识。几千年来，无数的思想家和哲学家都试图论证或者解释这个比喻的含义，但人们仍然不能穷尽其意义，导致人们理解不同的是，它涉及了人存在的根本以及生命的根本。存在的根本和生命的根本原本就是纯粹的哲学问题，仁者见仁，莫衷一是，我们也在此略过。但是，这个比喻与柏拉图

① ［古希腊］柏拉图：《理想国》，顾寿观译，第47页。

② 同上书，第50页。

的正义观和乌托邦理想却有着密切的关系，我们需要在此完整引用该比喻：

> 有很多人，他们就像是住在一个洞穴式的地下居处里，这个居处，沿着整个的洞穴，有一条长长的进入通道，巷口敞开着对着光亮；在这个居处里，这些人，从孩提时起，腿脚和颈项就处于捆绑中，从而只能呆坐在同一个地方直视前方，因为他们的头，处于捆绑中，是不能四面转动的；有一堆火，火光在他们的上方和远处从他们身后照射过来，在火堆和这些囚人之间，有一个处于较高的水平面上的路，沿着这条路，请你再设想看到有一道作为间隔而筑起的小墙，就像对于演木偶戏的人那样，在观众前面横亘着一道屏障，而他们就在这道屏障之上演出他们的玩偶。[①]

其大概的意思是说，假设在一个洞穴中面壁坐着一些人，他们的手脚和头不能动弹，身后有火光射入，这批被捆绑的人终生在墙壁上看到的一切只能是影子，或者更多的是自己的影子，而不是真实的事物或者他们自己的本质。真实的事物，或者说事物或存在的本质，在这批囚徒的观察和思维里，都是影子，而且也只能是影子，因为他们不能转动身体，不可能看到事物本身。生活本身在他们看来，也只能是循环往复、永无休止的木偶剧，即，他们看到的仅仅是表象，与实物无关，与真实无关，与本质更是毫无关系。

通过这个比喻，柏拉图希望说明的是，看不到或者不能通过理性思考到达事物本质的芸芸众生，也是像被捆绑着的囚徒那样，只是玩偶而已。毫无疑问，看不到真相、生活在影子中的囚徒们是没有健全的灵魂的，在心智上也是残缺的，而一个“残缺、疾废的灵魂……一方面，憎恶自觉地、有意识的谎骗……而另一方面，对于不自觉、无意识的差错和谎骗却是好心善意地容忍和接受的，但他沉湎于无知中而为人所发现时，他完全不觉得丧气和难堪，相反，他处之泰然，就像一只小猪滚动在一潭无知的泥塘中一样”。[②] 心智不健全、灵魂残缺、无知且不自知、缺少睿智的人，

---

① ［古希腊］柏拉图：《理想国》，顾寿观译，第 319 页。

② 同上书，第 357 页。

在柏拉图的理想国中是没有地位的，因为他们是非不明，浑浑噩噩，不可能成为勇敢、高尚且充满正义感的理想国公民，相反，他们安闲自适，缺乏理想，不思进取，像在泥潭中打滚的小猪，在虚幻的生活中消磨时日。柏拉图的思想听上去十分尖刻，极端鄙视普通民众，但他也许道出了某些实情——普天下的民众大多是“沉湎于无知中而为人所发现时，他完全不觉得丧气和难堪，相反，他处之泰然”。在一个高度理性的理想社会中，这样的人肯定是不合格的，甚至是多余的。《理想国》中处处强调的是：只有像柏拉图那样坚持“理念”的哲学家才能够把握世界的本质，才是一个真正的正义之人。柏拉图指出：“当一个人，凭着这辩证的思维，脱离了一切感官知觉，通过理性，一直走向那每一个‘是其所是’自身，并且，在直到，凭着智性本身，掌握到那善自身之‘所是’之前，绝不放弃和停顿下来，那么，他就将达到那一切思维领域中的最终的终极本身，就像前者，在我们的譬喻中，达到那在一切可见的事物中的最后的终极一样。”[①]“最后的终极”就是人存在的根本，是世界的本源，而只有坚信理念，具有超强的理性思维能力的人才能达到那个遥远的彼岸。在柏拉图的思维中，芸芸众生就像那些被捆绑着的囚徒，是生活在影子之中的人，当然不可能是高尚、正义和勇敢的理想国臣民。按照柏拉图的逻辑，试问，连什么是真实都不明白的人，岂能洞察勇气、高尚和正义的含义？

柏拉图坚信“理念”是世界的本源，同时又是他的理性原则的最高显现。他同时坚信哲学家就是能够超越表象、不断走向“理念”的人，于是，哲学家成为一个国家的领导者理之所至，是逻辑的必然。这和孔子的“劳心者治人，劳力者之于人”有异曲同工之妙。柏拉图辩驳道：“也就是说，只有当那些真正的哲学家，或者是好几个人或者是一个人，在城邦里成为了统治者之后，他们鄙视和不屑一顾目前流行的那些尊贵的荣耀，认为它们是和一个高尚的人的品格不相配称的，低级粗鄙、一无价值的事，而他们认为重要的事情莫过于正直、以及由此而赢得的光荣和声誉，而最主要的和最不可或缺的是正义。”[②] 柏拉图通过“洞穴假设”或者比喻，强调了理性的至关重要性，因为只有理性精神才能走向事物的本质，才能走向事物的“真”，同时，也只有到达“真”，才能坚持绝对的

---

① ［古希腊］柏拉图：《理想国》，顾寿观译，第350页

② 同上书，第365页。

“善”和“正义”。唯有坚信绝对理性精神的哲学家，才能走向“正义”，也只有明了正义的人，才能是一个正义的人，才能是一个理想的统治者。言下之意，只有哲学家才能担当领导“理想国”的使命，否则就会出现黄钟毁弃、瓦釜雷鸣的滥竽充数的败象。

由此可以看出，在柏拉图的乌托邦理念中，绝对的理性精神是居于统领地位的，它凌驾于一切之上。没有理性精神的人以及从事模仿艺术的诗人和画家，在柏拉图眼里，其灵魂是残缺不全的，因为其所从事的是玷污灵魂、败坏风气之事，是没有资格在“理想国”里生活的。严格地讲，柏拉图并不认为人生来平等，也不认为人人都可能成为高尚正义之人。他将诗人和画家赶出了他的“理想国”，因为诗人和画家这类艺术家，工于抒发情感，所从事的事业与理性不仅南辕北辙，他们还会怨天尤人，喟叹生不逢时，甚至为了增加审美效果，不惜有哗众取宠、言过其实之举。柏拉图鄙视画家和诗人，因为他们都是在模仿。二者相比，画家的地位更低，因为他们更是纯粹地临摹副本的副本，而诗人还可以兴，可以怨，并不单纯靠模仿创作。诗人和画家始终离不开抒发个人的情感和情绪，关注的是细枝末节，甚至是灵魂深处最阴暗的部分，迎合的是残缺的灵魂的需求。这些，在柏拉图看来，不仅在推动社会进步方面，发挥的作用微不足道，而且还永远陷入远离“真理”的本体论缺陷——因为诗人模仿的生活，不过是理念的影子的影子。艺术远离了“真”，只能是“低级粗鄙”的艺术，失去了“真”的诗人和画家，就是不诚实的人，他们的灵魂因此而不健全，因而在人品上是最低下的，这与柏拉图倡导的理性、高尚、勇敢和正义的理想人格风马牛不相及。在柏拉图的思维中，诗人是矫揉造作、无病呻吟之人，甚至是成事不足败事有余之人。他对荷马的评判就极其苛刻：“以荷马为首和从他开始的一切诗人的属类都是映像的模拟者……而对于真理和真实，他们是不沾边的。”[①] 更有甚者，诗人们非但没有“言志”，抒发情感，相反，他们“只是做了一些轻浮薄劣的事……并且就他与灵魂中的一个也是同样薄劣的部分相应……现在，可以说，这是正义的、应该的事，我们将不能接受他进入一个期望有优良的礼法而治绩井然的城邦，因为他唤醒并抚育这个灵魂里薄劣的部分，使它壮大起

① ［古希腊］柏拉图：《理想国》，顾寿观译，第466页。

来，并且扼杀那个理性的部分”。[①]

在柏拉图那里，理性高于一切，模仿最为卑贱。柏拉图对诗人的谴责并未停止于此，他还认为诗人弘扬的是“恶”，贬斥他们“生性适应于灵魂中那些怨尤愤懑、斑驳纷陈的习性的，因为他们易于被模仿”。[②] 诗人的滔天罪行是“正是这样的情形，我们可以说，那以模拟为事的诗人也是把一种恶劣的政体塞进到每一个个人的自身的灵魂里去，去取悦于灵魂不智的部分”。[③] 之所以说诗人把一种恶劣的政体塞进人们的灵魂，那是因为他们与当时希腊城邦制下的政治现实有太多的形似之处，“他以幻术制造种种映像，而与真实处于远远相距的位置上”。[④] 古希腊的政治现实不正是如此吗？政治如同幻术，是柏拉图在政治和诗之间找到的共同点。即便是今天，世界范围内的政治现实不也是扑朔迷离，如影如幻，难辨真伪吗？例外的倒是十分鲜见。政治清明几乎也成了一切美好的乌托邦愿望了。

柏拉图坚信理念，蔑视感知和主观精神，倡导理性原则。他在“理念”基础上构筑的“理想国”，如果以现代的价值观衡量，借用张彭松在《乌托邦语境下的现代性反思》一书中的话说，“从内容上看既不符合现代社会的人性价值观，甚至是极端压抑人性和排斥人的自由的”。[⑤] 这无疑是个正确的判断和有见地的观点。不承认人皆平等的理念，坚持等级制，维护精英统治，期待明君降临，在古代的东西方均是如此。但是，我们不得不承认，现代社会的进步之处，就在于人人平等的理念不断深入人心，几乎所有的现代国家都在尽量地缩小种族、民族、阶层、性别、教育、收入、地域、年龄、职业等等方面的差距，逐步走向平等和公平。从要求平等的角度衡量，建立在不平等理念上的“理想国”，不可能是一个和谐幸福、人人向往的社会构想或者现实。尽管如此，张彭松却认为：“柏拉图‘理想国’的每一步制度安排，其最终目的都是为了达到社会的整体和谐和人性的内在统一；社会安排的局部非理性恰恰是为了使整体的存在理性得到最大限度的彰显。此后的所有乌托邦社会构想在一定程度上

① ［古希腊］柏拉图：《理想国》，顾寿观译，第466—467页。
② 同上书，第474页。
③ 同上书，第475页。
④ 同上。
⑤ 张彭松：《乌托邦语境下的现代性反思》，中国人民大学出版社2010年版，第144页。

都体现了柏拉图‘理想国’这一社会建构理念。也就是说，不符合现代性价值原则的传统乌托邦观念却未必与人的真实本性相悖，恰恰相反，在剔除了乌托邦观念，建立在人的主观理性基础上的现代性价值在一定意义上说却是越来越远离人的本性。”[①] 这里的逻辑关系令人十分费解。局部的非理性何以能够让理性在整体上彰显呢？反过来说，倒似乎更符合实际情形，即整体的理性并不能掩盖局部的非理性。如果从社会进步的角度和文化多元共存的角度衡量，现代性恰恰是至少部分地完成了人的本性要求，而不是“越来越远离人的本性”，因为我们不可能会否定平等、自由是人的本性要求。而就现代社会的整体发展而言，各个社会都是逐步要实现人人平等的理念的。历史地看，人人平等的实际状况，在世界范围内不分种族和国家，当今全世界的情形也是最好的。其实，承认这点也是承认人的理性特征的。

为什么要不厌其烦地谈平等呢？如果理想国是人们向往的社会形态或者欢乐之地，那里的人们享有充分自由，那么，平等观念就显得愈发重要，因为相对于自由的理念而言，平等于人更具有本质性意义，平等更是乌托邦理念的基础。试想，如果连基本的平等都做不到，何谈人（类）的自由呢？如果人们不能平等相处，所谓的自由与和谐又从何而谈呢？没有平等和自由，人类的博爱从何而谈呢？离开了博爱，大同理想只能是永远的幻想和愿景。其实，自由与平等关系在卢梭的《社会契约论》中随处可见。他写道：“人是生而自由的，但却无往不在枷锁之中。自以为是一切主人的人，反而比其他一切更是奴隶。”[②] 从自由到处于枷锁之中的变化来自何处呢？我以为，主要是由于社会中人与人之间的不平等关系造成的。据此，我们可以说，柏拉图的乌托邦设计尽管影响了此后西方两千多年的乌托邦思想和后世不计其数的乌托邦设计，但由于其与我们的现代价值观相背离，还只能是停留在理念和理想中的“理想国”，毫无实现的可能性。鄙视平民、厚此薄彼、坚持等级制和贵族特权，拉大不平等的差距，应该是柏拉图乌托邦设计的根本性错误。

① 张彭松：《乌托邦语境下的现代性反思》，中国人民大学出版社 2010 年版，第 144 页。

② ［法］卢梭：《社会契约论》，何兆武译，商务印书馆 2010 年版，第 4 页。

第三节　水仙花的乌托邦理想

离开了平等观念的普及而奢谈大同理想，无疑是犯了根本性的逻辑错误，因为，最接近生活真实的乌托邦思想必须以平等观念为基础。忽视其他因素，提纲挈领，抓住平等观念，尤其是种族间的平等，将我们引到了水仙花的乌托邦社会理想。与康有为生活在同一时代的水仙花，在她的回忆录中，提出了一个非常豪迈的社会理想，即“世界一家人”。这与柏拉图在理性原则之下设计的“理想国”迥然不同，因为柏拉图要的是等级森严的哲学家王国，要的是在理念之下的礼法和对个性的蔑视和扼杀。水仙花的大同理想又与康有为倡导的去“界”之后的社会状况大相径庭。康有为奢望的是一个“皆无家累”的由个人组成的社会，[①] 水仙花却反其道而行之，认为只有全世界像一个大家庭，各个种族的人都视他人为本民族家庭的一员，世界才得以走向和平，人们才能享有平等和关爱，人们才能走出种族的狭隘藩篱，世界才有可能走向大同。在具体设计上，康有为希望以“去界”的方式实现人们形式上的平等，而水仙花是希望以可行的方式呼唤人们以宽容和博爱的胸怀接受他人，如同接受家人一样。一个是用抹平和消除的方式，一个是用接纳和包容的方式，二者的区别立见。柏拉图和康有为都是以牺牲个性存在、个人自由、个人选择和个体欲望为代价，来实现他们心目中的表面平等和社会大同。且不说其实现的条件和可能性如何，总给人的感觉是太过机械和残忍——任何以扼杀个性存在的方式来实现社会平等或者大同的理想，都是虚妄的和残忍的。没有了个人的尊严、自主、隐私和自我发展的大同社会会是人类的最高理想吗？没有了以上这些个人的基本要素，个人还有自由吗？没有自由的社会是一个人类梦寐以求的乌托邦社会吗？奥威尔在他著名的《动物农场》中告诉人们，一刀切式的、不尊重个体特性的平面化平等，在动物界也是行不通的：《动物农场》中的猪和鸡的殊死争斗就是很好的例证。水仙花的理想则截然不同，她不仅要人们保有个性，而且还要像爱家人一样爱所有人。爱并不要求人们扼杀个性，反而是对个性的张扬。只有在大爱之下，人才是相同的。这里需要指出的是，水仙花在她写作中的“人”，包含各种肤

① 康有为著，杨佩畅整理：《大同书》，第228页。

色不同种族的人，绝不是狭隘的本民族的人，即，并不完全是北美唐人街上的华人或者她父亲的种族——白人。在这点上，她的一家人理念倒是和墨子的“兼爱”思想有异曲同工之妙。

初看起来，水仙花“世界一家人”的大同理想十分朴素，与柏拉图、儒家、道家、墨家以及康有为的大同理想相比更是如此。如果我们将以上各家的乌托邦设计比作是一个雍容华贵的美人，水仙花的设计就是一个不施粉黛的村姑：单纯、质朴，没有华丽的外表和包装，有的只是一颗向善之心，一颗追求幸福和快乐之心。华贵的美人雅人深致，令人向往，但她们大多冷若冰霜，拒人于千里之外，远没有淳朴的村姑讨人喜爱。水仙花成年后，基本上是在美国生活、写作，对于当时美国的乌托邦叙事应该是十分熟悉的，因为19世纪后期的美国不仅有各种各样的乌托邦“公社”，而且改良社会的政治运动风起云涌，如火如荼，一直持续了半个多世纪，对美国社会的影响和进步不可估量。如此深厚的社会基础奠定了乌托邦叙事在美国迅速走红。如果说英国在16世纪和17世纪出现了托马斯·莫尔的《乌托邦》和培根的《新亚特兰提斯岛》（*The New Atlantis*），轰动了世界，让英国在人类社会设计方面独领风骚，那么，在19世纪后期，美国则出现了它的“莫尔”。那就是爱德华·贝拉米（Edward Bellamy），其《回顾：2000—1887》（*Looking Backward*：*2000 - 1887*）于1888年1月出版，当年即销售20多万册，出版社始终是加印不及。与莫尔和培根的乌托邦叙事相比，贝拉米的乌托邦叙事在我国并没有像前两者那样出名。《回顾：2000—1887》的早期汉译本由来华英国传教士李提摩太完成，取名为《回头看略记》，于1894年出版，印数为2000册，后改名为《一觉百年》。尽管它是第一部翻译到我国的小说，尽管谭嗣同、康有为等人对该小说赞不绝口，尽管邹韬奋1932年在其主编的刊物《生活周刊》上以白话文连载，但其影响在我国还是比较有限的。相反，《回顾：2000—1887》1888年在美国出版后，即刻风靡欧美，被翻译成了阿拉伯语和多种欧洲语言，在世界各地广为流传。与《汤姆叔叔的小屋》一样，一时间洛阳纸贵，在美国几乎到了人手一册的程度。全美短时间内成立了162个贝拉米读书俱乐部，掀起了一股讨论人类社会——尤其是美国社会——发展的热潮。《回顾：2000—1887》深受古典马克思主义思想影响，向人们展示了一幅社会主义乌托邦图画，其愿望是要人们抛弃所谓的“镀金时代”的幻想，切实进行社会改良，最终建设并走向一个幸福的理想社会。该书的情节十分简单:主人公于连·威斯特(Julian West)饱受失眠症困扰,精神状态极差,几乎到了不能应对日常生活事物的地步,无奈之下寻医治疗。不料,他经过医生催眠后,沉睡不醒,最后被埋入地下。结果,他一觉睡了113年,于2000年醒来后发现美国社会焕然一新了。美国已经实行社会主义公有制,打破了原来的分配制度,奉行按需分配原则,整个社会欢乐康泰,一片祥和。

《回顾:2000—1887》热持续不断,乌托邦叙事在美国风起云涌。在此后短短几年间,其他作家纷纷加入这股思考社会改革的洪流之中,他们要么沿袭贝拉米的思路和设计,继续他的改良主张,要么讽刺他的幼稚和无知。十多年间,美国作家总共为《回顾:2000—1887》写了150多部续集。影响较大的主要有W. W. 萨特利(W. W. Satterlee)于1890年出版的《回顾与所见》(*Looking Backward and What I Saw*),该书继续贝拉米《回顾:2000—1887》中的情节,以异乎寻常的想象构思了按需分配后的社会弊端:按需供给导致懒散,其结果是人人都钻制度的空子,全社会中享乐主义大肆盛行,导致社会丧失了创造财富的活力。坐享其成的结果导致物资匮乏,最后爆发了一场新的革命:一切又回到了从前的老样子。亚瑟·文顿(Arthur Dudley Vinton)也于1890年出版他的《更遥远的回顾》(*Looking Further Backward*),书名就流露出作者冷嘲热讽的语气和动机。路德维德·盖斯勒(Ludwig A. Geissler)1891年出版了他的《远望》(*Looking Beyond*),该书继续贝拉米的社会理想设计,将地球和火星最后合二为一了。康拉德·维尔布兰特(Conrad Wilbrandt)1891年出版了《在贝拉米先生世界里伊斯特先生的经历》(*Mr. East's Experiences in Mr. Bellamy's World*),其嘲讽的味道甚浓,因为《回顾:2000—1887》的主人公威斯特这个姓,本身就是借用西方(West)这个单词的,因此维尔布兰特反其道而行之,将他的主人公取名为伊斯特(East),意为“东方”。J. W. 罗伯茨(J. W. Roberts)1893年出版《内省:揭露〈回顾〉一书的误导倾向》(*Looking Within: The Misleading Tendencies of "Looking Backward" Made Manifest*),索罗门·辛德勒(Solomon Schindler)1894年出版《青年威斯特:爱德华·贝拉米著名小说〈回顾〉续集》(*Young West: A Sequel to Edward Bellamy's Celebrated Novel "Looking Backward"*)(1894),本书继续贝拉米乌托邦叙事的情节,让威斯特的儿子最后当上了社会主义所有制下的美国总统。1900年还有位匿名作家以《回顾:

2000—1887》的主人公于连·威斯特的名字为笔名出版了《梦醒之后》(*My Afterdream*),作者抓住贝拉米观点的疏漏,嘲讽贝拉米,认为其社会改良设计完全不可实现,主人公威斯特梦醒之后只能是全社会的噩梦。哈利·希尔曼(Harry W. Hillman)1906年出版了《前瞻》(*Looking Forward*)。以上这些乌托邦叙事掀起了一阵阵社会改良的热潮,也推动了美国社会的不断进步,使得美国在对待种族平等的问题上开了风气之先,也使得公平观念不断深入人心。

历史地看,美国素有改良社会的思想传统,这大概与他们的建国理念一致,其文化精神中始终蕴含着一股改革和创新的活力,人们求新求变的热情高涨,对传统的尊重远远不及对未来的憧憬。就社会变革而言,那就是要在地球上创建最完美的人类社会,至少也要创建一个人类在某个时期所能达到的最高社会形态。1620年乘坐“五月花”号横穿大西洋的那批清教徒,不顾生命危险也要离开欧洲,骨子里就有改良社会的基因。尽管那批人是宗教改革的理想主义者,并不完全是社会改革家,但他们无疑奠定了人们改革的理念基础。于是,在此后的300多年间,求变的传统始终伴随着美国的成长。仅以乌托邦叙事而言,自贝拉米的《回顾:2000—1887》掀起探讨社会改良的热潮后,后续的乌托邦思考仍在继续。即就是在当代,美国的乌托邦叙事仍然焕发着勃勃生机。比如说,在1973年,也就是贝拉米原作发表80多年之后,迈克·雷诺茨(Mack Reynolds)出版了他的《2000年回望》(*Looking Backward from the Year 2000*),该书似乎将贝拉米的乌托邦故事重新讲述了一遍,似乎要人们永远记得贝拉米的乌托邦叙事。同一个作者于1977年出版了《2000年的平等观念》,似乎在呼应贝拉米的《平等》(*Equality*)。更奇妙的是约瑟夫·迈尔斯(Joseph R. Myers)1997年出版了《贝拉米重返文坛》(*Edward Bellamy Writes Again*),作者在“前言”中坦言,他是贝拉米的化身,欲想写完他在《回顾:2000—1887》中未完成的部分。该书与贝拉米的原作风格十分接近,几近以假乱真。贝拉米的原作主要是从政治和经济两个方面思考美国走向理想社会的路径和之后的现状,而新作则将重心放在了美国社会的道德和灵魂两个方面的建设,并提出了人类要想走向大同,任何忽视道德和灵魂建设的企图都终将是徒劳的。作者在书中叙述了这两方面在美国宪法精神基础上逐步完善的可能性,同时对美国的社会财富集中于百分之一的人手中的现象,提出严厉批评和完善的对策。

毫无疑问，水仙花的乌托邦理想与以上完整的乌托邦叙事迥然不同。贝拉米等人乌托邦以新的想象的形式，表达了独特而又具体的集体生活经历。然而，大多数现代文本则表达了个体的存在方式。水仙花的大同理想正是如此，其意义更加不容忽视。在今天看来，恰恰是她理想的朴素之处，更符合她的时代要求和世界各国现代性发展的要求：那就是现代乌托邦思想逐步走出了对人类未来的豪迈设计，而日趋世俗化和生活化。张彭松在《乌托邦语境下的现代性反思》中写道："现代社会的文化观念迷恋于可见的、可知的、可预期的事件的结果，而对于仅仅依靠人类现有技术手段无法达到的超验、超功利的存在理性即乌托邦的社会理想则视之为空想和幼稚。"[①] 如果水仙花的大同理想符合现代文化的发展趋势，即便从"可见的、可知的、可预期的"方面思考人类未来乐园的建构方式，也不能说是"空想和幼稚"的。相反，在这方面，可以说水仙花开了美国族裔文学的风气之先，也开了美国乌托邦理想世俗化的风气之先。乌苏里希·奥费尔曼在《日常生活中的自然乌托邦主义——一个基本理论模型》一文中指出，乌托邦思想"与概念、价值和世界观的特定历史文化形成无关，立足于家族的、子女的或亲善关系基础上的每个人与每个具体的持久社区，都关注他未来的快乐，并试图最大满足化"。[②] 可以肯定地说，奥费尔曼是经过认真思考和对比欧洲流行几百年的各类乌托邦叙事之后，从哲学的高度做出这种结论的，即，憧憬美好的未来是个人和社区的存在方式之一。

宏大的乌托邦叙事虽然并未带来人类社会彻底的改变，但加深了人们对自身社会现实和未来社会的思考，乌托邦理念世俗化正是这种思考结果的一部分。实际上，现代的乌托邦理念自脱离了自莫尔之后的乌托邦叙事模式之后，逐步世俗化似乎成为一种趋势，这便要求人们对未来理想社会重新概念化。水仙花的"世界一家人"理想就是这种重新概念化的真实体现。也许她觉得当时在北美流行的乌托邦理想均不得要领，才提出了她的大胆设想。水仙花在她的文集中涉及她的乌托邦理想的具体文字包括："我想，从本质上讲，人都是相同无异的。我母亲的种族和我父亲的种族

① 张彭松：《乌托邦语境下的现代性反思》，第147页。

② 乌苏里希·奥费尔曼：《日常生活中的自然乌托邦主义——一个基本理论模型》，见［德］约恩·吕森主编《思考乌托邦》，张文涛、甄小东、王邵励译，第121页。

都有偏见。只有当全世界变成一家人，人类才能变得耳聪目明。我相信有朝一日，世界上的大部分人都是欧亚混血人。每当我想到我就是这类人的先行者时，我便感到无比欣慰。作为先行者，历经苦难才能走向荣耀。”① 她在同一篇散文中还写道：“归根结底，我没有国籍，也无意认可某个国籍。个体的意义大于国籍的含义。”② 以上引文虽然简单，但包含着一个明显的递进结构：首先是坚持人人生而平等的理念，创造了世界成为一家人的条件，进而是民族融合和种族融合，产生新的欧亚混血人种，彻底消除因肤色划分种族的反人类偏见，使得世界成为多民族融合的真正的一家人。结合第二段引文，世界成为一家人后，国籍、民族认同、文化认同、族裔认同，甚至于国家认同都会显得狭隘。如果以上认同都渐次消失，世界就只剩下个体了，如同在一个个和谐的家庭里一样，个性得以褒扬，家庭的群体性同样得以保持。这个乌托邦构想的逻辑层次分明，互为补充，强调的是人与人之间的平等和关爱，淡化的是康有为所说的各种人为圈划的“界限”，消除的是等级和分类，憧憬的是人类大同世界的美景。

菲利普·威格纳在《想象社区：乌托邦、国家和现代性空间历史》一书中指出：“乌托邦叙事不仅是一种具体的陈述性行为，同时也是一种特殊的对世界进行概念化的方式。”③ 如果说，水仙花果真将乌托邦理念重新概念化了，那么，引起我们最大兴趣的是她是如何重新概念化的？“世界一家人”无疑是关于人类未来的一个空间概念，她的这一空间概念体现着怎样的现代性呢？她的乌托邦理想揭示了她的新的世界文明的空间概念，其概念可以理解为是“一种文化形式，也就是一种‘想象的’特殊的和有界限的集体、一个国家、一种抽象的社会有机体、国家、制度上和相对的自治体，正如尼克斯·普兰察斯（Nicos Poulantzas）说的那样，涉及了有关特殊阶级和群体经济利益。其普遍性与特殊性之间的深层矛盾并非过去与现代的价值冲突的结果……而是现代性本身的构成‘要素’”。④ 根据这样的理解，乌托邦理想无异于是对现实世界的重新概念

① Sui Sin Far. *Mrs. Spring Fragrance and Other Writings*. Ed. Amy Ling and Annette White-Parks. Urbana and Chicago. University of Illinois Press, 1995, pp. 223 – 224.

② Ibid., p. 230.

③ Wegner, Philip E. *Imaginary Communities: Utopia, the Nation, and the Spatial Histories of Modernity*. Los Angeles: The University of California Press, 2002, p. 2.

④ Ibid.

化，而且符合北美现代社会的发展趋势，因为那是“现代性本身的构成‘要素’”。可以毫不夸张地说，人类社会的每一次大的进步和飞跃，都是哲人和作家们对社会和世界重新概念化的结果。

接下来的问题是：水仙花这一新概念背后的支撑点到底是什么？换句话说，她构思这一概念潜在的最高原则是什么？西方自启蒙运动之后，高举自由、民主、平等、博爱的大旗，为人类进步作出了卓越的贡献。水仙花一生浸淫于这样的政治和社会理念之中，对每个理念应该都有过思考，结合她曲折的身世，我以为她唯独钟情于平等理念，并以此作为她的大同社会概念的最高原则和未来社会构成和运作的最高原则。何以如此呢？简单分析平等与自由对少数族裔的重要性，便可以说明平等对于她这个欧亚混血人有多么重要。自洛克、霍布斯和康德之后，西方似乎在坚持自由优先的原则，甚至会将平等认为是人自由的一个主要要素。我们承认，人是生而自由的，但也是时时刻刻都是受到限制的。人在自出生到死亡的循环过程中，没有谁觉得自己的行动和语言是完全自由的，造成这一现象的无非就是人在社会中遇到的各种不平等现象和事实的存在。简单地说，不平等导致不自由，而不是不自由导致不平等。另外，对于少数族裔的人而言，平等比自由更重要，更具有本质意义。比如说，在美国的很多华人都是法律意义上的美国人，理论上享有美国公民一样的自由和权利，但现实是，肤色的不平等无端剥夺了这类华人在就业和政治生活中应该享有的自由和权利。再比如，美国的废奴运动的结果之一是数以万计的黑人获得了法律上的自由和人身自由，但大部分黑人仍然不得不在昔日奴隶主的庄园度过残生。这在莫里森等人的作品中随处可见。究其原因，那就是黑人并没有在政治、经济、文化、商业和工作机会方面获得真正的平等。于是，种族的公平和正义便无从体现，导致他们根本无法享受自己法律赋予的自由和权利，使得他们以至命换来的自由仍然是停留在理念和空洞的文字之上的口号，对他们基本没有实际意义。由于社会的特权阶层并没有放弃自己的特权，获得解放的黑人和后来不断进入美国的移民——包括华人——根本没有自由可言。对于广大的华人而言，更是谈不上自由。他们事实上被囚困于旧金山和纽约等几个唐人街社区里，与主流社会处于完全隔离的窘迫之中。造成这种隔离和囚困的根本原因，就是华人完全没有享受任何平等的权利。可见，平等对少数族裔而言，比言论和行动自由更重要。水仙花坚持平等理念为构思未来社会的首要原则，也正是在这一点上，显示出了她的大同理想的独到之处。

平等的概念十分宽泛，一般是指人们在社会、政治、经济、教育、法律等方面享受相同的待遇和享有相同的权利。平等既是一种社会理想，也是人们追求的一种社会生活状态，因此，人们在具体使用上，有民族平等、性别平等、机会平等、肤色平等等术语。这些都是在个人与群体或者全社会的关系层面上思考这一概念时所涉及的宏观方面，主要指的是人们在权利方面的平等。在个人与个人层面上，我们还使用夫妻平等、师生平等、官兵平等、身份平等、地位平等等概念，它指的是人与人的关系，涉及的是人与人之间的态度和情感方面。从微观层面上讲，水仙花的“世界一家人”理想指的是人与人之间的平等，并未明显涉及人们在社会财富分配方面的平均和平等，即，她的着重点不是物质层面的平等或者平均，而是人们在精神层面的相互理解和尊重，呼吁的是人们在相互尊重的基础上，接受对方就像接受家庭成员一样。当然，这样的理想也可以看作是从伦理方面提出的理想，目的是重构人与人之间的内在情感沟通和认同根基，有着明显的伦理优先的特征。从宏观上讲，水仙花的理想指的是世界范围内的民族平等和种族之间的平等。我们还可以从此引申一下她的一家人理想，比如说，一家人在平等的基础上，讲的是自由、关爱与和谐，这又会将我们引入文化价值方面的讨论。但是，不论是从微观还是从宏观角度分析她的一家人理想，其中暗含的平等观念始终是人类追求的终极目标。

对于水仙花而言，民族之间的平等首先体现于个人之间的平等，正如种族间的平等体现于不同种族间个人的平等一样。古今中外，在任何一个社会中，个人间的平等在社会、群体、政治和法律方面都远远还没有完全实现。放在国际政治层面考察平等的问题，那每天上演的都是国家、民族、种族、宗教、经济、社会制度和文化等诸多方面不平等的戏剧，而只有在家庭里才能反映出个体之间的基本平等和关爱。即使成员间有争执甚至更大的冲突，那也是在相互尊重的基础上的表面争执和冲突，并不会真正破坏家庭成员间以包容和爱为主的和谐基础。水仙花的“世界一家人”理想，虽然没有从政治和经济两个方面对人类社会提出一个具体蓝图，但它同样具有一般乌托邦理想的基本特征：即，包含着人们的社会理性、政治理想和道德理想。假如说，英国的莫尔和美国的贝拉米的乌托邦叙事的主题是改良一个社会的政治制度和经济结构，表达的是他们的政治和社会理想，那么，水仙花的理想更关注人们在平等理念之下未来社会的道德应然。

水仙花何以关注人们在大同社会中的道德理想呢？如果我们将个人权利和道德观念放在一起思考，我们也许能发现其中的端倪。现代社会的特点之一就是承认个性的权利，于是，个人的兴趣、愿望、人生目标和个人需求的实现应该在社会的层面实现。假如这个说法成立，那么，社会无疑会被理解为实现个人目标的一种设计和手段，将不可避免地会成为——或者是被理解为——竞相追逐个人利益的“竞技场”，是实现个人愿望的平台，每个人都有权利在其上各显神通。由于个人之间在价值和能力方面存在事实上的差异，这必然导致部分人脱颖而出，能将自己的利益最大化，并有可能最终占据资源和制定游戏规则，这必然拉大个人间的差距，造成社会更大的不公，久而久之，将进一步加剧社会不平等和不公平现象。这些问题的出现就不仅仅是法律和权利的问题，同时也是一个重大的社会道德问题。不平等导致社会阶层间的差距拉大，会引起诸多的社会问题。仅以收入分配为例，社会财富集中于极少数人手中——即使他们都是通过合法手段获得巨额财富，必然导致在财富光谱的另一端出现一个庞大的贫困阶层。解决贫富差距问题，无疑是财政和技术问题，同时也是个道德问题：人生而平等，何以如此悬殊呢？

个人的合理要求一旦放在家庭层面考虑，将会是完全不同的情形：所有成员都为其他人着想，帮助他人实现他们自己的目标，因而也间接地实现了自己的目标或者家庭的共同目标。个人和家庭既有独立的一面，却又是一个有机的整体。实现“世界一家人”的理想的条件要比从一个非常宏观的层面改造社会宽松得多，因为从最基本的生活条件而言，家庭成员间基本上是公平公正的，甚至可以说是各尽所能、各取所需的，基本上不存在谁在家庭中享有更多的特权的问题。水仙花“世界一家人”的世俗化大同理想关注的首先是“家庭”成员间的平等问题。这也实际上涉及权利和财富分配的问题，即，一个家庭中的分配不是根据特权原则，而是根据需求原则。在一个公平的社会里，特权无疑影响着阶层之间的财富公平分配原则。奥费尔曼认为现代社会的不平等导致分配的不公：“在微小的意义上，资源的缺乏与满意的可能性构成了不平等与不公正的来源，一种解释将永远不会导致普遍的生活伦理，这种解释只是为了个别地解释与证明拥有不公正分配特权（有人奢侈富足）的社会条件，因为它暗含着对权利被剥夺者的恶意……一个普遍的包括正义概念的生活实践道德，只能来自它（特权）的反面……来自一个不幸与遭罪的人经历着一种痛苦的神意论的解释。”[①] 其实，社会的不公正分配特权同时赋予了被剥夺特权阶层向特权阶层挑战的权利。如果人类社会果真如水仙花期望的那样，变成一个“一家人”社会，平等原则得以坚持，成员之间不再分为三六九等，差距大大缩小，不公正现象将不复存在，因为导致不公平的基础已经倒塌。

水仙花的“世界一家人”大同理想不仅是对西方大同理想的重新概念化，而且也符合现代社会日益世俗化的趋势，我们因此可以说她的大同理想具有明显的世俗化和平民化特点。用最简单的理解，所谓的世俗化就是非神圣化，是人类社会不断进步的结果，在这一过程中，一切超灵和超验的均逐步消失，理性开始在人们的日常生活中占据重要地位，而原来从历史中积淀的宗教意识逐步淡化。这一过程也可以说是西方现代社会逐步走向精英化或者流行化的过程。大同理想的世俗化当然是针对西方“千禧年”意识而言的，即，人们对人间乐园的梦想不再希冀由神灵来完成，而是要凭借人自身的智慧来实现，而且坚信这个梦想是可以最终实现的。换句话说，“人”在世俗化的大同理想中始终是思考的起点，“人”同时也是思考的终点，一切都是围绕“人”的快乐和平等而展开的。水仙花“世界一家人”的理想恰恰符合这个世俗化特点，其构想的一切都以人为主，以实现人的美好生活愿望为重心。

这里有必要解释水仙花大同理想对于北美华人的历史和现实意义。不可否认，现代社会在科技力量的推动下，日趋工业化、技术化、资本化、数字化和政治化，导致人们的疏离感、异化感、漂浮感、孤独感和经验的断裂感日益严重，使得现代人的整体危机感日渐加重。回顾自尼采之后现代社会的发展历史，这点应该不会引起什么歧义。20 世纪初期，美国社会的民族和种族矛盾日趋激化，少数族裔在社会、法律、政治、文化、经济等等方面受到无情的排挤和打压，生活在北美的华人更是成了众矢之的，最终成了北美社会被无限边缘化的文化和种族他者（cultural and racial other)，长期蒙冤受欺。旧金山外的“天使岛”（Angel Island）本来是美国政府在西部设立的移民事务办事机构的所在地，主要负责处理从太

① 乌苏里希·奥费尔曼：《日常生活中的自然乌托邦主义——一个基本理论模型》，见［德］约恩·吕森主编《思考乌托邦》，张文涛、甄小东、王邵励译，第 121 页。

平洋来的亚洲移民事务，与设在纽约边上的 Ellis 岛遥想呼应，Elise 岛上的移民机构主要处理来自大西洋的欧洲移民事务。但是，很快，西部的天使岛竟然蜕变成了华人接受囚犯般审查和关押的牢笼，受到各种非人待遇：有的人毫无缘由地被关押了十多年后，对其所谓的审查仍未结束。事实上，所谓的审查变成了事实的拘押。被关押的华人在拘留所的墙壁上留下了这样的汉语诗句：

自到边疆地，
受尽番奴欺。
天涯走过至花旗，
触景依然怀故里。

莫伤气，
只争财与利。
黄金掷入荷包里，
整定归鞭有日期。①

自由为国例，
何事学专制。
不持公理美人兮，
困我监劳严密睇。

虎狼差！
横行更欲噬。
罪及无辜真恶抵，
几时出狱开心怀。②

美国华裔学者王性初在他著名的《诗的灵魂在地狱中永生》一文中，

① Marlon K Hom（谭雅伦）："Poems of *Song of Gold Mountain*." *The Big Aiiieeeee*! *An Anthology of Chinese American and Japanese Literature*. Ed. Frank Chin et al. New York：Meridian，1991，p. 177.

② Ibid.，p. 153.

根据内容将天使岛遗诗分为思乡情怀、壮志未酬、忧国忧民、无奈苦闷、满腔仇恨、囚居生活和典故、神话传说及历史人物故事七大类,[①] 这无疑是很有见地的和比较准确的，但是上面这首诗的作者所表达的忿恨和抱怨不是建立在对命途多舛和壮志未酬的感慨上，而是定位于美国社会中自由理想的说辞和对人类公正原则的粗暴践踏上。诗人关心的不是财富的积累和归期，表达的不是思乡情怀，也不是忧国忧民的悲愤之情，而是对维持公理的思索和对获得个人自由的无限向往。毫无疑问，匿名诗人在这里无意识地指出了华裔文学发展的一个重要方面，即以“反话语”的文学形式，揭露北美社会白人至上的种族偏见，还华人以公正，抒发他们的社会理想和实现种族平等的愿望，以族裔文学观念张扬华裔族性，揭露白人至上论的伪善和种族不平等的社会现实，逐步恢复华人的族性自尊和文化自尊。

水仙花就生活在当时的旧金山，对华人的空前危机感同身受。那个时候，所有在北美的华人都时刻体验着奥费尔曼所说的“残忍的事实危机”和“外伤化危机”。[②] 然而，人的本性是面对危机时总会找出化解危机的智慧。借用奥费尔曼的话说：“危机普遍要求解决，一个迄今为止未知的指向着开放的未来，这样就需要经验的构成。”[③] “开放的未来”可以是一个全新的乌托邦构想或者一个人类的大同理想。终生为北美华人申言的水仙花长期与旧金山唐人街的华人在一起，面对华人那数不尽数的“残忍的事实危机”，一定是痛心疾首的。她的父母一英一中，一白一黄，白头偕老，共同抚养着十几个子女，始终维持着一个和谐美满的家庭。她的这种成长经历和铁的事实使得她能够从一个全新的角度，提出了一个跨文化、跨种族的永久的解决方案：“世界一家人”。她生活的时代种族矛盾日益尖锐，危机四伏，不少有识之士提出化解危机的方略。她的大同理想为奥费尔曼的“一个迄今为止未知的指向着开放的未来，这样就需要经验的构成”[④] 的观点，做了最准确的注释。

在她的《一个欧亚混血人的心灵书签》中，水仙花回顾了她在多种

---

① 王性初：《诗的灵魂在地狱中永生》，《华文文学》2005 年第 1 期，第 17—22 页。

② 乌苏里希·奥费尔曼：《日常生活中的自然乌托邦主义——一个基本理论模型》，见［德］约恩·吕森主编《思考乌托邦》，张文涛、甄小东、王邵励译，第 119 页。

③ 同上。

④ 同上。

民族、文化、国家和大陆中的人生况味，用她的生花妙笔，结合自己的身世和经历，以铁的事实，多层次、多视角，描绘了一幅白种人仇视华人的历史画卷，揭示了跨种族的爱情和婚姻在种族歧视凝视的目光下是如何被扼杀的，揭露了种族歧视在人生各个阶段的残酷现实，以雄辩的事实揭露了欧美白人种族主义者的虚伪与浅薄，弘扬了华人的美德与善良，以饱满的激情向欧美的英语读者证明：华人不仅也是人，而且是十分优秀的民族，有与白人一样的情感和感受，有着更古老、更伟大的文明和生存智慧。结合自己的亲身经历，于是，她深情地写道："我想，从本质上讲，人都是相同无异的。我母亲的种族和我父亲的种族都有偏见。只有当全世界变成一家人，人类才能变得耳聪目明。"①

在这个语境下理解水仙花的大同理想，可以很清楚地看到她与柏拉图和康有为的分歧所在。水仙花的出发点是人在本质上是相同的，言下之意是，实现"世界一家人"的社会理想，并不需要去除人性中的根本因素或者特点。剥离外在的文化因素和肤色因素，人在本质上的平等，不仅是她坚定的信念，而且是一切超越时代的进步思想的共同点。强调人在本质上平等的观点在文化和经济全球化高歌猛进的今天，显得尤为重要。表面上看，水仙花的种族平等的社会理想在当时的历史条件下和种族现实中，是完全不可能实现的，但不成熟的现实条件和历史条件并不能掩盖她的乌托邦思想的光芒。正是北美当时严酷的种族现实，更加映衬出她的思想的重要和可贵。曼海姆在《意识形态与乌托邦》第二卷中指出："我们把所有超越环境的无论如何都具有改变现存历史—社会秩序的作用的思想（不仅仅是愿望的投入）都看做是乌托邦。"② 这里的"乌托邦"三个字当然不是指乌有之地，而是这三个字的另一层意思：人类美好的未来乐园，因为"乌托邦实质上就是完整的人或社会必须具备的超验的想象能力和批判能力"。③ 这无疑是对现代乌托邦观念非常有见地的理解和概括，即作家或者关心人类未来发展的个人对其社会和政治理想的想象化表现。如 E. P. Thompson 在"Liberal Complacence"中所指出的那样："乌托邦并

① Sui Sin Far. *Mrs. Spring Fragrance and Other Writings*. Ed. Amy Ling and Annette White-Parks: Urbana and Chicago. University of Illinois Press, 1995, p. 223.

② ［德］卡尔·曼海姆：《意识形态与乌托邦》第二卷，姚仁权译，第 428 页。

③ 张彭松：《乌托邦语境下的现代性反思》，第 206 页。

不是一种政治，并不是一种政治纲领。它是想象能力的政治表现。它更接近于诗，而不是更接近于计算。要推进任何一种社会变化，人们都必须首先想象别的可能选择；乌托邦主义想象社会东西或许可作为批评现实的手段。”① 这不仅指出了现代乌托邦的世俗化倾向，也表明乌托邦理念既是人们超越现实的想象的具体体现，而且还是对现实的批判手段之一。

水仙花的“世界一家人”乌托邦理想无疑超越了当时的现实“环境”，是她的政治理想和社会理想的想象化外现的体现，目的正是要改变那“现存历史—社会秩序”。从广泛的角度衡量，她的大胆设想含有丰富的乌托邦含义。在我们进一步分析她的乌托邦思想之前，我们首先要明了：第一，如何理解她的人在本质上都是相同的观点？第二，她为什么会认为“我母亲的种族和我父亲的种族都有偏见”？“本质相同”与“都有偏见”应该是怎样一种关系？难道人与人的“本质相同”体现于其“都有偏见”之上吗？第三，不完美的黄、白、黑等种族何以能组成一家人的世界呢？

水仙花的独特之处就是认为人在本质上是相同的。世界上几乎所有其他乌托邦思想都是建立在人性的不完美之上的，即，都要对现世的人进行一番彻底改造。其逻辑似乎是，由于人的不完美才导致社会流弊丛生，于是，重新设计方案，彻底改造人才是要义。柏拉图要求人们要么理性自律，达到哲学家的高度，要么就完全接受智慧超群的哲学家的领导，并在理性的高度，理解并接受哲学家的治国智慧和方略。孔子要求人们去除私欲，多些“仁爱”之心，但其“仁爱”并不是普世的，而是自上而下的，有明确的等级内涵。老子希望人们做到“绝圣弃智”后，通过自身努力，逐步达到自我完善。他不断呼吁人们顺应自然，要做到无欲无私，实现他的小国寡民理想。但是真正做到无欲无私，恐怕是人类永远面临的存在难题。在西方的《圣经》中，上帝也为了改造一批新的人而不惜让洪水肆虐几十天，几乎淹死了所有人。与他们相比，水仙花更显独树一帜了。她首先承认人的不完美，但更注重人本质上的一致。也恰恰是有了承认“人本质一致”的前提，才有了实现她的乌托邦理想的前提和条件。否则，所有人都要再改造一番，要么达到改头换面的效果，要么获得焕然一

---

① Thompson, E. P. “Liberal Complacence”，转引自张彭松《乌托邦语境下的现代性反思》，第 206 页。

新的成效，进而在一个全新的基础上达到新的相同后再实现人类大同。对此，康有为还提出了他详尽的实施计划和步骤。这些在水仙花看来是完全脱离实际的，也是根本无法实现的。在她生活的北美大陆，广大的华人长期以来，并没有被当作真正的“人”看待，遑论与白人的平等或者受到白人的认可和尊重！古今的乌托邦理想无法实现的根本原因，应该是无法实现对人的全新改造。比如，柏拉图要人们成为像哲学家一样理性的人，这本身就是不现实的。康有为的大同理想思考周到，甚至到了精细入微的程度，涉及社会的各个方面，有计划，有步骤，内容十分详尽，整体设计独具匠心，但要人们先去除各种界限，甚至强迫人们改变肤色后，再实现他理想中的大同社会，这不仅显得滑稽，而且十分荒唐。在今天看来，其思维深处还流露出文化和种族沙文主义的倾向，其改变肤色的计划不仅不会实现，还会受到其他肤色种族的严厉批评。承认人的本质一致，并承认人性的不足，应该是水仙花的独到之处。

人在本质上相同，无疑是出自边缘族裔和非主流族裔的认识和信念之上的观点。欲实现种族平等，作为为华人申言的水仙花首先要做的就是缩小人种之间在基本人性方面的所谓差距。何以如此呢？在水仙花生活的时代，华人被认为是世界上最劣等的民族，几乎算不上真正的人。她回忆说：“我们全家到达（加拿大蒙特利尔）不久之后，我们每次出去走走时，身后总是跟着几个讲法语和英语的加拿大年轻人：他们就是想知道，掐拧我们的身体，拽我们的头发，我们这些中国人是否会有感觉。”① 这和改革开放之初，国人见到外国人时表现出的好奇心不可同日而语。当时的国人跟着外国人看，是出于纯粹的好奇心，甚至是出于羡慕之情。加拿大白人好奇的是中国人是否会有疼痛的感觉和其他感官功能，其反映的深层疑问是：中国人是否是和我们一样的人？是否有知觉和感觉？实际上，水仙花一生都是在这种狂妄的偏见和仇视中度过的。通过观察她的华人母亲与白人父亲和生活在北美各地唐人街上的华人，她坦诚地告诉她的英语读者她自己是怎样的人，进而间接地表明中国人同样感情丰富，也有人的七情六欲。其次，她还不厌其烦地告诉她的白人读者：她这个混血人与单一种族的人相比，感情可能是最丰富的一个：“家里的任何冲突，如父母

① Sui Sin Far. *Mrs. Spring Fragrance and Other Writings*. Ed. Amy Ling and Annette White-Parks: Urbana and Chicago. University of Illinois Press, 1995, p. 220.

有意见分歧，或者任何一个孩子受到惩罚，我都会感到痛苦不堪。每当家庭和睦相处，我都会感到天堂在瞬间降临了。”① 据此，我们可以推断她的“本质相同”的观点的内涵：中国人和其他任何种族的人一样，有人所共有的情感、情绪、欲望、感知能力、认知能力、向善的本能、审美的能力和判断力。换句话说，人不分种族，在基本人性方面，是毫无二致的。

同理，人在本质方面的相同还表现在都有偏见这点上。强调人不分种族和肤色都有偏见，恰恰是她对人性的深刻认识基础之上的远见卓识，虽然不新鲜，但在她生活的那个时代，却是个无比大胆的说法，因为她的读者绝大多数都是怀有强烈的白人优越意识的北美白人。她的加拿大白人雇主曾经当着她的面说过：“我实在无法迫使自己接受中国人和我们一样也是人的这种想法。他们也许有不死的灵魂，但他们的脸上毫无表情，我只能怀疑他们（是否是人）。”② 正如她的雇主随后承认的那样，他的说法毫无根据，纯粹是主观偏见，但要让水仙花这个长相酷似白人的“华裔”公开指出白人的偏见，确实是要有一定的胆识的，因为那样无异于放弃她的部分白人认同，还可能导致她无法在北美的白人社会找到稳定的工作，使自己原本就十分艰难的生活雪上加霜。

只有认识到“人在本质上都是相同的”之后，才能看到并理解人都是“有偏见”的严酷的种族现实。需要明确的是，水仙花的“偏见”说，指向的恰恰是白人——她的全部创作中涉及的有关种族“偏见”故事，讲述的几乎都是白人对华人的偏见和仇视。通过指出白人的无知和褊狭，假以时日，让白人逐步消除对华人和其他种族的偏见，逐步回到人在“本质”相同的认识上来，水仙花巧妙地颠覆了白人优越论和在西方长期形成的种族结构。就这点而言，水仙花的大同理想不仅表达了她对人类走向美好未来的愿望，同时也是对北美社会和种族现实批判的一种有效手段。

黄白二种族在人性相同的基础上消除偏见，在平等的基础上实现种族和谐，最终走向大同。也正是在这样的信念之下，水仙花大胆展望未来社

① Sui Sin Far. *Mrs. Spring Fragrance and Other Writings*. Ed. Amy Ling and Annette White-Parks: Urbana and Chicago. University of Illinois Press, 1995, p. 221.

② Ibid., p. 224.

会中“人”的族性和肤色图景：“我相信有朝一日，世界上的大部分人都是欧亚混血人。每当我想到我就是这类人的先行者时，我便感到无比欣慰。作为先行者，历经苦难才能走向荣耀。”① 作为一个混血人，水仙花通过自己的人生经历，从一个十分独特的角度，提出了种族融合基础上的大同理想。这显然比康有为的人种改良办法多了几分自然的因素，让人容易接受。另外，她的家庭经历也表明黄白二种族是可以组成一个健康、和谐、爱意融融的家庭的。

在人性相同的基础上，世界种族间消除偏见，组成一个多民族大家庭，人类最终实现大同之后，民族国家消亡，国籍只是过去的认同部分。果真到了那个时候，每个人都会说出水仙花发自肺腑的话：“归根结底，我没有国籍，也无意认可某个国籍。个体的意义大于国籍的含义。”② 水仙花放弃的何止是一个简单的国籍：她放弃的是国与国、种族与种族、社会与社会、阶级与阶级、文化与文化以及人与人之间的偏见。在水仙花的想象中，这样的社会无疑是可以实现的，进而也就是真实的。她的个人经历也证明民族融合不仅仅是现实，而且是人类发展的一种趋势，因而对未来而言，也就是可以看得见的“真实”。正如菲利普·威格纳在《乌托邦、民族和现代性的空间历史》所指出的那样：“乌托邦叙述有其真实的一面。正如艾蒂安·巴里巴尔在这本书的题词中所写的一样，它们有物质上、教育上和终极政治上的作用，影响了人们理解问题的方式，因而决定了他们在现实世界中的行动。简而言之，叙述乌托邦在讲述历史的同时也在塑造历史。”③ 如果说，乌托邦想象作为人类文明中一种空间、社会、道德、政治和文化形式，始终伴随着民族国家的形成和历史，那么，从这个意义上讲，水仙花超越种族的乌托邦想象，不仅是一种语言创造世界的话语方式和话语表现，不仅仅是其社会和政治理想的想象化外显，也不只是一种想象的主体性方式，而且是一种以想象空间的方式，为现代民族国家提供中介和未来空间。填充其空间的无疑是她的种族平等意识和为改变华人在北美东方主义操控中的丑陋形象的文学努力。

---

① Sui Sin Far. *Mrs. Spring Fragrance and Other Writings*. Ed. Amy Ling and Annette White-Parks: Urbana and Chicago. University of Illinois Press, 1995, p. 224.

② Ibid., p. 230.

③ Wegner, Philip E. *Imaginary Communities: Utopia, and the Spatial Histories of Modernity*. Los Angeles: The University of California Press, 2002, p. xvi.

历史地看，水仙花生活的时代，美国社会的种族矛盾、个人与社会的矛盾、历史与现实的矛盾、现代与反现代的矛盾日益严重，她作为一个具有激昂的社会理想的华裔作家，试图提出一个永久的解决问题的设想。从这个角度评判她的“世界一家人”的大同理想的意义，我以为她提出了一个以走向未来的方式，利用一个虚构的空间，在人类历史新的形成过程中解决人类——尤其是——美国社会矛盾的路线图。在这条路线图上的明确标志就是消除偏见，人人平等和种族平等。

历史地、历时地将水仙花的“世界一家人”大同理想与中外重要的乌托邦理想和乌托邦叙事比较之后，我希望能切实解读我国文学史上最有影响的指向未来的乌托邦作品——《桃花源记》，以及水仙花切中时弊的一个短篇故事——《潘特和潘恩》，以期见出我国古代乌托邦大同思想和水仙花的大同思想在文学作品中的差异。

第四节 文学的乌托邦想象

古代的圣贤先哲们不仅有他们明确的大同社会理想，而且有行动的原则和纲领，有具体的策略和路线图。不论我们认为汉朝的陆贾《新语·至德》是属于儒家的社会理想，还是道家的，他无疑继承了中国的乌托邦思想传统。他写道：“是以君子之为治也，块然若无事，寂然若无声；官府若无吏，亭落若无民；闾里不讼于巷，老幼不愁于庭；近者无所议，远者无所听；邮驿无夜行之吏，乡闾无夜召之征；犬不夜吠，鸡不夜鸣；老者息于堂，丁壮者耕耘其田；在朝者忠于君，在家者孝于亲。”陆贾用短短的112个字，十分完善地表达了他的乌托邦社会理想。在他的社会空间想象中，他从理想社会的“人”谈起，涉及君子之道、为官之道、衙门作风、治理艺术、邻里相处之奥秘等，憧憬的是政通人和，社会安宁康泰的一幅社会愿景，表达了他无限向往的社会理想，比起孔子、老子和墨子的大同理想更加切近人们的愿望，因为其暗含着他深刻的道德理想。如果我们能把儒家思想在这里做一个浅陋的高度概括，其核心价值无疑体现于儒家的“君子”身上，即，“在朝者忠于君，在家者孝于亲”。只是在今天看来，“在朝”似乎改为“在外”更贴切。之所以说陆贾在这里表达的是他的社会理想，因为他表达了他理想中的“君子”在社会的空间架构中的行为准则，以及由谦谦君子构成的社会应该是一个什么样子。

如果说大同社会的乌托邦理想是中国古代思想和哲学的一个重要组成部分，文人墨客受这些思想和哲学的影响，自然也有他们关于追求乐土理想的想象和表达。一般而言，文人们的想象更具体，带有浓厚的感情色彩，注重审美效果，刻意塑造栩栩如生的形象并精心设计动人的细节。纵观中国文学史，大同理想尽管不是中国文学的主流，但始终与文学结伴。乌托邦叙事为解决尖锐的社会矛盾提供了别具一格的想象方式，影响着人们思考问题的视角，使得作家和哲人们能够从时间、空间和未来的维度，抒发他们的情感，对社会重新概念化，憧憬未来的社会模式。《诗经》中关于大同的诗句就不在少数。实际上，历朝历代均有重要的表达追求大同愿望的作品。古代的田园诗、竹林七贤的作品脍炙人口，其中一个重要的因素，就在于它们所表达的对人类的坚定信念和对未来的遐想。刘禹锡、苏轼、王安石等大文豪均用他们的如椽之笔，抒发过类似的豪想。杜甫的一句"安得广厦千万间，大庇天下寒士俱欢颜"，感动了无数的读者，因为那也是几乎所有人向善的本性使然。

从严格的意义上讲，我国古代《山海经》中人们耳熟能详的"精卫填海"、"夸父逐日"、"羿射九日"、"嫦娥奔月"、"共工怒触不周山"等神话，无一不包含着渴望更美好境界的乌托邦精神。难能可贵的是，《山海经》中的"载民国"，更是描绘了一幅完整的乌托邦社会图画："有载民之国。帝舜生无淫，降载处，是谓巫载民。巫载民朌姓，食谷，不绩不经，服也；不稼不穑，食也。爰有歌舞之鸟，鸾鸟自歌，凤鸟自舞，爰有百兽，相群爰处。百谷所聚。"① 其大意是舜生的儿子叫无淫，生在载这个地方，其百姓都姓朌。那里的人们不事蚕桑，却都衣着鲜美，不事农耕，却年年五谷丰登。到处都是鸾鸟歌唱、凤鸟自舞、百兽和睦的乐园。在这个理想社会中，不仅人们衣食无忧，悠然自得，而且人与自然和谐相处，人既是自然的一部分，自然也是人世的一部分，二者相映成趣。普天之下，任谁不想改姓为朌，当个"巫载民"呢？尤其是结尾处的四个字"百谷所聚"，更是撩人心怀。比较而言，蓬莱仙岛只能望其项背了。五谷丰登已经是一种奢望了，何况百谷齐聚呢！物产丰盛的巫载国，就是典型的人人翘首企足的乌托邦社会，将人的乌托邦精神具形化到了唯美的境界，惟妙惟肖地勾画出了一幅人间天堂图。我们在这里之所以不厌其烦地

① 《山海经》，任孚先、于友发注译，新世界出版社2009年版，第380页。

张扬“巫载国”的乌托邦理想，并不完全是因为它的古老，还在于它并不被广大的阅读大众所熟识，更在于我国的乌托邦想象文学还未被广泛接受为中国文学的重要部分。

在我国的乌托邦文学想象中，唯有陶渊明的《桃花源记并诗》是人们耳熟能详的。它自问世以来，就独擅其美了，对后世影响极大。比如，前面提到的刘禹锡、苏轼、王安石等诗人，均以“桃花源”或者“武陵”为题留下了名作佳句。孟浩然的《武陵泛舟》是一个典型例子：

> 武陵川路狭，前棹入花林。
> 莫测幽源里，仙家信几深。
> 水回青嶂合，云渡绿溪阴。
> 坐听闲猿啸，弥清尘外心。

从诗的第一句点名“武陵”，到最后一句“弥清尘外心”，全诗经营的重心并不是山林花草、白云小溪以及猿猴嬉戏的意象，而是“尘外心”的社会理想。如果用音乐演奏做比喻，“尘外心”就是演奏家结束时所弹的最后的三个音符，令人心潮澎湃。“武陵”自陶渊明之后，就是尘外和世外的同义词，也是中国文人乌托邦想象的代名词。

具体而言，陶渊明的《桃花源记并诗》分为两个部分，即《桃花源记》与《桃花源诗》。人们对前者更熟悉，对后者相对陌生。前者是散文，像附记，后者是诗，是本。但二者相映成趣，妙手天成，为我们勾画了一幅令人心旷神怡的桃花源乌托邦社会样貌。《桃花源记》流传至今已经一千五百多年。陶渊明在“记”和“诗”中用不同的体裁、内容和手法描写桃花源社会。“记”描写了关于桃花源的传说，结构十分清晰，脉络清楚，起承转合，起伏跌宕，环环相扣，层层推进，词语清秀，极富感染力。“诗”中表现的并不仅仅是客观的描写，而是抒发了诗人伤时悼世的思想和情怀，具有强烈的感情色彩，也为诗人渲染自己的情绪和情感提供了特殊又十分有效的艺术形式，丰富了“记”的内容。让我们先看看“记”。为了方便后面的分析，我需要在此引用全文：

> 晋太元中，武陵人捕鱼为业。缘溪行，忘路之远近。忽逢桃花林，夹岸数百步，中无杂树，芳草鲜美，落英缤纷。渔人甚异之，复

前行，欲穷其林。

林尽水源，便得一山，山有小口，仿佛若有光。便舍船，从口入。初极狭，才通人。复行数十步，豁然开朗。土地平旷，屋舍俨然，有良田美池桑竹之属。阡陌交通，鸡犬相闻。其中往来种作，男女衣着，悉如外人。黄发垂髫，并怡然自乐。

见渔人，乃大惊，问所从来。具答之。便要还家，设酒杀鸡作食。村中闻有此人，咸来问讯。自云先世避秦时乱，率妻子邑人来此绝境，不复出焉，遂与外人间隔。问今是何世，乃不知有汉，无论魏晋。此人一一为具言所闻，皆叹惋。余人各复延至其家，皆出酒食。停数日，辞去。此中人语云："不足为外人道也。"

既出，得其船，便扶向路，处处志之。及郡下，诣太守，说如此。太守即遣人随其往，寻向所志，遂迷，不复得路。

南阳刘子骥，高尚士也，闻之，欣然亲往。未果，寻病终。后遂无问津者。①

从结构上讲，这篇"记"的时间顺序明晰准确，人物、地点、事件等等场景因素交代清楚。陶渊明假借武陵渔人的身份，随心所至，忘却自我，进出桃花源，后传出桃花源存在的消息，他人寻找未果。整个故事一气呵成，连贯自然，没有斧凿的痕迹，一切都是自然而然的。故事中没有明显激烈的情感冲突，点到为止，以顺叙的方式完成，极尽艺术含蓄之能事。但仔细分析，就会发现这个千古绝唱般的乌托邦叙事，并不乏内在冲突。首先，"记"中的渔夫不专心打鱼，却顺溪而行。他神使鬼差，竟然发现了别有洞天的桃花源社会。好一个"忘"字，用在此处真是妙不可言。试想，常年在此打鱼的人，怎可能忘记自己来溪水的目的呢？他不仅忘记了路之远近，而且忘记了自己打鱼的本分。作为打鱼为生的人，忘记本分，无异于失职，而失职甚至会意味着家人挨饿。渔夫究竟为什么会忘记这一切，我们不得而知。但他当时应该是迷迷糊糊的，或者是处于物我两忘的状态。也大概只有在这种心驰神往的情感和精神状态下，渔夫才能脱离现实（下船、弃船），并在强烈的好奇心的驱使下，登岸前行。起初，渔夫是没有目的的，他只是漫无目的地走着。倏然，他眼前一亮，看

① 阙勋吾等译注：《古文观止》，岳麓书社 2005 年版，第 342—343 页。

到了桃花林，似乎知道自己来到了一个全新而陌生的地方。桃花林应该离溪水很远了，渔夫应该独自走了很长时间，也说明他处于迷糊状态已经很久了。也正因为如此，他才能继续前行，结果，他终于发现并进出桃花源。渔夫的“忘”实际上就是他自己与自己的本真冲突的结果。

陶渊明的一个“忘”字，引出了中国文学乌托邦史上的一段千古奇文！可以说，没有渔夫“忘”的铺垫，后来的一切都失去了发生的条件和可能性。可以肯定地说，从乌托邦思想的结构看，武陵渔人的“忘”与孔子的“喟然而叹”有异曲同工之妙。从功能上讲，二者都引出了后来的大同、小康理想和桃花源引人入胜的故事。在这篇短短的“记”中，渔夫身上发生了明显的三种变化。他首先是“忘记”了自己、周围的自然景色和人情社会，渔人然后逐步进入到“妄”的状态。“妄”是他的第二种变化状态。要不是痴心妄想，他怎有可能走出溪水并进入山林呢？没有到了迷糊或者癫狂状态，他怎有可能突发奇想，弃溪流而登岸呢？渔人显然是处于恍惚的梦境。如果乌托邦是人类的大梦，大概也只有处于做梦状态的人才能领略其中奥妙之一二。若要更具体地看清和体验梦境，唯有梦游者莫属。渔人在那个时候似乎是个活脱脱的梦游人。问题是，他梦醒后，还想重温旧梦，再寻桃花源，那只能是痴人说梦，枉费心机了。最后，从“妄”到“枉”是个合情合理的结局，因为对他这种人，不可能会有任何其他结局。渔人“既出，得其船，便扶向路，处处志之。及郡下，诣太守，说如此。太守即遣人随其往，寻向所志，遂迷，不复得路”。渔夫退出桃花源时，恢复了常态，变回了原来的“他”，显得精明智慧。他细致观察，并在回路上“处处志之”。

按理说，他沿路标记，怎么可能“不复得路”呢？何况还是“处处”留有记号呢？这恰恰是因为他跳出了梦游状态，恢复了往日的常态，变得极端理性和功利，与其他任何人毫无二致了，即，他重新回到了他世俗的社会人的身份。这样，他也和其他人一样，永远也不可能再找寻到桃花源了。另外，所有乌托邦文学在结构上都大同小异，都是要从“忘”到“妄”再到“枉”。还有，他如果寻回了桃花源，整个故事的发展就失去了人性——向往美好的天性。追寻可以，居住其中，必不可得。失而复得，更是虚妄。乌托邦的美就在于似有似无，在于有与无之间，如同我们向往的地平线，遥看很美，令人遐想，但我们一旦走向地平线，要看看究竟，那就大煞风景。地平线会逐步退去，原来在想象中的“美”被一点点地“追寻”给撕碎了，唯有空悲切了。

“记”中叙述了三种人找寻桃花源的过程，都以未果为结局，这其实是合情合理的。凡夫俗子的渔人向往繁华胜景的人间乐园，在梦境中稍事品味一番后，终于又回到严酷的现实中。他忘记了善良的桃花源人“不足为外人道也”的叮嘱，再次退回到了他作为俗人的行列。他不仅不能信守承诺，而且还处心积虑地“处处志之”。更有甚者，他最后竟然告诉了官府桃花源的存在：“及郡下，诣太守，说如此。太守即遣人随其往，寻向所志，遂迷，不复得路。”他告知官府的个中原因，不得而知，但官员也有向往美好生活的理想，于是，在他的带领下，再寻桃花源，还是未果。官员的问题是，他们不可能像渔夫一样，完全忘却自我，变得癫狂。太守的手下人也不可能变得迷狂。即便太守指使随从寻找，也只能是“遂迷，不复得路”。迷路与迷狂有着本质区别。

雅人高士同样找不到桃花源。“南阳刘子骥，高尚士也，闻之，欣然亲往。未果，寻病终。后遂无问津者。”史书上，刘子骥确有其人，因为不仕而显得高尚伟岸。其个性高傲，善独来独往。陶渊明在结尾处使用真人姓名，似乎要确保其虚构的“记”的真实性和可信性。但即便是端人正士者如刘子骥者，也是寻而未果，“寻病终”。结尾的三个字同样妙味无穷。渔夫的“俗”表现在他的功利目的上，不仅做人不守诚信，而且玩弄把戏，留记号，耍小聪明，甚至依附官场，显得可恨，可笑，可怜，甚至还有点可恶。受人之托，忠人之事，反映一个人的道德操守和侠义精神。何况善良的桃花源人还“设酒杀鸡作食”招待过他？做人的根本都丢掉的渔夫，也不配再次造访桃花源了。他只能在腥风血雨的现实社会中聊以卒岁了。官府的人造造声势，做做样子，摆摆架子，自己并没有感到现实的残酷和压力，何必真的在意桃花源的有与无呢？陶渊明的桃花源里人人平等，没有官场，哪有可能为为官者设有一席之地之理呢？陶渊明让他们“迷路”，算是给了他们一个不错的结局。耿介清雅的书生，满腔热忱，做出一副襟怀旷怡的样子，一个心眼地找。他身上那份执着倒是有几分可爱的书生之气，因为他用不间断的追寻，与悲惨的社会隔绝，表示一种不合作的清高俊伟之态。但他只是最后病了，而不是疯癫了。“病”与找寻未果的因果关系很难讲清楚。他的病也许是因为找寻未果所致，也可能是因为他病情严重而无法继续寻找。不过从人物塑造的逻辑关系方面考虑，作者不可能安排他找到桃花源这个人间乐园的，那样的话，“记”将不可能流传百世，因为撩拨文人雅士的求真和求美的愿望会落空。刘子骥在他的整个寻找过程中一定是坚信桃花源的存在，若是他像渔夫那样，物我两忘，甚至也疯癫了，却倒有可能实现他寻找虚构中的桃花源的愿望。约恩·吕森在《重新思考乌托邦：为灵感文化而辩》一文中指出：“乌托邦思想是针对文化中的不安分成分而言的，为了给我们那基于价值观念的行动提供方向，我们曾总是带着这种乌托邦思想生发出种种观念、祈愿、希望和恐惧，其范畴超越了任何既定事物所限。”[①] 这句话用在书生刘子骥身上，很是贴切，因为刘子骥和陶渊明身上都有“针对文化中的不安分成分”。不过，吕森只是道出了其中的部分原因，因为乌托邦要么指向远古，要么指向未来。生活在当下的人们既回不到美好的过去，更不可能超越现实和现世的界限，跨入到未来。未来是属于未来之人的，正如过去是属于古人的一样。当下的现实中的人，将自己“针对文化中的不安分成分”投射于未来的美好遐想之中，也是自然而然的事情，因为畅想人类的美好未来是人的天性，但现世之人能做的就是常怀梦想，遥望美好，为未来做些美好的设计，为人类的发展提出解决当下问题的途径和方法。作为文人，这就是将自己的途径和方法想象化，如陶渊明一样，启迪后世。

陶渊明用短短几百字，把渔人发现桃花源、小住桃花源、离开桃花源、散布桃花源的消息、他及众人再寻桃源的离奇情节，一气呵成，而又前后照应，不仅刻画了一幅以渔夫、官吏和书生为代表的世俗社会的众生相，还通过他的生花妙笔，描绘了一个平和顺心、秩序井然、物质充裕的乌托邦社会。那里“土地平旷，屋舍俨然，有良田美池桑竹之属。阡陌交通，鸡犬相闻。其中往来种作，男女衣着，悉如外人。黄发垂髫，并怡然自乐”。这是渔人初到桃花源所看到的样貌。其中有良田、房屋、家畜、纵横交错的道路、有效的社会管理（屋舍俨然）和良好的道德风尚——人们对陌生人也是热情好客，完全信任的，具备了一个社会所赖以生存的基本要素。很显然，桃花源里没有明显的等级制度，可能也没有阶级和等级之分，自然就失去了剥削所必须依赖的社会结构和政治架构。那里的人们自食其力，自给自足，快乐悠闲，于是，才有了“黄发垂髫，

① 约恩·吕森：《重新思考乌托邦：为灵感文化而辩》，见［德］约恩·吕森主编《思考乌托邦》，张文涛、甄小东、王邵励译，第243页。

并怡然自乐”的老者和孩童风貌。

乌托邦社会对人本身是有高度要求的。换句话说，并不是所有人都有资格成为乌托邦社会中理想的人。如果桃花源是一个乌托邦社会，那么，桃花源的人们确实有一般市侩社会中人们所没有的优秀品质。他们淳朴善良，乐于助人，坦荡自信，悠闲自适，毫无防备之心。不仅如此，他们还热情好客，全村人“咸来问讯”，却没有人对他这个闯入者盘根问底，没有人对他产生怀疑，也没有人对渔夫的擅自闯入感到发指眦裂，反而对这个突然闯入他们生活中的陌生人以诚相待，“各复延至其家，皆出酒食”。对无意入侵者尚轮番宴请，且延续数日，可以想象他们是如何对待那里的同乡的。对陌生人的无限包容和欣赏，也从侧面反映出桃花源社会的精神和道德风貌。更为奇妙的是，桃花源的人是最健忘的人，“自云先世避秦时乱，率妻子邑人来此绝境，不复出焉，遂与外人间隔。问今是何世，乃不知有汉，无论魏晋”。

一如渔夫从“忘却”而渐入“妄痴”状态，才能发现并进入桃花源，桃花源的人们似乎全部到了物我两忘的心境。他们尽管与外人“间隔”数百年，却与外人毫无隔膜，将外人视为自己人，这种宽厚和大气可能就来自他们的平等观念。几百年的独处使得他们有了一个完全迥异的社会结构和运作模式，也使得他们能够真正“忘却”昔日因战乱造成的创伤。他们“忘”的是历史和朝代的更替，是大智若愚的忘怀，是彻底的忘却，什么时间的流逝、历史的发展、社会的变更、人事的变动，包括自然变化，统统不在他们的关注之内，也不在他们的意识之中。陶渊明的高明之处恰恰在于强调了一个“忘”字。他似乎在暗示，只有痴迷，只有物我两忘，才能达到乌托邦社会对人们精神状态的要求。有资格领略桃花源繁华盛景的只有渔夫和桃花源里的众生，这两类人的共同点都是忘记过去和自己。

从陶渊明的“诗”中，我们可以找到他安排桃花源人们忘却的部分原因。一个人愿意忘记某种事件，那一定是该事件让人不堪回首。比如，大部分人都不愿涉猎中国近代史，因为它读来总是让人肝肠寸断，痛心疾首。陶渊明为什么要忘记时间、空间和人情世故呢？他难道是要让桃花源处于永远静止的状态吗？其实，他的原因十分明确：“嬴氏乱天纪，贤者避其世。黄绮之商山，伊人亦云逝。”他在诗中明确指出：秦王嬴政就是祸根，因为他暴虐无道，破坏了社会秩序。秦时的四大博士（相当于史官）唐秉（东园公）、崔广（夏黄公）、吴实（绮里季）和周术（角里先生），为躲避秦朝暴政，隐居在陕西丹凤县的商山。两千多年来，无数文人骚客来“商山四皓墓”拜谒，留下了“满院”的诗文，赞扬他们的孤傲精神和高风亮节的人品。他们四个人当时来到商山的时候，都已经八十有余，所以被称为“商山四皓”。“回避”和“忘却”促成他们成为陶渊明笔下的“贤者”。陶渊明没有因为他们离经叛道的行为而蔑视他们，反而对他们的行为和人格表现出了无限的崇敬之情。这几位鸿飞冥冥的“贤者”的子孙至今还住在丹凤县（商山）。

与“记”相比，陶渊明在“诗”中，更加具体地描绘了桃花源人的生活和农耕状况：“相命肆农耕，日入从所憩。桑竹垂余荫，菽稷随时艺。春蚕收长丝，秋熟靡王税。”人们过着简单而充实的生活，顺应自然规律（“虽无纪历志，四时自成岁”）。更重要的是桃花源的人们没有税赋。不用纳粮缴税大概是和平带给普通民众的好处之一，也是陶渊明的淳朴愿望之一。其次，“诗”中描绘了“童孺纵行歌，斑白欢游诣”。生活无忧，简朴单纯，不受暴政的蹂躏，悠闲自在，怡然自得。难怪陶渊明在“诗”的结尾处申明自己的志向：“借问游方士，焉测尘嚣外？愿言蹑轻风，高举寻吾契。”一般的游方士是不可能找到桃花源的，因为“淳薄既异源”，桃花源的淳朴民风和现世社会的浅薄低俗，是有天壤之别的，游方士岂能有超脱豪迈的乌托邦精神？没有这一精神就不可能有精神契合。陶渊明一语中的，动中肯綮，指出了两种社会的区别所在。他心驰神往的乐土，难道就无法抵达吗？他也会像“记”中的渔夫、官吏、高士和游方士那样重蹈覆辙，“遂迷，不复得路”吗？“记”中的渔夫癫狂后走进了桃花源，难道诗人也要迷狂吗？文人高士如刘子骥秉持执着的乌托邦精神，却没有迷狂的本性，于是，桃花源于他是可望而不可及的。那么，诗人如陶渊明呢？他自有诗人之道：陶渊明寄情于自然之力，大胆想象，愿乘风飞翔，到那个风清弊绝的世外乐园，与“奇踪隐五百”（隐匿了五百年）的桃花源人，畅叙幽情，高扬他的乌托邦精神，与桃花源人做到最大限度的精神契合。用张彭松的话说：“乌托邦作为人类永恒的超越精神，才开始显示出它的拯救世俗的精神力量，并在对现实的批判中发挥着积极的作用。”[①] 在精神上向往他世、远离现实，不正是表达了人们一种

① 张彭松：《乌托邦语境下的现代性思考》，第2页。

不与现实合作的孤傲精神吗？对现实的批判不一定要不避忌讳，妄说狂言，更不一定要口诛笔伐。远离喧嚣和尘埃，也是“拯救世俗的精神力量”。追随商山四皓，不就是这种乌托邦精神的体现吗？如果说，乌托邦精神的可贵之处，不在于指导人们实现一个理想社会，而是在于永远追求一个更加合理完美的社会，那么，陶渊明的《桃花源记》和《桃花源诗》无疑是超历史和超道德的，体现了中国古代文学追求乌托邦精神的最高成就。由于其超越历史，反而构成推动历史的动力：我们可以说，已有的历史只是人们创造的不完美的过去，而乌托邦蓝图为人类未来的历史发展竖起了标杆。陶渊明的乌托邦想象必然是其探寻社会发展道路的精神体现，因为在他“诗”中的桃花源里，人们精神康健，衣食丰足，生活稳定。那里“童孺纵行歌，斑白欢游诣”，青壮年各尽其职，四时耕作，整个社会呈现欣欣向荣的局面。姚文放在《文学教育与乌托邦理想》一文中归纳乌托邦诗歌的作用时写道：“这些广为流传的诗词歌赋无不蕴涵着深沉浩荡的人生意义的存在价值，它们超越了时间和空间，摆脱了暂时和个别，走向了永恒和普遍，化为永存和不朽，正是这些人生的终极价值构筑起了辉映在人类头顶、引领着人类前行的乌托邦理想。”① 一千五百年来，陶渊明的《桃花源记》和《桃花源诗》令历代读来如痴如醉的，并不是因为他对残酷现实的揭露，使读者感到酣畅淋漓，而在于他在“记”和“诗”中对于那一“忘”和一“飞”的诗意诠释，使得我们也产生了“忘”和“飞”的愿望。从这点说，陶渊明是绝伦逸群的，因为他的乌托邦理想仍然撩拨着我们的人类大梦。

第五节　水仙花的大同故事

水仙花在经历了她在欧美地理空间的游离、种族身份的不确定性、文化认同的不稳定性的痛楚之后，十分大胆地提出世界“人性归一”的观点，并提出了她的“世界一家人”大同理念。正如前文所述，她的大同理念是建立在种族平等的观念和原则之上的，这个观念和原则又是建立在她的经验和哲学认知的基础上的。具体而言，就是人不分种族，其基本人性是相同无异的。当然，这样的认识并不表明水仙花无视她所处时代种族

① 姚文放：《文学教育与乌托邦理想》，《文艺报》2008年4月17日。

歧视的严酷现实。事实上，终生为华人申言的她，首要的就是尽己所能，消解种族和性别的人为和文化差异，解构种族中心主义霸权话语，淡化种族二元对立的意识形态，消除种族分类和种族等级所造成的恶劣影响。于是，在水仙花的许多故事中，她都将白种人和华人并置在同一故事中，以感人的故事和生活细节强化她的“世界一家人”理念，并在解构种族等级现实之时，弘扬华人的基本人性，如，善良、仁慈、宽容、乐于助人、通情达理等等，并以故事的形式反衬白人种族优越论者的虚伪以及白人在基本人性方面的残缺。

从逻辑上讲，水仙花既然要张扬“人性归一”的大旗，就应该将笔墨花在人性同一这个主题上。但事实上，她惟妙惟肖地书写华人人性的同时却以极其巧妙的笔墨，挖掘白人种族在基本人性方面的种种不足。究其原因，水仙花似乎在有意识地要破除白人优越的神话，同时还华人以公正，进而消解种族等级的残酷现实，让黄白两个种族的人——尤其是白人——认识到自身的不足和对方身上的优点。其次，水仙花选择这样的写作策略也是回应种族歧视的“时代噪音”① 之举，具有促使白人种族在人性、道德和种族平等方面强烈的“反省”、“回归”和“规范”作用，同时也具有促进美国社会的现代化进程的作用。

玛莎·卡特（Martha Cutter）所谓的“时代噪音”，首先是指北美社会对华人极端仇视的社会文化氛围和白人优越的种族意识。其次是指当时竭力鼓噪对华人偏见的文学创作和其他文化产品对华人的诋毁和污蔑。众所周知，19 世纪中后期起到第一次世界大战爆发之前的半个多世纪，既是西方殖民统治的鼎盛之际，也是欧美白人种族中心主义猖獗之时。正如爱德华·萨义德在《文化与帝国主义》（*Culture and Imperialism*）的研究中揭示的那样，这个时期也是西方文化帝国主义的喧嚣之时。具体而言，就是欧美的文学和文化产品都在有意识无意识地建构西方的帝国理念。萨义德在《东方学》一书中明确地指出，“东方”不完全是一个地理概念，而是欧美长期文化建构和文学想象的产物，是需要西方规约的一个种族、一种政治体制、一套文化和价值体系、一套行为准则等等，“此外，东方也有助于欧洲（或西方）将自己界定为与西方相对照的形象、观念、人

① Cutter, Martha. “Empire and the Mind of the Child: Sui Sin Far's ‘Tales of Chinese Children’.” *MELUS* 27.2 (2002): 35.

性和经验”。[1] 东方主义如果是一种思维方式和认识论，那么东方的形象也可以说是欧美长期关于其“文化他者”想象的结果。同理，帝国也是西方的文学文化建构的产物。譬如，英国的殖民主义小说家吉卜林(Rudyard Kipling)在他的一篇文章中公然写道：“东方是东方，西方是西方，二者之间的鸿沟只有在天与地同坐在上帝最后的审判席上时才可能弥合。”[2] 乍看，这句话中并没有明显的褒扬和贬抑的词语，似乎只是强调东西方完全迥异的事实。但在其东方主义的心理结构中，“西方”就是天，就是天条，就是正统和规范，而“东方”就是地狱，就是邪恶的化身，就是需要西方修正和改良的后进生。无疑，吉卜林的说法暗含着一种强烈的东西方民族和文化二元对立的情绪，意指东西方在文化方面是完全相斥的，二者毫无相互包容之处。吉卜林的言说代表着当时的欧美文学界对东方（主要是中国）形成的“共识”和基本判断。

让我们通过具体的文学创作事实为玛莎·卡特所说的“时代噪音”做一个简单的注脚，目的是揭示这种嘈杂之声背后的种族他者化和文化他者化伎俩，进而便我们理解水仙花是在怎样恶劣的文化氛围中，以怎样的明确的文化立场消解这类噪音的。其次，也希望能通过一些简单的事例说明这类噪音对于生活在北美的华人以及所有华人，到底意味着什么。

如同任何社会意识形态都需要文学和文化界的认同与合作一样，美国当时有一批作家如过江之鲫，蜂拥加入到了美国的种族霸权话语的建构浪潮之中。在此，仅以杰克·伦敦为例。选伦敦作为一个例证，是因为他是我国最熟悉的美国作家之一，同时也是鼓噪美国当时种族意识形态的急先锋之一。换句话说，他就是卡特所说的制造“时代噪音”的最强音者之一。可惜的是，国内几乎没有学者提到过他以文学虚构的方式强化白人优越论的研究。伦敦的种族沙文主义集中表现在他虚构故事的惯常手法上，那就是将白人和华人对立，通过栩栩如生的描写和百折千回的情节安排，不断强化白人高尚优越、华人卑劣邪恶的形象，对华人的整体形象造成了难以弥补的伤害。表面上看，伦敦的创作和大多数作家一样，为了产生所谓的艺术张力而沿袭老套的做法：精心设计两种对立的力量，并以此设计

---

① ［美］萨义德：《东方学》，第2页。

② See Alfred J. Wrobel and Michael J. Eula. *American Ethnics and Minorities*. Dubuque, Iowa: Kendall/Hunt Publishing Company, 1990, p. 207.

冲突，进而展开故事的情节。但如果我们从审美的角度观察，就会发现伦敦对华人形象造成的伤害要远远大于那些赤裸裸的种族歧视言论，达到了“平庸的广告和有害的政治宣传”的目的，[①] 因为，根据门罗的研究，艺术从来都不是中立的，反而总是被利用的，有着明确的宣传目的。门罗在同一文中写道：“通过对各种不同的艺术所进行的教育实验，就使得我们不断加深理解不同类型的艺术对不同类型和不同年龄的学生的思想、感情和能力产生什么影响。宗教机构和政府利用自史前以来的一切艺术对民众的感情、思想和行为施加影响。”[②] 我们不知道美国的宗教文化机构是如何利用艺术影响“民众的感情、思想和行为施加影响”的，但我们知道在种族主义猖獗的20世纪前后期的几十年间，美国一大批作家加入贬损华人形象的行列之中，并通过他们的故事将对华人的偏见固化了。赵健秀对此写下一篇言辞犀利、鞭辟入里、条分缕析的著名“檄文”，取名为《种族主义的爱》。他写道：“白人的种族偏见强化了白人优越论。白人优越是一套规则体系，也是认识现实的一种方式，其目的在于使白人永远处于权力的顶端并为所欲为。有色的少数人种在白人世界中都无一例外地被定型于偏见之中。”[③]

杰克·伦敦在其东方主义种族对立的意识中，着力书写其对华人的根深蒂固的偏见，十分热衷于将华人“定型于偏见之中”的规则体系。杰克·伦敦似乎在有意无意地迎合着当时的社会文化心理和种族心理，即，白人代表秩序和典范，其他民族——尤其是华人——是需要规约和教化的。他于1905年在著名的麦克米伦出版社出版了他的《渔政巡逻故事集》(*Tales of the Fish Patrol*)，该故事集由7个故事构成，几乎每一个故事讲的都是美国渔政部门执法人员和中国偷捕者的冲突，故事的结局也都大同小异，无非是演绎正义战胜邪恶的种族剧目，情节安排几乎都是白人凭借其天生的智慧和力量击败了耍小聪明的华人。故事中多次提到白人执法力量不足，但自信都能一个对付至少三个华人，强化的是白人有勇有谋、体格健壮的正面形象，反衬的是华人怯懦瘦弱的败象。故事中的叙事

① 托马斯·门罗：《走向科学的美学》，见朱立元主编《二十世纪西方美学经典文本》(第一卷)，复旦大学出版社2000年版，第649页。

② 同上。

③ 赵健秀：《种族主义的爱》，李贵苍、徐纪阳译，《华文文学》2005年第3期，第30页。

者开宗明义地将美国定性为法律的制定者和执行者，其工作人员秉公执法，誓死维护法律的尊严，其要旨就是强调这样的观点：美国民族是理性和服从法律的人民。他们所面对的是他们的文化和帝国“他者”——以在旧金山西海岸捕捞鱼虾为生的中国渔民。这一批批中国渔民不仅“长相无比邪恶”（remarkably evil-looking），而且肆意践踏法律的尊严，受到严惩是理所当然的。故事中大量使用种族歧视性语言，对华人进行大肆污蔑，如“黑不溜秋的蒙古种”（swarthy Mongols）、“肮脏的中国佬”（dirty Chinamen）、“卖苦力的贱人”（coolies）、“像一群跑出船舱的老鼠”（swarm out of the cabins like so many rats）等等贬义词，连华人儿童也被描写为流氓恶棍。与此相反，来自希腊和意大利的移民则个个是“健壮、有力、勇敢”（strong，powerful，and brave）的人物。[①] 无独有偶，在水仙花生活的时代，应和伦敦的还有亨利·路易斯（Henry Harrison Lewis）等一批作家。比如，路易斯就认为华人：“半裸体，有伤风化，眼神中怀有恶意”、“讲的英语怪难听”（queer broken English）。[②]

文学的创作和消费是一种精神和文化活动及过程，必然反映着作者和读者特定的社会文化心理和文化心态。对于美国这个特殊的移民社会而言，文学作品必然反映着作者和读者的种族观念，同时也受制于社会思潮发展的影响。于是，作家们大都会以直接或间接的方式折射并回应社会思潮发展的脉动。在美国的“种族帝国建构”的社会和文化大潮中，毫无疑问，伦敦之流的作家们成了“白人优越……规则体系”的一部分，从其东方主义的立场出发，辅之以其明确的帝国主义意识形态，强加给了华人和其他少数族裔一个文化和种族他者的丑陋形象，其目的正如赵健秀指出的那样：“一般而言，建构种族‘形象’旨在不同的社会要素之间建立并维持某种秩序，用以保证西方文明的一贯性和持续发展。”[③] 赵健秀所指的“秩序”一定是美国社会特有的种族秩序，其内涵就是维持种族间的权力关系，本质是领导和服从的关系。再具体而言，赵健秀指的一定是白人和华人之间长期的排挤和融入、压迫和抗争的关系，本质上是一种黄

---

① London, Jack. *The Unabridged Jack London*. Philadelphia: Running Press, 1981, p. 1083, 1086, 1136 - 1137.

② Lewis, Henry Harrison. *At the Mikado's Court*: *The Adventures of Three American Boys in Modern Japan*. New York: D. Appleton, 1907, p. 99.

③ 赵健秀：《种族主义的爱》，《华文文学》2005 年第 3 期，第 31 页。

白二种族间的极度不平等关系。不论是维持秩序也好，肆意丑化也好，华人的形象成了“时代噪音”的牺牲品，却是不争的事实。以罗默、伦敦为首的一大批“黄祸文学”作家，将黄白两个种族的冲突作为其“知识暴力”认知模式的表意书写策略，在当时形成了一股逆流，如此的逆流汇聚成了一种话语运动。这种运动的目的就是要维持白人种族对华人的绝对优越性和权力。其手法，用德里达的话说，就是“绝对主权来自由话语揭示的运动，而这种运动在大写智者的精神中，从不与它的显示者相分离：大写的智者其实必然将它服从于一种必须以话语的达成为前提的大写的智慧之目的……”[①] 水仙花要消解的就是这种这种话语运动造成的“噪音”，她要以一种全新的创作手法淡化北美社会顽固守旧、根深蒂固的种族二元对立的意识形态，解构华人皆“黄祸”的流行书写模式，重新审视东西方关系，倡导她那建立在种族平等原则下的“世界一家人”观念和大同理想。基于这样的目的，我将分析水仙花的《中国儿童故事集》中的一个短篇《潘特和潘恩》（Pat and Pan），探讨她张扬华人人性的巧妙叙事手法，辨析她弱化“种族二元对立”意识的具体做法，并以此来实现她的东西方“黄白一家人”的美好梦想。

《潘特和潘恩》虽然是一个儿童故事，但其中所蕴含的有关族性的主题，却不是儿童所能体会和理解的。其族性主题包含着对华人的充分肯定和通过巧妙的情节安排对白人提出巧妙批评。正是基于这种判断，玛莎·卡特在《帝国与儿童思想：水仙花的儿童故事》（Empire and the mind of the child: Sui Sin Far's "Tales of Chinese Children"）一文中认为，水仙花写的“一些儿童故事，其本意也许就是迷惑白人的成人读者，让他们接受其中的颠覆性思想”。[②] 所谓的颠覆性思想就是水仙花与“时代噪音”的文本对抗和对白人关于其人性方面的警示。

《潘特和潘恩》讲述了一个美国白人男孩在他的母亲死后，被美籍华人家庭收养，最后又被白人社会抢夺的故事。这样如此简单的情节安排一定是水仙花苦心孤诣的结果，也是她表达其“颠覆性思想”的艺术形式，因为长期以来只有强者抱养弱者的孤儿，鲜有弱者领养强者的孤儿的事例

① 赵健秀：《种族主义的爱》，李贵苍、徐纪阳译，《华文文学》2005年第3期，第31页。

② Cutter, Martha. "Empire and the Mind of the Child: Sui Sin Far's 'Tales of Chinese Children'." *MELUS* 27.2 (2002): 32.

发生。生活在美国的华人人数有限，基本上谈不上什么社会地位，且长期受到歧视和法律排挤，始终处于社会的底层和边缘，无权无势，苦度时艰。另外，即使白人家庭遭遇不幸，未成年孩子无人照料，成了孤儿，一般情况下，孤儿儿童会由政府机构或者白人家庭领养。在强弱明显的美国种族版图上，由美国白人领养华人孤儿的故事，似乎是司空见惯的情节，至少，常理上该是如此。但水仙花一反常态，直接挑战白人阅读大众的社会心理，出奇制胜，直接刺激着白人读者的神经：华人是可以信赖的，是有超常的爱心的，是可以教育好孩子的。另外，水仙花要传递的信息是华人在基本人性方面也是优秀的。所有的这一切都是对白人偏见的挑战。如果按照卡特的理解，水仙花的作品并不完全是写给美国以英语为母语的儿童的，而是同时写给他们的父母的，那么，成年父母阅读这样的故事和情节安排，无疑会在受到刺激之后反思其种族意识，这就是水仙花的高妙之处：亦如她的大部分故事，以平和的语言和自然的语气，在不过分刺激白人读者的前提下，反抗“时代噪音”，对白人读者提出警示和引导作用，促使他们思考美国的种族问题。

如果说这样的情节安排具有任何的颠覆性，那么，故事的开头可以说是具有极大的挑衅性了。故事甫一开始，突兀地呈现在读者面前的是更加异乎寻常的一幕：“他们静静地躺在摆放香桌的房间的门口过道上，互相拥抱着，睡得香甜。她的小脸躺在他的胸脯上。他白白的下巴，微微上翘，贴着她辫成玫瑰花一般的黑发上。”① 之所以说这个开头异乎寻常，因为这两个孩子分属黄白两个种族，竟然亲如兄妹地依偎在一起午睡！他们，一个是5岁的白人男孩潘特，另一个是不到3岁的华人女孩潘恩。两个孩子依偎在一起的画面，恰巧被路过的白人传教士安娜·哈里森（Anna Harrison）看到了。她十分不解，似乎受到了猛烈的刺激一般，无法继续她原来计划中的事情。她随即向一个华人流动水果商贩打听：“那个男孩是谁家的?”② 二人的问答没有任何寒暄和铺垫。哈里森连基本的见面客套话也省掉了，也可以说是她连基本的社会交往规范也不顾及了，脱去伪善的外衣，直接质询一个陌生的华人商贩与己无关的事。也许，在她这

① Sui Sin Far. *Mrs. Spring Fragrance and Other Writings*. Ed. Amy Ling and Annette White-Parks. Urbana and Chicago: University of Illinois Press, 1995, p. 160.

② Ibid.

个白人种族优越论者的意识里，如果对处于下层社会的华人表现出一丝客套，就会让她跌份，就不符合她的身份。华人商贩倒是根本不在意，如实回答说：“噢，那个男孩！他是金匠林玉的孩子。”① 其神态之自然，语气之平和，完全超出哈里森的预期。她万万没有想到一个白人孩子竟然是华人林玉的孩子。这时的哈里森不再关心男孩的家长是谁了，因为知道孩子的家长是谁突然变得一点都不重要了。她关注的是为何一个白人孩子能生活在一个华人家里？到底是出了什么问题？她迫不及待地反驳说：“但那是个白人孩子。”②

哈里森这个种族主义者的心理昭然若揭：言下之意是种族的界限和分类是不能被打破的，白人与华人必须分开！倒是在唐人街上这个普通商贩的眼里，白人不白人的，根本就不是一个问题。孩子就是孩子。他轻描淡写地说：“是的。他是个白人孩子，但孩子们都是一样的。他也是个中国孩子。”③ 商贩觉得白人潘特也是个中国孩子，因为他生活在华人家庭，讲的是汉语，养父母是华人。商贩看似简单的回答，却直接表现出了水仙花“世界一家人”的大同理念：黄白两个种族可以像这两个孩子一样亲如一家。后来的情节更是强化了这种亲情意识和种族平等观念：哈里森在他们睡醒后，为他们买来荔枝。更令哈里森吃惊的事情发生了：还不到3岁的华人女孩潘恩将荔枝剥好后，没有自己吃掉，却一次次地送到白人孩子潘特的嘴里。凭经验，我们知道孩子们要大让小，这点水仙花不可能不知道，因为她就是在那样的家庭长大的，也是那样做的。如果从水仙花不断强调华人优秀的角度解读，我们反而能给出这个细节安排一个合理的答案，即，华人无私的美德处处可见，孔融4岁让梨，3岁的潘恩同样可以让荔枝。不同的是，潘恩让给的是与自己没有血缘关系的“哥哥”，代表的是黄种人和白种人之间的亲情关系。

潘特吃饱后，潘恩才开始吃第一个荔枝。稍后，他们的母亲叫他们回家。“听到母亲的声音，潘特跳起身来，开心地大笑一声，跑到街上去了。小女孩不动声色，慢慢地跟了过去。”④ 这一幕幕栩栩如生的情景挑

① Sui Sin Far. *Mrs. Spring Fragrance and Other Writings*. Ed. Amy Ling and Annette White-Parks. Urbana and Chicago: University of Illinois Press, 1995, p. 160.

② Ibid.

③ Ibid.

④ Ibid., p. 161.

战着哈里森的种族观念并刺激着她敏感的神经：她是无论如何都不能任由这一“事态”继续发展或者恶化下去，而是必须要采取行动，以挽回对整个白人社会的损失。几个月后，哈里森在唐人街上开办了一所教会学校后，当即决定要将潘特收进学校，但潘特一定要潘恩同去，哈里森为了潘特能多少摆脱华人教育，便欣然同意，最简单的原因是潘特“应该学习他的母语”，还因为“把一个白人孩子作为中国孩子来抚养是不可思议的”。[①] 哈里森几经努力，以开办学校的方式剥夺了潘特在华人学校受教育的权利。这一切都是在虚伪的外表下有条不紊地按计划实施着。

入学后，潘恩因为太小而没有任何具体的学习任务。其他孩子要学习课文，而她的面前摆放的是玩具，因为“潘恩不需要学任何东西，只要玩好就行”。[②] 然而，不可思议的事情再次发生：以玩乐为主且小两岁的潘恩无意间记得的单词比潘特这个正式学生多出许多，“她能……背诵儿歌和诗歌，而可怜的潘特，尽管十分努力，却连一行也记不住”。[③] 这样的情节安排可能出于无意，但也完全可能是水仙花精心安排的结果。她试图全方位地挑战白人优越论，为华人和中国文化申言，首先就是要以故事的方式呈现华人在智力方面或者学习能力方面是多么优秀！奇怪的是，潘恩无私的美德和出类拔萃的学习能力并没有给她带来赞誉，反而在哈里森的巧妙设计下，引起了潘特的嫉妒。要让潘特完全回到白人文化和群体之中，首先就是要在两个孩子之间制造矛盾。哈里森无疑是这方面的杰出代表。她检查潘特背诵课文情况时，都要让潘恩在场，而且，每次在潘特不能完成作业受到惩罚的时候，马上让潘恩背诵相同的段落或者诗。潘恩尽管记忆力超群，但根本不明就里，而是每次都认真完成，一字不落地背完。鲜明的对比让潘特感到压力和羞愧，他也因为羞愧而冲着潘恩大发其火。终于有一次，潘特忍无可忍了，在潘恩背诵完诗歌后，说：“潘恩，我恨你！”[④] 如果我们认为这种“仇恨”仅仅是孩子之间的情绪表达，似乎也说得过去，但放在整个故事和当时的社会背景之中考察，我们完全可以说他们之间仇恨的种子是由哈里森撒下的，因此孩子间的怨恨也同时蒙

---

① Sui Sin Far. *Mrs. Spring Fragrance and Other Writings*. Ed. Amy Ling and Annette White-Parks. Urbana and Chicago: University of Illinois Press, 1995, p. 161.

② Ibid., p. 162.

③ Ibid.

④ Ibid., p. 163.

上明显的种族主义色彩。就是说，他们之间的“恨”实际上是白人对于华人的“恨”，而不仅仅是男孩潘特对女孩潘恩的恨。

因为两个孩子之间因学习的原因产生的怨恨很快就变成了一个种族和社会问题，潘特必须离开华人家庭，到一个白人家庭生活。尽管故事中没有交代任何缘由，但我们相信在哈里森的怂恿下，白人社会也意识到不能让一个白人孩子在一个华人家庭成长。也许他们认为成长在华人家庭必然会受到华人社区和文化的影响，其结果是破坏了白人种族的纯洁性和完整性。于是，一对白人夫妇在潘特过完8岁生日后将他接走了。事先没有任何交涉和沟通，没有征求过华人夫妇的意见。白人们直截了当，可以说直接“抢走”了潘特。整个交接的过程在瞬间完成，在成人间显得十分平静且十分怪异。逆来顺受的华人夫妇违反人间常情，默默地接受了眼前发生的一切。养育了8年的孩子被带走了，华人夫妇尽管“没有说一句抗议的话，但在他们内心深处，感到了极大的不公和因爱孩子而滋生的极大愤慨”。[①]“不公”是因为他们8年的养育心血，没有得到任何回报——整个白人社区和社会没有对他们表示出一丝谢意。他们感到“愤慨”，是因为他们说话的权利被无情地剥夺了。在种族主义的白色恐怖之下，他们噤若寒蝉，似乎变成了没有“语言”能力的文化他者。尽管受到了明显的屈辱和蔑视，但他们有话不能说，也不敢说，说出来也可能没用，甚至会引火烧身。于是，沉默成了他们最好的保护方式。经过几十年蛮横的法律排挤和种族打压，不仅当事者夫妇不敢发出任何声音，整个唐人街都没有任何反抗的声音。唐人街作为一个华人群体被集体“消声”了，成了一个羸弱失语的群体。整个唐人街成为白人恣意妄为的场所。沉默是当时所有华人的无奈选择。集体和个体失语是导致交接过程怪异的根本原因。

抗议强行剥夺养育权的白人种族主义的蛮横做法和种种的不人道行为的仅有两个无辜的孩子。但孩子只能从自己的感知方面抗议，不可能以理性去反对和申诉。首先是潘特大声哭喊：“我不愿离开我的潘恩！我不愿离开我的潘恩！”“我也是中国人！我也是中国人！”[②] 潘特认同自己是中

---

① Sui Sin Far. *Mrs. Fragrance and Other Writings*. Ed. Annette Whit-Parks, and Amy Ling. Urbana and Chicago: University of Illinois Press, 1995, p. 164.

② Ibid.

国人，而这恰恰是白人社区的担忧之处，导致他越是不愿离开，越是会被强行带走。白人社会不会允许他成长为一个“中国人”！尽管潘恩哭红了眼睛，尽管她以稚嫩的声音大声喊道：“他是中国人！他是中国人!”但“他还是被强行带走了”。[①] 两个孩子之间的亲情纽带和哀求，在白人种族政治学和赤裸裸的种族歧视面前，是那样的刺耳，那样的无助，同时也是那样的无足轻重！

潘特被“抢走”后和潘恩还有两次相遇。一次是放学之后，潘特看见了妹妹潘恩，他们之间有一段正常兄妹间的谈话。这时，单独一人的潘特仍然对唐人街怀有感情，且表示愿意看爸爸的“新玻璃柜子”和“阿妈的花”。[②] 他们的第二次相遇是在有其他白人学生注视下匆匆结束的。即便是少不更事的潘特，在白人短短的教化之下，也学会了种族认同的取舍，并表现出了种族等级的意识。甚至更具体地说，他已经有了种族优劣的意识，也开始体悟到要与他的华人“亲人”保持距离的必要性和重要性：

> “啊，潘特!”她欢快地大声叫道。
>
> “听见那个中国孩子叫你!”一个男孩嘲笑地说。
>
> 潘特转身盯着潘恩吼道：“滚开！滚开!”
>
> 潘恩迈开她的小腿，飞快地跑开了。跑到山下时，她抬头看了看，摇了摇头，无比悲伤地叹道：“可怜的潘特……他不再是中国人了；他不再是中国人了!”[③]

整个故事是在潘恩悲凉的声调中结束的。尽管中国女孩潘恩的叹息如同她恳求将潘特留下时的大声辩解一样，在种族主义铜墙铁壁面前被击得粉碎，但她对潘特的认识从“他是中国人”到“他不再是中国人了”的彻底转变，透露出了无限的种族政治学信息。在她幼小的心灵里，潘特不再是中国人了，并不是因为他的肤色——他本来就是个白人孩子，而是因为

---

① Sui Sin Far. *Mrs. Spring Fragrance and Other Writings*. Ed. Amy Ling and Annette White-Parks. Urbana and Chicago：University of Illinois Press，1995，p. 164.

② Ibid.，p. 165.

③ Ibid.

他对待华人——包括潘恩自己——的态度以及那种态度背后折射出的种族等级观念。潘特在当时的情况下，非但不在其他白人孩子嘲笑妹妹时保护她，反而厉声呵斥，要她“滚开”，从此与他的华人教养和华人之根彻底决裂。

在这个简单的故事中，潘特最终在整个美国种族歧视体系的干预之下，变成了一个美国白人优越论的践行者。从表面上看，这个故事对种族的身份分类明确：传教士安娜·哈里森是个“美国”殖民主体，华裔家庭的父母和女儿是被殖民统治的客体。那么，潘特是处在这种种族二元对立的什么位置呢？他是殖民者还是被殖民统治的人？是主体还是客体呢？当然，在故事情节的不同阶段，潘特常常兼有双重身份：他既是在自己身份混乱的情况下的被领养者，亦即他在8岁之前，是黄白两个种族的边缘人，又是确立了白人身份后的种族歧视者。他的认同变化具有深刻的含义，我们在此做一点分析。

首先，如果潘特没有从收养他的中国家庭被强行带走，他会成长成“中国人”吗？潘特跨越“中国人”成为“美国人”，这一跨越的过程至少体现了其身份划分的不稳定性。如果安娜·哈里森代表的白人社会没有介入的话，潘特有可能成为一个白皮肤的“中国人”。因为在他被带走之前，他已经被他所在的中国家庭同化了：他说话的方式、句法结构、对话的方式等等都是中国式的，就像故事中反复出现的描述一样：“他只会说中国话。”[①] 当安娜·哈里森看到相互依偎着酣睡的潘特和潘恩时，她与他们素不相识，为何要强行割裂潘特的家庭纽带和两个孩子之间的情感呢？安尼特·怀特-帕克斯认为哈里森担心两个孩子结婚，破坏了“白人种族的单一性和纯洁性”。[②]

也许怀特-帕克斯说得有些道理，但我认为哈里森主要是担心如果让潘特一直生活在一个华人家庭，接受华人的家庭文化和社区文化，潘特极有可能最终认同华人文化。这实际上意味着他将会以华人文化确定自己的感知方式、人生信念、价值标准、对待人生和社会的基本观念等等。婚姻

---

① Sui Sin Far. *Mrs. Spring Fragrance and Other Writings*. Ed. Amy Ling and Annette White-Parks. Urbana and Chicago: University of Illinois Press, 1995, p. 164.

② White-Parks, Annette. *Sui Sin Far/Edith Maud Eaton: A Literary Biography*. Urbana and Chicago: University of Illinois Press, 1995, p. 225.

只是个外在的形式，并不能成为一个种族认同的唯一坐标。对于哈里森而言，关键是不能让潘特的种族认同和文化认同出现偏差。

当然，我们还看到了这位传教士更深层次的忧虑。那就是事关种族关系的大是大非问题。用凡尼萨·戴安娜（Vanessa Holford Diana）的话说，是因为“北美社会将中国人确定为野蛮的‘他者’，其目的是阻挠种族间的相互理解，并企图在坚持这样的权力结构中获利”。如果我们认同戴安娜的观点，那么自诩为文明且有教养的白人当然不会容忍自己的一员由“野蛮”的中国人养育这个事实，否则，就会让“文明”遭受“野蛮”的侵扰。于是，隔离两个儿童，“抢走”潘特倏然显现出更深的缘由和目的，即维持白人的种族霸权并企图永远从中受益。隔离只是手段，目的是妨碍种族间的交流和理解。那么，阻断交流，破坏理解的目的又是什么呢？原来是要保持白人种族的纯洁性和单一性，也可以说是要保持建立在白人优越论基础上的种族歧视法律、法规、政策和主流社会的文化氛围。我们进而再追问，“主流社会的成员不遗余力地要维持其建立在仇恨和无知基础上的（白人）种族纯洁性”，[①] 又有何居心呢？其终极目的就是要在维持种族歧视的庞大的社会机制下，在压迫和边缘化少数族群中“获益”。其获益的根本是要为白人优越论创造其赖以维持的基础，即，要千方百计地树立白人公正、文明、包容、大气的形象。其反面的做法就是“他者化”少数族群。只有维持住这样的压迫和被压迫的种族关系，白人种族才能享有其特权，也才能真正“获益”。具体到《潘特和潘恩》这个故事而言，就是“他者化”华人族群。一正一反均是服务于维持种族等级这个根本。

但是，所有的这一切在坚持为华人代言的水仙花笔下，却出现了另外一种现象，因为水仙花“在处理种族差异时，采取了革命性的颠覆策略”。[②] 就效果而言，白人优越以及文明的形象不仅在故事中被彻底颠覆了，而且还走向了其反面，即被污蔑为“野蛮”族群的华人的一言一行反而让白人群体显得更加野蛮，自诩为文明典范的白人群体反而成了虚伪和不可理喻的代名词。故事中，潘特的白人母亲完全信任华人商贩夫妇，

① Diana, Vanessa Holford. “Biracial/Bicultural Identity in the Writings of Sui Sin Far.” *MELUS* 26.2 (2001): 159 - 186, 161.

② Ibid.

才会将自己的孩子潘特委托给他们抚养，反衬出她对自己族群的极度不信任和彻底失望。华人夫妇将潘特视同己出，给了潘特温暖、照顾和爱——潘特的华人母亲叫他们回家时，首先呼叫的是潘特，而不是自己的亲生女儿潘恩。兄妹二人相拥而午睡的温馨画面，令人感动，那是在其乐融融的家中才能看到的景象，不仅说明华人家庭充满爱心，而且折射出中华文化注重家庭和谐的价值观，反衬的是“文明”的白人族群割舍亲情，破坏家庭的不文明行为。主流社会中所谓的文明和野蛮之分，不仅瞬间被消解，而且被颠覆：不被认为文明的华人以及他们的文化处处流露出文明的教养和素养，而自诩为文明的白人族群不但不反思自己的行为，反而不惜强行割断潘特的家庭纽带，而且破坏种族关系，其动机是极其伪善和邪恶的。水仙花要强调的恰恰是白人为了强化他们的族群意识，而不惜隔断族群交流和理解，孰是孰非，一目了然。

水仙花在情节上的并置，不仅颠倒了北美主流文化关于文明和野蛮的二元建构，而且借此重新书写了黄白两个种族的关系，消解了主流文化肆意丑化华人及其文化的种种伎俩，还原了华人“人性”的真诚，揭露了白人人性的虚伪性。从叙事技巧的角度看待这个故事，我们发现故事开头时，水仙花采取的是全知视角，而结尾时悄然变成了一个没有话语权的中国孩子的视角。那么，我们会问谁是文本结构中的“他者”呢？是安娜·哈里森、潘特，还是潘恩？从民族关系的角度看，不可能是潘特和哈里森，因为他们本身就是主流文化的“主体”，一般而言，是不可能安排为配角的。从文化交流的角度看，他们是不可能被塑造成一个民族和文化“他者”的，但随着情节的推移，他们都渐渐成了配角。故事开头时那盛气凌人的种族歧视者哈里森，到最后悄然消失了。相反，故事开头时被完全忽视的3岁孩子潘恩却在故事中扮演了多重角色：她不仅是故事中的人物之一，而且不知不觉成了故事的主角，到最后竟然成了叙事者。故事也是在她的一声喟叹中戛然而止。小小的潘恩成了水仙花笔下一个消解多元对立意识的主体。

为什么这么说呢？如果对比潘恩和潘特，我们发现尽管潘恩小两岁，但这个华人女孩在才、情、智、判断力、感受力、认知能力、观察能力等各个方面都优于潘特。潘恩在学校的任务是玩，却不经意间学会了一口流利的英语，而且背起课文和儿歌朗朗上口，一字不错。相反，潘特是个正式的学生，任务是学习，可还是“尽管十分努力，却连一行也记不住”。[①] 在情感方面，小小的潘恩知道礼让和关心，表现出良好的家庭教养。当安娜·哈里森携一帮人“抢”潘特的时候，还是这个小女孩大声抗议，说明她的判断力和观察能力已经超过潘特。故事结尾处潘恩的自言自语“可怜的潘特……他不再是中国人了；他不再是中国人了”，更是体现了她超群的睿智和敏锐的判断力。

潘特在故事中同样是主要人物，他的前后变化需要我们做进一步分析，以便我们理解水仙花“世界一家人”大同理想中是怎样思考种族问题的。潘特的童年生活中发生了两次巨大的转折：寄养和被抢。但在两次事件中，他都是无奈的和不自主的。两种不同的生活习惯和养育方式将他前后养育成了中国孩子和美国孩子，也可以说是以本族文化为基础的不同文化个体或者“自我”。生活在华人家庭时的潘特根本就没有想成为所谓的“美国人”的愿望，也没有想过离开华人家庭或者与白人生活在一起，并“学习祖先的语言”。那时的潘特已经中国化了：吃、住、行都带有明显的中国文化特征，而最明显的就是他讲的是广东话。如果把文化因素看作“美国人”族裔身份的标志，那么，潘特身上没有中美种族二元对立的标志。可是，在安娜·哈里森的眼中，语言和习俗都不是“种族”的标志，肤色才是。可以说，在潘特被抢走之前，他就是一个白皮肤的中国孩子，对肤色与族性间的关系以及它们背后的社会学和政治学的含义毫无所知。他对自己的文化身份没有感知，换句话说，他对自己的肤色的意义是无知的，因而，也是快乐无忧的。随着情节的推进，潘特被抢走后，经过学校和家庭的教育，他开始歧视他的华人妹妹了。水仙花似乎在强调在种族歧视的社会意识形态的干预之下，对本民族族性意识的形成不可避免地会做出族裔优劣的判断，而人一旦形成这种意识和初步的判断力，将不利于种族和谐。其要义就是，如果不消除种族意识，人类走向大同只能是不切实际的空谈和奢侈的梦想。

一般而言，儿童在3岁时就能感知人们的肤色差异，但是他们至少要到6岁以上才会形成种族“优劣”的意识和概念。[②] 罗宾·赫尔姆斯（Robyn Holmes）的研究表明，幼儿园的儿童就会“对异族的同班同学显

---

① Sui Sin Far. *Mrs. Spring Fragrance and Other Writings*. Ed. Anntte Whit-Parks, and Amy Ling. Urbana and Chicago: University of Illinois Press, 1995, p. 162.

② Goodman, Mary Ellen. *Race Awareness in Young Children*. New York: Collier, 1964, p. 14.

示出憎恨和偏见”，并且发现小孩随着年龄的增长，种族的隔阂越来越强。儿童的种族意识从何而来呢？历史学家芭芭拉·菲尔茨（Barbara Jeann Fields）在《美国的奴隶、种族、意识形态》一文中写道：“一个白人母亲问她4岁的儿子，他班里是否有黑人。男孩想了一会儿，答道：‘不，有一个褐色男孩。’母亲听后，咯咯咯地笑了。”[①] 菲尔茨从中得出结论：“我们每天在不断地创造和丰富种族差异。”[②] 这个故事可以明显地看出，“每天在不断地创造和丰富种族差异”的就是家长和其他成人。在我们所讨论的故事中，就是传教士哈里森在强化种族二元对立意识，在不断创造种族差异。此外，沃特·斯蒂芬（Walter Stephan）和大卫·罗森菲尔德（David Rosenfield）的研究也得出了大致相同的结论：“儿童在上学后才会形成种族优越感……5年级学生在态度和行为上就会反映出他们的种族中心主义思想。”[③] 潘特的变化与以上几十年后的研究结论一致。

分析关于自我的形成和结构的理论不计其数，但是当代理论家借用黑格尔关于自我形成的观点更适用于分析潘特的自我和认同形成。黑格尔哲学的特点之一就是认为，任何论点的成立都依赖于反论的成立。比如说，证明上帝的存在必然与证明上帝的不存在相辅相成。推而广之，任何概念的存在都由两个方面构成，尽管这种构成可以是我们正统的一分为二观或者合二为一观。不论怎样，事物存在于正反两面的冲突或调和，这大概对于接受黑格尔辩证法的人而言，应该是没有异议的。其次，事物的存在是一种暂时的状态，随时都会变化。同理，自我和认同的形成也是一个过程，甚至是一个永远也完成不了的过程。再次，这个过程充满了矛盾和困惑，否定和反否定。最后，只有发现并清除人物的“自我”构成方面的黑暗、龌龊、卑劣的东西，人物的自我才能获得短暂的稳定状态。很显然，潘特深受种族歧视意识形态之害，开始清除他认为存在于他的自我中的卑劣成分，他也许感觉到，所谓的卑劣的成分主要存在于他的中国文化经历之中，只有剔除掉，才有可能完成他的主体形成过程和主流文化认同。

---

① Fields, Barbara Jeanne. “Slavery, Race and Ideology in the United States of America.” *New Left Review* (1990): 118.

② Ibid.

③ Stephan, Walter G., David Rosenfield. “Racial and Ethnic Stereotypes.” *In the Eye of the Beholder: Contemporary Issues in Stereotyping*. Ed. Arthur G. Miller. New York: Praeger, 1982, p. 112.

朱迪丝·巴特勒（Judith Butler）在《肉体之尊》（*Bodies That Matter*）一书中，借用黑格尔的辩证法思想，认为事物存在于两种对立的力量之中，任何一种存在状态都是对立双方此消彼长的结果。她认为，主体形成的过程就是对“卑劣”成分坚持不懈地否定过程。所谓的“卑劣”成分就是“那些尚未成为‘主体’却构成‘主体’主要部分外围的成分……处于社会生活中‘不可生活’和‘不可居住’的区域”。[①] 巴特勒所说的“区域”（zones）并不是个地理概念，而是一个社会和种族概念，即主体在尚未完全形成之时就已经发现自己需要否定的“卑劣”成分，即使没有完全意识到，也会自行创造出这样的成分，否则，主体便无法形成。“不可生活”和“不可居住”同样不是一个地理概念，而是一个族群或者社会阶层概念。就北美社会黄白两个族群的现实状况而言，华人族群就是种族主义者们无限膨胀的自我形成过程中“不可居住”的空间。明确了“区域”后才能知道何为“不可居住”的社会空间。这样，主体就可以界定它的界限，确定有用和无用的成分。根据这样的理解，我们可以说主体是通过摈弃它所创造的、位于自我之中，甚至存在于自我中心的“卑劣”的那一部分，渐渐地完善自身。按照这种理解，主体的形成又是与当下时代流行的、被自我内在化了的占主导性的意识形态和思想观念密切相关。外在的影响通过主体内在的摈弃机制影响自我的形成。换句话说，没有流行观念的介入或者没有内在化的机制，主体将无法确认自身不能认同的东西。Patricia Chu 在《同化亚裔》一书中断言：“有了这种排他性的矩阵，主体才能够形成。不过，这个过程要求主体同时创造出一系列‘卑劣’的成分……就是说，主体的形成有赖于排除和确认卑劣成分。主体能够在自身的内部创造一圈卑劣的外围成分，然后将它们剔除……因为不剔除卑劣的外围，主体就会感觉受到了威胁。”[②] 潘特当着他的白人同学的面，大声呵斥妹妹“滚开”时，不就是因为妹妹所代表的一切都是他不可认同和“不可生活”的吗？

尽管以上关于主体形成的解释过于简单，休谟、笛卡尔、黑格尔、

① Butler, Judith. *Bodies That Matter: On the Discursive Limits of Sex*. New York: Routledge, 1993, p. 3.

② Chu, Patricia. *Assimilating Asians: Gendered Strategies of Authorship in Asian America*. Durham: Duke UP, 2000, p. 3.

弗洛伊德以及后来的存在主义哲学家都对主体和自我的形成提出过精辟见解，但是关于主体会自己确认和创造“卑劣”的外围以及“卑劣”成分存在的观点，有助于我们分析潘特的主体形成和他的认同诉求。潘特和潘恩以及她的家庭关系就是潘特主体形成中不断冲突的过程。他首先是被迫无奈地被丢进了一个华人家庭，接受华人文化的熏陶，长到5岁时，与他的华人家庭和唐人街社区完全融合。对于那时的潘特而言，唐人街之外的主流社会就是那个“不可居住”的空间。对一个尚未上学的儿童而言，美国种族多元的社会现实就是各种肤色的人们共同生活在了一个地方，肤色的含义还不明确。尽管那时的潘特不可能有主流社会关于种族和肤色的意识形态，但他应该有了族裔差异的感知。也恰恰是在他能够感知种族差异的年龄的时候，他被抢走了，并开始接受另一种文化和以种族歧视为特征的家庭和学校教育。短短的3年时间，潘特变了，开始明了肤色的政治学含义，开始意识到自己身上的“卑劣”成分，也开始有意识地剔除那些成分，其中最主要的就是他的华人之根，最后完全与他的华人家庭决裂，实现了他的主体形成过程中的相对稳定性。

有趣的是，潘特身上的变化不是由成人发现的——成人传教士哈里森只能发现他的肤色背后的意义，而是比他小两岁的华人妹妹潘恩：可怜的潘特不再是中国人了。她的判断标准无疑是基于潘特对她的态度和仇视性语言的，也揭示了潘特在形成自己的白人种族主义主体后已经对华人抱有偏见和歧视。同时，他的态度也说明他有了明确的种族优越和白人的种族意识。其后果就是，当潘特变成一个西方的白人自我以后，按照爱德华·萨义德的说法，“欧洲文化以建构东方为其的替代品或者地下自我，而将其与东方区分开来，并从中获得力量和自身的认同”，[①] 那么，我们要讨论的是，潘特到底获得了什么样的力量和认同呢？很显然，他能厉声呵斥潘恩，说明他确实拥有了其白人的自我意识和身份，将自己与他的“地下自我”潘恩区别开来。他能够区分种族“优劣”，说明他明了北美社会的种族政治学内涵。从文学形象的角度理解潘特的变化，我们似乎可以确定他意识到了维持黄白两个种族间的不平等权力关系的重要性。但是，这样的理解似乎背离了水仙花的意图，否则我们就很难理解

① Said, Edward. *Orientalism*. New York: Vintage Books Edition, 1979, p. 3.

她何以要在故事结尾时，将叙事者转换为华人女孩潘恩，又为什么要让潘恩在故事结束时对曾经的“哥哥”做出一个种族和文化判断。水仙花当然不可能与欧美几个世纪的“东方主义者”如出一辙，重新借助塑造潘特的形象，将黄白两个种族对立，并在并置的过程中，将华人贬斥为“卑贱者”。

在水仙花“世界一家人”大同理想的视域之下，充满冲突的结尾反而更容易理解。首先，对那些已经有种族等级意识的成年读者来说，这个故事有几种解读方法。如果成年人把这个故事阅读给幼小的儿童听，儿童们也会因为潘恩受到无辜伤害而感到悲伤，因为潘恩没有做错任何事情：她热情地与哥哥打招呼何错之有？尽管对在种族壁垒森严的社会中生活的成年读者来说，潘特和潘恩的分离是应该的，但孩子们不一定会理解隔离的必要性与合理性，也不会理解白人优越而华人卑贱的文化和种族偏见。对于儿童而言，种族等级是没有意义的，因此，就水仙花的写作策略而言，通过儿童故事而“教育”抱有种族偏见的成人，不失为一种淡化种族二元对立意识的一种表意书写。其次，尽管潘特表现的强势——甚至不可一世，但他的变化同时也促使了潘恩的变化。亦如她在学校表现出自己超常的智慧和记忆力一样，潘恩在事发突然之时，仍然十分机敏：甚至都不用细心地察言观色，她即刻就判断出潘特“叛变”了。这不也说明潘恩在此时也有了种族意识吗？她不是也成为了一个主体吗？倏然间种族的强势与弱势不再那样泾渭分明了，而恰恰是弱势的华人自我对强势的白人自我做了否定和判断，弱势种族的民族意识的觉醒淡化了种族主义不可一世的猖獗和蛮横。潘特对潘恩和华人族群的背叛主要是表现在言行和态度上，而潘恩接受潘特的背叛却是基于认识之上的，要深刻得多，也会持久得多。

水仙花的“世界一家人”理念是建立在她的家庭观念之上的大同理念，强调家庭的结构与家人的和谐，更由于她长期生活在唐人街上，对华人的家庭观念甚为推崇，十分重视家庭的平等和感情联系。这在整个故事的情节安排上体现得最为明显。乍看，《潘特和潘恩》可能会被认为是关于一个白人男孩被救赎的老套故事，正如怀特－帕克斯在《我们的面具：“戏法”大师水仙花》一书中指出：“不同而且冲突的种族中的两个男女儿童故事背后，预示着他们将来可能发展为性关系、生孩子和结婚的可能性。这是所有人都不敢道破的恐惧，也是那个传教士女人相信她必须为了

‘白人文化’而救赎潘特的深层原因。”①

今天看来，更深层次的原因是一旦潘特和潘恩结婚，即意味着异族通婚成为现实，身在其中的人和子女将会模糊主体、客体、自我、他者等等概念的界限。但结合水仙花的大同理念和当时的种族现实考察，水仙花同时揭示了北美社会的种族现实、种族关系、种族认同和文化认同的复杂性，并极其巧妙地将一个救赎故事的结构彻底颠覆，变成了一个被救赎的故事。救赎与被救赎在种族关系中的重要性被彻底颠倒了。在这个简单的故事中，水仙花不着痕迹地颠覆了“黄祸文学”中中国人是暴力的根源的流行偏见，而将白人传教士哈里森当成“入侵”唐人街的罪犯对待，她的“入侵”导致潘特被“抢走”，哈里森从一个维护白人种族纯洁性的传教士——也许在孩子的眼里——变成了一个暴徒。其隐晦地证明：不是华人导致暴力，而是哈里森的蛮横导致家庭分裂和种族矛盾与隔离；破坏一家人理想的不是华人，而是陷入白人优越论种族意识中不能自拔的哈里森及其背后的社会和文化机制。

我们因而可以说水仙花消解了种族等级制，也可以说她淡化了种族关系的二元对立关系，变成了你中有我我中有你相互渗透的多元民族混合体，如同她既是白人又是华人一样。而水仙花消解种族二元对立的“戏法”之一，就是通过种族通婚的途径，使得对立双方变成一家人。水仙花的这种创作手法体现了笔者曾经在论文《华裔美国人文化认同的民族视角》中所提出的观点：“中外文化碰撞和融合后产生间际性（hybridity）”，这种“间际性是对殖民统治的挑战……是抵抗种族和文化团体二元论原则的有效策略”。②

水仙花对20世纪之交美国文学的重大贡献恰恰在于她挑战白人种族优越论的种种努力。水仙花挑战的有效性充分体现在她利用情节和叙事“戏法”技巧，解构传统观念下种族和性别等级制。水仙花的《评传》作者怀特－帕克斯认为：“（美国的）文学帝国主义凭借区分‘我们’和‘他们’的冲突而高歌猛进，将白人置于小说和道德的中心，却将华裔美

---

① Ammons, Elizabeth, and Annette White-Parks. *Tricksterism in Turn-of-Century American Literature.* Hanover: UP of New England, 1994, p. 14.

② 李贵苍：《华裔美国人文化认同的民族视角》，《外国文学研究》2005年第4期。

国人贬低为没有人性的‘他者’。”[①] 在《潘特和潘恩》中，故事在结尾时，叙事者已经是华人女孩潘恩，她不仅成了叙事的中心，而且处于作品的“道德中心”：她对潘特的言行做了一次彻底的道德判断。潘恩的道德判断标准就是对潘特是否有对家庭的责任。潘特呵斥潘恩是对潘恩的背叛，同样可以理解为是对他原来家庭的背叛，这与水仙花“世界一家人”的理念完全相悖。水仙花在另一篇短篇小说《一个男儿身的中国女孩》（A Chinese Boy-Girl）中，同样书写的是种族主义浊浪之下华人父母不得不以错乱性别的方法艰难生存的故事，解构的同样是人与生俱来的、确定无疑的自然属性，消解割裂世界的性别二元对立意识，取缔分裂世界的二元对立的种种标识，慢慢地向她那“理念”中的“一家人世界”靠近。

由于她生活的时代种族壁垒森严，殖民和帝国意识无情肆虐着北美的文化界，水仙花为北美亚洲人不公待遇的呐喊、为东西方融合为“一家人世界”所作的努力，未能引起当时人们的共鸣和关注。但她的思想体现了“一种跨越殖民劣质文化控制下的时空，反对单一历史，主张多元历史……重新评估权威，对建立国际政治经济的动态国际关系”有着重要的意义。[②] 同样，针对种族隔离的严酷现实，水仙花提出了“世界一家人的”大胆构想，其意义在于，正如美国学者乔伊·雷顿（Joy Leighton）指出的那样：“这一激进的解决方案首先是认可隔离的现实……而不是要求（人们）同化于种族纯洁性的预期之中，即，设想建立在微观之上以家庭为核心的新的世界。家庭，处于私人空间的中心，避免了人们的疏离感。”[③] 因此，我们可以说，水仙花的“一家人世界”首先承认北美社会种族的异质性、多样性和民族文化冲突所产生的间际性，同时也勾画出了建立在种族平等理念之上的趋同性。如果世界成为一家人世界，家庭成员间必然具有某种趋同性。各族裔间文化聚合作用以及趋同作用，正好构成了大同社会理想所要求的普遍的一致性。时至今日，水仙花的社会大同理

① White-Parks, Annette. “A Reversal of American Concepts of ‘Otherness’ in the Fiction of Sui Sin Far.” *MELUS*. 20.1 (1995): 22.

② Goudie, Sean X. “Toward a Definition of Caribbean American Regionalism: Contesting Anglo-America's Caribbean Designs in Mary Seacole and Sui Sin Far.” *American Literature*, 80 (2): 2008, 322.

③ Leighton, Joy. “‘A Chinese Ishmael’: Sui Sin Far, Writing and Exile.” *MELUS*, 26 (3): 2001, 9.

想不仅激励着北美华人为争得社会平等与自由权利而不懈斗争，而且也成为世界走向和平与发展的有益探索，因为“世界一家人”的构想与当今世界主张“构建地球村”的原型理念一脉相承——都是具有浓厚的乌托邦成分的大胆设想。“乌托邦具有双重意义：一方面，不安分引起了骚动、动荡和焦躁；另一方面，也产生了冲动、动能和活力，如果我们成功地构想出这样一种作为文化定向图景的乌托邦成分，并避免使其渗透到权力和暴力机器中而产生危险，那么，作为一个生生不息的力量源泉，这些乌托邦思想将鼓舞我们的行动，锤炼我们对于这个世界的看法，并且坚定我们对于世界的种种信念。”[①] 水仙花“世界一家人”的乌托邦理念就是我们走向人类大同那“生生不息的力量源泉”。

E. P. Thompson 在“Liberal Complacence”一文中指出：“乌托邦并不是一种政治，并不是一种政治纲领。它是想象能力的政治表现。它更接近于诗，而不是更接近于计算。要推进任何一种社会变化，人们都必须首先想象别的可能选择。”[②] 就呼吁和推动社会变革而言，“别的可能选择”在水仙花的理念、认识、步骤、方法和行动的链条中，首先就是要让世界成为“一家人”。认识到其变革理想的豪迈和艰难，水仙花没有怨天尤人于自己的欧亚混血身份，而是想象自己在这个世界大家庭中扮演一个桥梁的角色：“我将我的右手给予西方，而将我的左手给予东方，希望双方不会彻底毁掉这‘连接’‘东西双方’的微不足道的躯体。就是这样。”[③]

作为肩负提升华人北美社会地位崇高使命的作家，水仙花提出“世界一家人”的乌托邦理想，不仅以异乎寻常的方式，以奇异的想象力体现着她的政治理想，而且反映着包括北美华人在内的所有族群的心声，因为“那种支撑着理论自身的活生生的因素和实际态度，绝不仅仅具有个人性，即它们不是首先起源于个人开始在其思维过程中意识到自己的利益。相反，它们源于那种支撑个人思想的某一集团的集体目的，源于那种个人参与其间的、被规定了的观点”。[④] 由此，我们可以肯定地说，水仙

① 见［德］约恩·吕森主编《思考乌托邦》，张文涛、甄小东、王邵励译，封底。

② Thompson, E. P. “Liberal Complacence”，转引自张彭松《乌托邦语境下的现代性反思》，第 206 页。

③ Sui Sin Far. *Mrs. Spring Fragrance and Other Writings*. Ed. Annette Whit-Parks, and Amy Ling. Urbana and Chicago: University of Illinois Press, 1995, p. 230.

④ ［德］卡尔·曼海姆：《意识形态与乌托邦》第二卷，姚仁权译，第 549 页。

花通过其小说创作，不仅以艺术的方式对现实做了描述，而且也以艺术的方式进行了否定和反抗。更为重要的是，她还以艺术的方式展望未来，用马尔库塞的话说，她的创作和一切艺术一样，“表现了一切革命的最终目标：个人的自由和幸福”，① 因为乌托邦理想既是历史的，又是空间的，既是关于社会发展的，也是关于人的发展的。就其历史性而言，乌托邦理想无疑是历史发展的动力，是人们追求的目标，也是一种为人类社会发展设计的一种历史规划。就其空间意义而言，它也是对我们所居住的地理空间的一种重新规划。就人的发展而言，水仙花的“世界一家人”乌托邦理想是超道德和超种族的，是人类各种族消除偏见，实现平等，像一家人那样和谐相处，在捍卫个性的基础上，维护“家庭”的利益，共同发展。

水仙花的伟大之处在于其为我们勾画了一个黄白两个种族共同发展的蓝图，这个蓝图的起点和终点均是人类赖以生存和发展的“家庭”单位，是每个人都身处其中的，因而具有可行性和亲和力。同时，她的乌托邦理想有其现实性——她的家庭就是由黄白两个种族构成的，因而也有其真实性。树立这样的理想，人们的行动就有了目标，因为乌托邦理想“有物质上、教育上和终极政治上的作用，塑造了人们理解问题的方式，因而决定了人们在现实世界中的行动。简而言之，叙事乌托邦在讲述历史的同时也塑造了历史”。②

如果说历史只有与现实结合才有意义，那么，历史只有被赋予精神才有灵魂。水仙花的“世界一家人”大同理念无疑赋予 19 世纪华人北美历史以灵魂。

① ［美］马尔库塞：《美学方面》，见《现代美学析疑》，绿原译，文化艺术出版社 1987 年版，第 7 页。

② Wegner, Philip E. *Imaginary Communities: Utopia, and the Spatial Histories of Modernity*. Los Angeles: The University of California Press, 2002, p. xvi.

参考文献

Ammons, Elizabeth. *Conflicting Stories: American Women Writers at the Turn into the Twentieth Century*. New York: Oxford University Press, 1992.

Ammons, Elizabeth. "Men of Color, Women, and Uppity Art at the Turn of the Century." *American Realism and the Canon*. Ed. Tom Quirk and Gary Scharnhorst. Newark: U of Delaware Press, 1994.

Anderson, Benedict. *Imagined Communities: Reflections on the Origin and Spread of Nationalism*. London. Verso, 1991.

Aristotle. *The Politics of Aristotle*. Trans. Benjamin Jowett. Oxford: Clarendon Press, 1885.

Arrain. *History of Alexander the Great, and Conquest of Persia*. Trans. John Rooke. London: W. McDowall, 1813.

Barry, Peter. *Beginning Theory: An Introduction to Literary and Cultural Theory*. Manchester: Manchester University Press, 1995.

Bhabha, Homi. *The Location of Culture*. New York: Routledge, 1994.

Bigler, John. "Governor's Special Message." *Daily Altar California*, April 25, 1852.

Bradford, William. *Of Plymouth Plantation*. New York: Dover Publications, 2006.

Briton, Daniel. "The Aims of Anthropology." *Popular Science Monthly* 48 (1895): 59-72.

Butler, Judith. *Bodies That Matter: On the Discursive Limits of Sex*. New York: Routledge, 1993.

Chan, Suchen. *Asian Americans: An Interpretive History*. Boston: Twayne Publishers, 1991.

Champion, Laurie. *American Women Writers, 1900 – 1945: A Bio-Bibliographical Critical Sourcebook*. London: Greenwood Press, 2000.

Chao, Lien. *Beyond Silence: Chinese Canadian Literature in English*. Canada: TSAR Publications, 1997.

Cheung, King-kok. Ed. *An Interethnic Companion to Asian American Literature*. London: Cambridge University Press, 1977.

Chin, Frank. "Come All Ye Asian American Writers of the Real and the Fake." *The Big Aiiieeeee! An Anthology of Chinese American and Japanese Literature*. Ed. Frank Chin, et al. New York: Meridian, 1991.

Chin, Frank et al. "Foreword." *Aiiieeeee! An Anthology of Chinese and Japanese American Literature*. Ed. Washington D. C.: Howard UP, 1974.

Chu, Patricia. *Assimilating Asians: Gendered Strategies of Authorship in Asian America*. Durham: Duke UP, 2000.

Cornell, Stephen. *Structure, Content and Logic in Ethnic Group Formation*. Center for Research on Social Politics and Organizations. Department of Sociology. Harvard University.

Cutter, Martha. "Empire and the Mind of the Child: Sui SinFar's 'Tales of Chinese Children'." *MELUS* 27. 2 (2002).

Daily Alta California. May 2, 1852.

Davison, Donald. "Reply to Burge." *Journal of Philosophy* 85. 11 (1988): 664 – 665.

Degehardt, Jane Hwang. "Situating the Essential Alien: Sui Sin Far's Depiction of Chinese-White Marriage and the Exclusionary Logic of Citizenship." *MFS Modern Fiction Studies* 54. 4 (Winter 2008): 654 – 688.

Diana, VanessaHolford. "Biracial/Bicultural Identity in the Writings of Sui Sin Far." *MELUS* 20. 2 (Summer 2000): 159 – 186.

Editor's Note: "A New Note in American Fiction." *New York Times*, July 7, 1912.

Editor's Note. *The Independent*. August 15, 1912.

Fields, Barbara Jeanne. "Slavery, Race and Ideology in theUnited States of America." *New Left Review* (1990).

Foucault, Michel. *The Order of Things: An Archaeology of Human Sciences.* New York: Vintage, 1973.

Gary, Dorothy. *Women of the West.* Millbrae, California: Les Femmes, 1976.

Goodman, Mary Ellen. *Race Awareness in Young Children.* New York: Collier, 1964.

Goudie, Sean X. "Toward a Definition of Caribbean American Regionalism: Contesting Anglo-America's Caribbean Designs in MarySeacole and Sui Sin Far." *American Literature* 80. 2 (2008).

Hall, Stuart. "Cultural Identity and Diaspora." *Colonial Discourse and Post-Colonial Theory.* Ed. Patrick Williams and Laura Chrisman. New York: Longman, 1998.

Harte, Bret. *Wan Lee, the Pagan and Other Stories.* Ann Arbor: University of Michigan Press, 1876.

Hippocrates. *Hippocrates.* Trans. W. H. S. Jones. Cambridge: Harvard UP, 1923.

Howells, William Dean. *Criticism and Fiction.* New York: Harper and Brothers, 1891.

Hurston, Zora Neal. *Dust Tracks in the Road.* Ed. Robert E. Hemenway. Urbana: University of Illinois Press, 1984.

Isaac, Benjamin H. *The Invention of Racism in Classical Antiquity.* New Jersey: Princeton University Press, 2006.

Jirousek, Lori. "Spectacle Ethnography." *MELUS* 27. 1 (2002): 25 - 52.

Kantorowicz, Ernst. *The King's Two Bodies.* New Jersey: Princeton University Press, 1997.

Kim, Elaine. *Asian American Literature: An Introduction to the Writings and Their Social Context.* Philadelphia: Temple UP, 1982.

Kim, Elaine. "Such Opposite Creatures: Men and Women in Asian American Literature." *Michigan Quarterly Review* XXIX 1 (1990): 68 - 93.

Kingston, Maxine Hong. *The Woman Warrior: Memoirs of a Girlhood among Ghosts*. New York: Knopf, 1980.

Kingston, Maxine Hong. "Cultural Misreading by American Reviewers." *Asian and Western Writers in Dialogue: New Cultural Identities*. Ed. Guy Amirthanayagam. London: Macmillan, 1982.

Kwong, Peter. *New York's Chinatown before 1930*. New York: The New Press, 2001.

Kymlicka, Will. *Multicultural Citizenship*. London: Oxford UP, 1996.

Lee, Rachel. "Journalistic Representations of Asian Americans and Literary Responses." *An Interethnic Companion to Asian American Literature*. Ed. King-kok Cheung. London: Cambridge University Press, 1977.

Leighton, Joy M. " 'A Chinese Ishmael': Sui Sin Far, Writing, and Exile." *MELUS* 26.3 (2001).

Lewis, Henry Harrison. *At the Mikado's Court: The Adventures of Three American Boys in ModernJapan*. New York: D. Appleton, 1907.

Li, David Leiwei. "The Formation of Frank Chin and the Formations of Chinese American Literature." *Asian Americans: Comparative and Global Perspective*. Ed. Shirley Hume. Pullman: Washington State UP, 1991.

Li, Wenxin. "Sui Sin Far and the Chinese American Canon: Toward a Post-Gender-Wars Discourse." *MELUS* 29.3/4 (2004).

Lim, Shirley Geok-lin. "Review of Sui Sin Far/Edith Maude Eaton: A Literary Biography, by Annette White-Parks, and *Mrs. Spring Fragrance and Other Writings*, by Sui Sin Far." *Amerasia Journal* 22.3 (1996): 149-155.

Ling, Amy. "Edith Eaton: PioneerChinamerican Writer and Feminist." *American Literary Realism* 16 (Autumn 1983): 287-298.

Ling, Amy. "Writers with a Cause: Sui Sin Far and HanSuyin." *Women's Studies International Forum* 9 (1986): 411-419.

London, Jack. *The Unabridged Jack London*. Philadelphia: Running Press, 1981.

London, Jack. "Unparalleled Invasion." *Reading Narrative Fiction*. Ed. Seymour Chatman. New York: Macmillan Publishing Company, 1993.

Lynn, Steven. *Text and Contexts: Writing About Literature with Critical Theory*. New York: Longman, 2010.

McLaren, Peter. "White Terror and Oppositional Agency: Towards a Critical Multiculturalism." *Multiculturalism: A Critical Reader.* Ed. David Theo Goldberg. Cambridge, Mass: Blackwell Publishers, 1994.

Michael, John. "Introduction." *The Insidious Dr. Fu-Manchu.* Sax Rohmer. New York: New Millennium Library, 2001.

Miller, Stuart Creighton. *The Unwelcomed Immigrant: American Image of the Chinese.* Berkeley: University of California Press, 1969.

Morrison, Toni. *Beloved.* Beijing: Foreign Language Teaching and Research Press, 2000.

Murphy, Patrick. *Literature, Nature, and Other: Ecofeminist Critiques.* New York: New York State University, 1995.

Nee, Victor, and Bret deBary Nee. *Longtime Californ': A Documentary Study of an AmericanChinatown.* Los Angeles: University of California Press, 1986.

New York Times, April 9, 1914,

Okihiro, Gary. "When and Where I Enter." *Contemporary Asian America.* Eds. Min Zhou and James Gatewood. New York: New York University Press, 2000.

Pryse, Marjorie. "Linguistic Regionalism and the Emergence of Chinese American Literature in Sui Sin Far's *Mrs Spring Fragrance.*" *Legacy* 27. 1 (2010): 84 – 108.

Readings, Bill. *The Universality in Ruins.* London: Harvard University Press, 1996.

Rohmer, Sax. *The Insidious Dr. Fu-Manchu.* New York: New Millennium Library, 2001.

Rohmer, Sax. *The Hand of Fu-Manchu.* New York: New Millennium Library, 2001.

Said, Edward. *Reflections on Exile and Other Essays.* Cambridge, Mass: Harvard University Press, 2002.

Solberg, S. E. "Sui Sin Far/Edith Eaton: The First Chinese American Fictionist." *MELUS* 8. 1 (1981): 27 – 39.

Sollors, Werner. "Ethnicity." *Critical Terms for Literary Study.* Ed. Frank

Lentricchia and Thomas McLaughlin. Chicago: The University of Chicago Press, 1995.

Spickard, Paul, and Laurie Mengel. *Mrs. Spring Fragrance and Other Writings.* Urbana and Chicago: University of Illinois Press, 1995, Back Cover.

Spivak, Gayatri. "Can the Subaltern Speak?" *Marxism and the Interpretation of Culture.* Ed. Cary Nelson and Lawrence Crossberg. London: Macmillan, 1988.

Stephan, Walter G., and David Rosenfield. "Racial and Ethnic Stereotypes." *In the Eve of the Beholder: Contemporary Issues in Stereotyping.* Ed. Arthur G. Miller. New York: Praeger, 1982.

Sui Sin Far. *Mrs. Spring Fragrance and Other Writings.* Ed. Amy Ling and Annette White-Parks. Urbana and Chicago: University of Illinois Press, 1995.

Takaki, Ronald. *Strangers from a Different Shore: A History of Asian Americans.* Boston: Little, Brown and Company, 1998.

Teller, Walter. "Introduction." *Incidents in the Life of a Slave Girl.* Linda Brent. New York: Harcourt Brace & Company, 1973.

Ty, Eleanor. *The Politics of the Visible in Asian North American Narrative.* Toronto: University of Toronto Press, 2004.

Wegner, Philip E. *Imaginary Communities: Utopia, the Nation, and the Spatial Histories of Modernity.* Los Angeles: The University of California Press, 2002.

White-Parks, Annette. *Sui Sin Far/Edith Maude Eaton: A Literary Biography.* Urbana andChicago: University of Illinois Press, 1995.

White-Parks, Annette. "A Reversal of American Concepts of 'Otherness' in the Fiction of Sui Sin Far." *MELUS* 20.1 (1995): 17-34.

Wong, Cynthia Sau-ling. "Denationalization Reconsidered: Asian American Cultural Criticism at a Theoretical Crossroads." *Amerasia Journal* 21.1 (1995): 1-27.

Wong, Jade Snow. *Fifth Chinese Daughter.* Seattle and London: University of Washington Press, 1995.

Wong, Shawn. *Homebase.* New York: Plume, 1991.

Wrobel, Alfred J., and Michael J. Eula, *American Ethnics and Minori-*

ties, Dubuque, Iowa: Kendall/Hunt Publishing Company, 1990.

Wu, Williams. *The Yellow Peril: Chinese Americans in American Fiction, 1850 – 1940*. Conn: Anchor Books, 1982.

Yeats, William. *Ideas of Good and Evil*. Classic Books. Michigan UP, 1903.

Yin, Xiaohuang. *Chinese American Literature since 1850s*. Urbana: University of Illinois Press, 2000.

Yin, Xiaohuang. "Worlds of Difference: Lin Yutang, Lao She, and the Significance of Chinese-Language Writing in America." In *Multilingual America: Transnationalism, Ethnicity, and the Languages of American Literature*. Eds. Werner Sollors. New York: New York UP, 1998.

Yung, Judy, et al. *Chinese American Voices: From the Gold Rush to the Present*. Los Angeles: The University of California Press, 2006.

Zhou, Min, and James V. Gatewood. Ed. *Contemporary Asian America: A Multidisciplinary Reader*. New York: New York University Press, 2000.

［古希腊］柏拉图:《理想国》，顾寿观译，岳麓书社，2010。

陈莉:《礼记前言》，高等教育出版社，2008。

陈永国、赖立里、郭英建:《从解构到全球化批判：斯皮瓦克读本》，北京大学出版社，2007。

［日］村上春树:《与卵共存——村上春树耶路撒冷文学奖获奖辞》，李华芳译，《文苑（经典美文）》2009年第12期。

［法］德里达:《书写与差异》，张宁译，生活·读书·新知三联书店，2001。

［法］米歇尔·福柯:《疯癫与文明》，刘北成、杨远婴译，生活·读书·新知三联书店，2003。

［德］莫里茨·盖格尔:《艺术的意味》，艾彦译，华夏出版社，1999。

［日］高桥哲哉:《德里达：解构》，王欣译，河北教育出版社，2001。

［法］戈岱司:《希腊拉丁作家远东古文献辑录》，耿昇译，中华书局，1987。

贺新辉主编:《古诗名篇赏析》上册，中国妇女出版社，2009。

贺来：《乌托邦精神：人与哲学的根本精神》，《学术月刊》1997 年第 9 期。

胡经之：《西方二十世纪文论选》，中国社会科学出版社，1989。

［德］胡塞尔：《纯粹现象学通论》，见倪梁康选编《胡塞尔选集》（上），上海三联书店，1997。

［英］丹尼·卡瓦拉罗：《文化理论关键词》，张卫东等译，江苏人民出版社，2006。

康有为：《大同书》，杨佩畅整理，中国画报出版社，2010。

［英］伊丽莎白·赖特：《拉康与后女性主义》，王文华译，北京大学出版社，2005。

李贵苍：《华裔美国人文化认同的民族视角》，《外国文学研究》2005 年第 4 期。

［法］保罗·里克尔：《恶的象征》，公车译，上海人民出版社，2005。

李晃生：《儒家社会理想与道德精神》，百花洲文艺出版社，2006。

楼育萍：《论华裔美国文学鼻祖水仙花的叙事策略》，《华文文学》2013 年第 1 期。

陆俊：《“西方马克思主义”现代乌托邦的几种形态》，《西方马克思主义》1996 年 4 期。

［法］卢梭：《社会契约论》，何兆武译，商务印书馆，2010。

陆薇：《走向文化研究的华裔美国文学》，中华书局，2007。

罗钢、刘象愚：《后殖民主义文化理论》，中国社会科学出版社，1999。

［德］约恩·吕森主编：《思考乌托邦》，张文涛、甄小东、王邵励译，山东大学出版社，2010。

［美］马尔库塞：《美学方面》，见《现代美学析疑》，文化艺术出版社，1987。

［美］莫里斯·迈斯纳：《马克思主义、毛泽东主义与乌托邦主义》，张宁、陈永康等译，中国人民大学出版社，2005。

［德］卡尔·曼海姆：《意识形态与乌托邦》，姚仁权译，九州出版社，2007。

莫伟民：《译者引语：人文科学的知识考古学》，见《词与物》，福柯著，莫伟民译，上海三联书店，2001。

南怀瑾：《南怀瑾选集》，复旦大学出版社，2003。

任绍曾编：《而立之年：浙江省外语学科优秀论文集萃》，上海外语教育出版社，2011。

［英］莎士比亚：《哈姆莱特》，朱生豪译，《莎士比亚全集》第九卷，人民文学出版社，1984。

［英］莎士比亚：《暴风雨》，朱生豪译，《莎士比亚全集》第一卷，人民文学出版社，1984。

《山海经》，任孚先、于友发注译，新世界出版社，2009。

［美］萨义德：《东方学》，王宇根译，生活·读书·新知三联书店，1999。

［美］萨义德：《文化与帝国主义》，李琨译，生活·读书·新知三联书店，2007。

石平萍：《"我是中国人"：美国华裔文学先驱水仙花》，《外国文学》2007 年第 5 期。

杨义：《墨子还原》，中华书局，2011。

姚文放：《文学教育与乌托邦理想》，《文艺报》2008 年 4 月 17 日。

叶闯：《理解的条件》，商务印书馆，2006。

［波兰］罗曼·茵加登：《对文学的艺术作品的认识》，陈晓谷、晓未译，中国文联出版公司，1988。

张彭松：《乌托邦语境下的现代性反思》，中国人民大学出版社，2010。

赵健秀：《种族主义的爱》，李贵苍、徐纪阳译，《华文文学》2005 年第 3 期。

赵文书：《和声与变奏——华美文学文化取向的历史嬗变》，南开大学出版社，2009。

周宁：《龙的幻象》，艺苑出版社，2004。

朱立元主编：《二十世纪西方美学经典文本》（第一卷），复旦大学出版社，2000。

后　记

十八年前，开始在美国读文学和文学批评博士，当时对于文学的理解自以为比较成熟：文学研究不外乎是阅读经典和解读经典，以为经典作品，不论从美学的角度还是从观照人性的角度，都足以承担起人文教化的使命，值得自己在文学的殿堂把玩自己的一生。

这样理解文学必然要求寻找经典的含义以及它们的历史和现实意义，不论寻找的结果如何，其过程都令人兴奋，似乎自己在做一件很有意义的事情。当时，觉得经典之所以为经典，不外乎它们经过了时间的检验，具有极高的艺术性和普世价值。也接受其背后的逻辑，即经典反映的是普遍的人性，因为基本人性是共通的，如人的七情六欲，追求真善美的愿望，等等。也自以为只有文学能撑起一个民族的精神脊梁，构成一个民族形而上文化的重要部分。这样说是因为知道自古希腊、古罗马的诗人和剧作家，经文艺复兴，再经过英国浪漫主义时期那几位英年早逝的诗坛才俊的生花妙笔，后经过爱默生犀利的论文，文学经典的丰碑早已竖起，文人（诗人）都可以是一个社会的立法者和文化的缔造者。也通过阅读阿诺德关于文学的高谈阔论后知道，文学可以替代英国社会的宗教信仰，不仅能滋养英国的民族精神，还能起到匡正人伦，制止道德滑坡的作用。越是读那些作家，越是觉得读文学是一条正路，而且还是一条正经的路。

其实，一路凭兴趣读文学捡拾到的这些一鳞半爪，未经深刻的思索，因而也做不出什么判断。贩卖那些未经判断的“知识”，大概还可以让我在西北大学教书图个温饱。然而，到了美国的大学，没有判断的知识是经不起美国教师的话语折腾的。初到美国时，碰到经常去西北大学讲学的明尼苏达大学的心理学教授 Kenneth Doyle，他的一席话立即让我把坚信不疑的阴阳学说放在了括号里了（胡塞尔语）。他有天晚上驱车带我游览大雪覆盖的圣保罗市。上车后发现他感冒了，便随口说，人生病是体内的阴阳失衡了。没想到，他反驳说，任何有生命的个体，其阴阳都是失衡的，就像电压一样，完全平衡，就没有了电压。我还在争辩，他气急败坏了，斩钉截铁地断言：只有死人的阴阳是平衡的。原来，文人争辩是为自己的观点辩护，与事实和真理毫不相干。那是1996年1月。明州隆冬的严酷比流经“双城”的密西西比河上的浪漫还要驰名，我的心也随着新的“阴阳”说凉透了。

Doyle的话不时在耳边回响，但美国的快节奏生活不容我多想。带着原来关于文学的想法走进了课堂，第一次，心情也没有什么忐忑，自信比那些年龄小的同学读过更多的书和理论著作。几次课之后，发现自己对文学的认识与课堂上师生发言背后折射出的东西相抵牾。故事中的简单情节竟然不是按照新批评或者结构主义的方式来解读的，而是朝向了政治和社会学。记得读乔伊斯的一个短篇时，分明是几个小学高年级学生逃课的情节，班上同学的解读却是那几个淘气鬼有明显的同性恋倾向，否则他们为什么不去运动场，而是去了类似公园的地方。他们还搬出了拉康及其弟子们，言之凿凿。“阴阳”说新解之后，这算第二次开了“眼界”。

莎士比亚是要选的。大学时就被卡夫卡和莎士比亚震撼过。半个学期里，整个班级，要么是在《哈姆莱特》中寻找和解读各种同性恋、异性恋和乱伦关系的蛛丝马迹，几乎剧中所有人物都牵扯进来，要么就是读其他剧本以论证莎士比亚的殖民主义意识，目的是将他从文学圣殿里踢出来。比如说，莎士比亚为什么要让奥赛罗讲他经历过的离奇故事而骗取苔丝狄蒙娜的爱情呢？答案是莎士比亚分明是萨义德笔下东方主义建构非白人种族的主要作家之一，其手法如出一辙：他者化其他种族，建构的关键词：奸邪、不诚实、好色。读《暴风雨》时，还有同学论证莎士比亚自己参与了海外投资公司，是殖民主义者的帮凶，因此才有了暴风雨中的欧洲殖民者Prosperos抢占岛屿、杀死岛屿的主人、驯服主人的儿子凯列班为其服务的情节安排。当然，谁也不会忽略凯列班调戏Prosperos女儿的情节。原来，莎士比亚的主题是宣扬巧取豪夺啊，豪夺的理由十分充足：土著人是野蛮人，而且好色！如此，莎士比亚作品的普世性受到质疑，自己的心里有个东西猛然下沉：是我原来把莎士比亚神化了还是他们还了莎士比亚以原形？

与此同时，在文学理论课上读 Bill Readings 的 *The University in Ruins*。Readings 在书中要做的就是剥去知识的“客观性”外衣，认为在美国大学课堂没有几个教师会教莎士比亚，因为他过时了，但如果把莎士比亚当作某种靶子，教起来还是很有趣的。Readings 还认为把康拉德当作一个“血腥的种族主义者”（阿契比语）来教，更能体现美国倡导的“政治正确”的社会政治公平原则。莎士比亚和康拉德原来可以这么理解，这算是第三次开眼界了。

还有一次开眼界的经历。上世界诗歌课的老师，有一天突然心血来潮，让一位来自非洲的同学在黑板上用斯瓦希里语写下一首诗后，让她念了一遍，问我们好不好。听不懂，全班只能说“好”。老师反问“好”在哪里？全班哑然。他解释说诗贵在节奏和音美，内容只是“窃贼手里的肉包子”（艾略特语），并不重要，“肉包子”是为了支开看门狗的注意力，窃贼的目的是偷东西。诗里头的“东西”就是形式，“内容”只是为了让读者读下去的添加剂。一听就是老派的形式主义路子。同学们对此早已烂熟于心，兴趣不大。老师环顾四周后说，那咱们做个试验，证明诗歌的美在于节奏和音美。他要求那个同学大声念出每个斯瓦希里单词，然后让我们根据听到的声音写出一个英文单词。半个小时后，我们每个人都写出了一首没有内容的英文“诗”，互相大声朗诵，互相点评。谁会当众承认自己写得不好呢？人人都觉得自己的诗节奏明快，朗朗上口，只是谁也不知道自己堆砌的一行行单词是什么。这是读博期间印象最深刻的一堂课：有趣、好玩，也许还触及到诗歌本质的边缘。

被如此反复折腾，对我原有的文学观念一次次刮骨疗伤，痛苦是难免的。好在，那是在美国，有痛苦也没有人会过问，也没有人可以诉说，即使有，我也不可能向谁诉说，那对一生爱好诗歌的我而言，显得也太“俗”了。唯一剩下的就是“混”和“忍”了。课，继续上，作业一次不落，学分慢慢完成。不知不觉，选过几门戏剧课、一门当代诗歌课、17世纪英国文学、后殖民文学、各种理论课，读过厄瓜多尔、阿根廷、智利、印度、南非、阿尔及利亚、牙买加等国的作品，也读过意大利的戏剧和印第安文学。“忍”了几年后，发现自己也可以从女性主义、读者反应批评、文化研究、解构主义、后殖民主义等等新潮的理论视角，解读作品了。也不再觉得海明威是必须要读的，他歧视女性的意识只能使他受到更多的批判，惠特曼也可以不读，因为他的浅薄和男性沙文主义过于明显，华兹华斯也可以跳过，因为他和妹妹有始终扯不清的关系……

通过了非人性的资格考试后，也慢慢地修完了学分。没想到的是到确定论文选题时，完全懵了。翻遍经典作家，用“政治正确”的原则衡量，似乎没有一位是清白无辜的。若坚持选自己喜欢的经典作家，因为我缺少一颗强大的心和一种强健的精神，很难以凌驾一切的态度审视那些作品或者作家。选个印第安作家吧，导师说还是留给对印第安生活有了解的学生做吧，选个非英美的作家吧，找不到指导教师和导师。后来想，选个在艺术上和先锋精神方面均登峰造极的女作家总可以吧，导师同意。最后圈定法国女作家柯莱特（Sidonie-Gabrielle Colette），和导师一商量，他说，作家没有问题，性别也没有问题，她的作品的主题都很好，名气也够大，但谁让她是一位法国作家呢？我也真是的，那一阵美法关系的特点是赌气斗狠。即使柯莱特曾任法国龚古尔学院主席兼龚古尔文学奖评委、比利时皇家艺术学院院士也不行，她的国籍不对！

无奈之下，请导师在越南人开的中餐馆吃了 7 美元的午餐后，导师说，有几位华裔作家不错，你要么试试。说来不好意思，博士期间，选了 13 门课，读了至少 150 部指定作品，竟然没有读过一位华裔作家的作品！导师声明：他只读过李立扬和陈美玲的几首诗，其他作家没有读过，对任何华裔作家都没有研究，谈不上真正的指导，我只有好自为之了，但他书架上有几十本华裔文学作品，我可以全部带回去阅读。好在导师开明，一年半的论文写作期间，我们才真的是教学相长！导师的“伟大”在于选题时对我的方向性指引。

这样，华裔文学在美国还没有成为经典之前，我可以几乎不受任何人的影响——包括导师，随心所欲地阅读和解读。

40 岁之前，喜好诗歌，大学毕业后翻译英美诗歌，后与西北工业大学物理教授权王民先生一直读诗、写诗、交换诗作十余年，写过美国桂冠诗人的评论，2000 年还和包括哈佛大学教授在内的全球几十所大学的学者写了 *Who's Who in 20th Century World Poetry*，一直以为只有诗歌才是阳春白雪，是语言艺术的顶峰。不料，却在 40 岁之后，开始涉猎之前完全无知的一个领域。走进华裔文学领域后，还真是让我了解了经典之外的另一处“风景”，原来，这里的景致别样、多彩，足可以让我在其间把玩余生。

阅读华裔文学时，知道了水仙花这位英华混血作家，为她的华人情怀和浩然正气所感动，亦为她的写作所感动。2006年夏天偕夫人孙敏女士到加拿大蒙特利尔市拜访她的故居，但在原址上看到的是一家银行的大楼。到皇家公墓拜谒她的墓地时，碰上墓园开放但工作人员休息，查不到她的墓地编号，在山上盲目地找了几个小时，没有找到书写着“义不忘华”的那块墓碑，唏嘘不止，带着遗憾的心情离开蒙特利尔皇家公墓山。

花了两年多时间写成这本“书”，算是表达对水仙花的敬意，也是对我缺憾心情的补偿。希望这本书对水仙花是一种交待，对我，是一种释怀。

写作期间，浙师大外语学院江玉娇教授、黎会华教授、楼育萍老师和研究生丁敬芝、史俊杰、程美林、陈超君、彭锴、黄睿颖等提供了多方帮助，洛杉矶加州大学的King-kok Cheung教授和中佛罗里达大学的Patrick Murphy教授多次转来关于水仙花的最新研究资料，广西民族师范学院的董玲老师、汕头大学的冯洁老师等均以不同形式参与到研究和写作之中，在此谨致谢意。

感谢妻子孙敏、儿子李天昊及母亲，他们对我的爱和包容之心，我是永远无法回报的。

2014年1月8日

浙江师范大学